职业教育汽车类专业

汽车科技

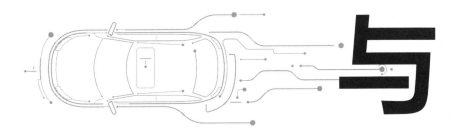

与

文化探索

彭 勇 徐玉娟 鲁荣峰 主编

Exploration
of Automotive
Technology
and Culture

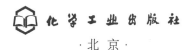
化学工业出版社
·北京·

内 容 简 介

　　《汽车科技与文化探索》是一部全面而深入地探讨汽车科技发展历程与文化魅力的教材，共分为四大模块。首先追溯了汽车从蒸汽时代到现代智能网联汽车的演进之路，揭秘了汽车工业的革命性技术和全球汽车文化的多样性。随后，聚焦中国"汽车梦"的辉煌历程，从初创时期的艰辛探索到新中国工业崛起的辉煌成就，再到当今自主品牌与新能源汽车的蓬勃发展，展现了中国汽车工业的崛起与变迁。本书详细解析了燃油车的核心技术、新能源汽车的未来趋势、车身轻量化技术的前沿进展以及智能网联汽车的革新之路，并展望了飞行汽车等未来交通方式的无限可能。此外，本书还提供了选车与用车的智慧指南，包括汽车选购、保险选择、功能熟悉及保养维护等方面的实用建议。

　　本书可作为职业院校汽车类专业的教学用书，也可供汽车爱好者阅读使用。

图书在版编目（CIP）数据

汽车科技与文化探索／彭勇，徐玉娟，鲁荣峰主编.
北京：化学工业出版社，2025.8. --（职业教育汽车类
专业新形态教材）. -- ISBN 978-7-122-48282-2

Ⅰ. U46-05

中国国家版本馆 CIP 数据核字第 2025YZ9030 号

责任编辑：杨　琪　葛瑞祎
责任校对：田睿涵　　　　　　　装帧设计：张　辉

出版发行：化学工业出版社
　　　　　（北京市东城区青年湖南街 13 号　邮政编码 100011）
印　　装：河北鑫兆源印刷有限公司
787mm×1092mm　1/16　印张 17¾　字数 467 千字
2025 年 7 月北京第 1 版第 1 次印刷

购书咨询：010-64518888　　　　售后服务：010-64518899
网　　址：http://www.cip.com.cn

前言

当前，全球汽车产业正经历百年未有之大变革，智能制造与新能源汽车的迅猛发展重塑着行业格局。中国作为全球最大的汽车市场，正以"制造强国"和"双碳"目标为引领，加速推进汽车产业向绿色化、智能化、高端化转型。

本书旨在为职业院校学生、行业从业者及汽车爱好者提供系统的知识框架与实践指引，填补市域联合体在产教融合教材领域的空白，为产业高质量发展注入教育动能。本书主要具有以下几方面的特色：

（1）系统性：本书以"汽车文明—中国实践—科技创新—应用智慧"为主线，构建四大模块，涵盖历史演进、工业发展、技术解构、实用指南，形成多维度知识体系。

（2）实践性：依托湘潭市九华经济技术开发区、湖南吉利汽车部件有限公司的产业资源，融入真实案例、技术标准和行业前沿动态，助力学生实现从理论到实践的跨越。

（3）前瞻性：聚焦新能源、智能网联、轻量化等关键技术，剖析未来出行生态，呼应"新四化"趋势，为读者打开行业发展的视野。

（4）资源丰富性：配套开发PPT课件、教案、实训视频资源，打造立体化学习平台，适配职业院校理实一体化教学模式需求。

本书不仅是职业教育的创新载体，更是产教协同育人的典范，为区域产业升级与人才链、创新链的深度融合提供支撑。

本书由湘潭市教育局职继科统筹规划，湘潭市九华经济技术开发区提供产业政策与技术支持，湖南吉利汽车部件有限公司贡献生产实践案例与技术标准，湖南电气职业技术学院牵头组织内容编撰与教学资源开发。本书由湖南电气职业技术学院彭勇、湖南国防工业职业技术学院徐玉娟、湘潭科技职业学院鲁荣峰任主编；湘潭市教育局职继科莫建军、湘潭市九华经济技术开发区左莉、湖南吉利汽车部件有限公司刘磊任副主编；湖南吉利汽车职业技术学院马云贵，湘潭市工业贸易中等专业学校易自军，湘潭县职业技术学校胡云磊，湖南省经济贸易高级技工学校张键，湖南理工职业技术学院向云南，湖南电气职业技术学院侯迪、陈潇雨、龙莉霞、范春玲、肖祥忠参与编写。彭勇、莫建军、左莉、刘磊对本书的编写思路和大纲进行了总体规划，指导全书的编写，其中模块一由徐玉娟、马云贵、胡云磊编写，模块二由鲁荣峰、陈潇雨、易自军编写，模块三由彭勇、张键、莫建军编写，模块四由侯迪、向云南、龙莉霞、左莉、刘磊编写，范春玲、肖祥忠负责素材搜集、书稿整理和课件制作等。本书PPT

课件、教案与其他数字资源可在化工教育网站 www.cipedu.com.cn 下载使用，视频资源可扫描书中二维码观看。

本书可作为职业院校汽车类专业的教学用书，也可供汽车爱好者阅读使用。

本书作为湘潭市域联合体的首部教材，虽经反复打磨，仍难免存在不足之处，诚挚欢迎广大读者提出宝贵意见。

谨以此书献给所有为中国汽车工业奋斗的追梦人，愿它成为您探索汽车世界的启航之帆，共同见证"中国智造"驶向全球的璀璨未来！

编　者

目录

模块1

探索汽车文明的轨迹

环节1　追溯起源：汽车历史的演进之路

 教学引入

今天，我们将一起穿越时空，探索交通工具的演变历程。从古代的马车到现代的汽车，人类对于速度与便捷的追求从未停歇。想象一下，你置身于古代的战场，目睹着马驾战车在尘土飞扬中疾驰；转眼间，你又来到了蒸汽机轰鸣的时代，见证了蒸汽机汽车初次尝试将机械动力应用于交通；再往后，你体验了内燃机的发明彻底改变汽车的面貌，让速度与激情成为新的代名词。

在接下来的课程中，我们将一起回顾这段激动人心的历史，从车轮的出现到汽车外形的演变，从蒸汽机汽车到内燃机汽车的诞生，我们将一一揭开这些伟大发明的神秘面纱。让我们一同感受人类智慧的结晶，探索交通工具发展背后的故事，共同领略科技带来的无限魅力。现在，就让我们启程，一起踏上这段充满惊喜与发现的旅程吧！

 **教学目标**

素质目标	知识目标	技能目标
1. 激发对科技历史与创新的浓厚兴趣，培养探索精神。 2. 培养历史思维，学会从历史中汲取智慧与经验。 3. 提升审美素养，理解交通工具设计背后的文化与社会价值。	1. 了解古代至现代交通工具的主要演变历程，包括车轮、马车、蒸汽机汽车及内燃机汽车的发明与发展。 2. 了解汽车外形设计的主要流派及其演变过程。 3. 了解交通工具发展史上的重要人物与事件。	1. 培养从历史角度分析和理解交通工具发展脉络的能力。 2. 提升对交通工具设计美学及其演变规律的认知能力。 3. 锻炼通过史料研究交通工具发展历史的基本技能。

 知识链接

一、古代车辆的起源与演进

（一）车轮的诞生：滚动文明的起点

1. 车轮的诞生

（1）时间：车轮的诞生可以追溯到大约公元前3500年的美索不达米亚地区，这是车轮最早的可考证起源。那时的车轮其实就是一个圆木桩，原始人类用几个木桩并排放在承载物品的下方以向前滚动。

（2）最初形态：最初的车轮可能是由木头制成的实心圆盘，用于使牲畜拉动的马车滚动前进。这些车轮的设计相对简单，但已经具备了滚动的基本功能。

（3）发展历程：

① 公元前3200年左右，美索不达米亚地区出现了用于战争或竞赛的双轮马车，如图1-1-1所示。

② 随着冶金技术的突破，金属车轮应运而生，更加坚固且能承载更重的负载。

③ 轮辐的引入让车轮更轻、更坚固，提升了车辆的稳定性和效率。

④ 充气轮胎的发明则让驾驶更加舒适和安全。

图 1-1-1　双轮马车

2. 车轮的意义

（1）交通方式的变革：车轮的出现彻底改变了人类的交通方式，使得运输更加高效和便捷。人们可以更加快速地移动和运输物品，从而促进了社会的交流和经济的发展。

（2）社会进步的推动：车轮的发明不仅推动了交通技术的进步，还带动了相关产业的发展，如造车业、运输业等。这些产业的发展进一步推动了社会的进步和文明的发展。

（3）文化交流的加速：随着车轮的普及和交通的便捷化，不同地区之间的文化交流也变得更加频繁和深入。这有助于促进文化的多样性和融合性，推动了人类文明的整体进步。

3. 车轮的演变

车轮的演变历程是人类文明进步的缩影。从最初的木头实心圆盘到金属车轮、轮辐的引入再到充气轮胎的发明，车轮的设计不断得到优化和改进。这些改进不仅提高了车轮的耐用性和汽车的舒适性，还使得车轮更加适应不同环境的使用需求。

展望未来，随着自动驾驶和新能源技术的发展，车轮的设计也将迎来新的变革。智能化、环保化和节能化的车轮将成为未来的发展趋势，为人类带来更加便捷、安全和环保的交通方式。

车轮的诞生标志着滚动文明的起点，它彻底改变了人类的交通方式、推动了社会的进步并加速了文化的交流。车轮的演变历程也展示了人类文明不断进步和创新的精神。

（二）马驾战车：古代战场上的速度与力量

马驾战车，即马拉战车，是古代战场上的一种重要交通工具和战斗工具，它体现了古代战场上的速度与力量的完美结合。

1. 马驾战车的构成与配置

马驾战车主要由马匹、车轮、车辕、车厢等部分组成。车辕连接马匹与车厢，形成动力传递系统。车轮通常采用双轮设计，尺寸适中，以确保战车的稳定性和机动性。车厢则是战士们的作战平台，内部配备有甲士，他们手持各种兵器，负责战斗和驾驶战车。

大多数战车都配置有两匹马提供动力，但也有一些特殊设计的较大战车可能会使用四匹马或六匹马，如图1-1-2所示。战车上通常载有三名甲士，分别负责驾驶（御者）、远程射击（如使用弓弩）和近战格斗（如使用戈、矛等兵器）。

2. 马驾战车的速度与力量

马驾战车的速度和力量是古代战场上的一大优势。马匹作为动力来源，具有强健的体魄和惊人的奔跑能力，使得战车能够在战场上迅速穿梭，对敌人实施快速打击。同时，战车本身也具备一定的防护能力，车体和马匹都装有装甲，以抵御敌人的攻击。

图 1-1-2　中国古代战车

在速度方面，马驾战车部队能够迅速调整部署，对敌人实施突袭或追击。在力量方面，战车上的甲士们手持各种兵器，能够形成强大的战斗力，对敌人造成重创。

3. 马驾战车在战场上的应用

（1）快速机动：马驾战车能够在战场上迅速调整位置，形成有效的战斗阵形。通过快速机动，战车可以避开敌人的战力强点，寻找有利的攻击时机。

（2）突袭作战：利用战车的速度和冲击力，对敌人实施突然袭击。这种战术往往能够打乱敌人的部署，取得出其不意的战斗效果。

（3）协同作战：马驾战车队伍通常与其他兵种协同作战，如步兵、骑兵等。在协同作战中，战车可以发挥其在速度和力量上的优势，为其他兵种提供支援和掩护。

（4）心理威慑：马驾战车的威猛形象和队伍强大的战斗力往往能够对敌人产生心理威慑作用。在战场上，战车的出现往往能够鼓舞士气，增强战士们的斗志。

4. 马驾战车的文化意义

马驾战车不仅在古代战场上发挥了重要作用，还承载了丰富的文化内涵。它象征着古代文化中的忠诚、勇猛和义气。在古代社会中，战马与战士之间建立了深厚的情感纽带，共同战斗、共同承受战争的苦难。

同时，马驾战车也反映了古代军事思想的精髓。在快速机动的战争中，速度和战术的运用往往决定着战争的胜负。因此，马驾战车成为古代战争中追求速度和战术的象征。

（三）指南车：古代导航技术的智慧结晶

指南车如图 1-1-3 所示，又称司南车，是中国古代导航技术的智慧结晶，它不仅展示了古人对机械原理的深刻理解，更为后世的导航技术奠定了基础。

1. 起源与历史

关于指南车的起源，有多种传说和记载。一种说法认为，指南车起源于黄帝时期，黄帝与蚩尤作战时，蚩尤作大雾使黄帝的军队迷失方向，黄帝的部将风后发明了指南车，指引军队辨明方向，最终取得了胜利。尽管这只是一个传说，但它反映了古人对于方向辨识的需求和智慧。

图 1-1-3　中国古代指南车

在文献记载方面，指南车最早的确切记载出现在《西京杂记》中，提到"司南车，驾四，中道"。而据王振铎考证，指南车是三国时期魏明帝青龙三年（公元 235 年）由马钧创造的。此后，东晋的刘裕北伐时，后秦的令狐生又制造了改进版的指南车。北魏的郭善明也曾尝试研发，但未能成功。南朝的祖冲之在其后对指南车进行了进一步的改造，使其性能更加优越。

2. 工作原理

指南车是一种利用齿轮传动原理来指示方向的机械装置。它并不依赖地磁效应，而是通过人力驱动两轮行驶，从而带动车内的木质齿轮转动。这种转动会使车上的木人指向一个固定的方向，无论车子如何转向，木人的手始终指向指南车出发时设定的方向，正如古人所说的"车虽回运而手常指南"。

具体来说，指南车的机械结构能够有效地将车轮的转动传递给木人，使其指向始终保持一致。当车子转弯时，车辕前端会顺此方向移动，而后端则向相反方向移动，并将传动齿轮放落，使车轮的转动带动木人下的大齿轮向相反方向转动，恰好抵消车子转弯产生的影响。这样，无论车子转向何方，都能使木人的手臂始终指向设定的方向。

3. 文化意义与影响

指南车不仅在技术上有着重要的地位，其文化影响也不可小觑。它象征着古代中国人对自然界的探索和对科技的追求。在当时，指南车常被用作帝王出行的仪仗，代表着权威和智慧。同时，指南车的制造也体现了古代工匠的智慧和技艺水平，是中国古代科技文明的杰出代表之一。

4. 现代复原与研究

现代，国内外很多人尝试复原指南车。有几种指南车的复原结构采用了不同的机械原理和技术手段来实现指南功能。这些复原结构虽然与古代指南车的具体结构可能有所不同，但它们都试图通过现代技术手段来重现古代科技文明的辉煌成就。

同时，对指南车的研究也有助于我们更深入地了解古代中国的科技水平和文化内涵。通过对指南车的结构、原理和文化意义的研究，我们可以更好地认识古代中国人民的智慧和创造力，以及他们在科技领域所取得的辉煌成就。

指南车是古代中国导航技术的智慧结晶，它不仅展示了古人对机械原理的深刻理解，更为后世的导航技术奠定了基础。同时，指南车也承载着丰富的文化内涵和历史意义，是我们了解古代中国科技文明和文化发展的重要窗口。

（四）记里古车：古代里程计算的精妙装置

记里古车，更常见的称呼是记里鼓车，是中国古代一种专门设计用于测量道路里程的长度计量仪器。

1. 起源与发展

记里鼓车是由"记道车"发展而来的。有关记道车的文字记载最早见于汉代刘歆的《西京杂记》："汉朝舆驾祠甘泉汾阳……记道车，驾四，中道。"可见至迟在西汉时期，即已有了这种可以计算道路里程的车。后来因为加了打鼓装置，每走一里路打一下鼓，故名"记里鼓车"。

2. 工作原理与结构

记里鼓车如图 1-1-4 所示，主要运用了齿轮传动的原理。其结构通常包括车

图 1-1-4 中国古代记里鼓车

轮、齿轮组、木人击鼓装置等部分。车轮转动时，通过齿轮组的减速作用，使得车轮走满一定里程（如一里）时，有一个齿轮刚好转一周，并拨动车上的木人击鼓一次，从而起到自动计量里程的作用。

具体来说，记里鼓车的车轮内侧装有齿轮，这些齿轮与车底的齿轮相啮合。当车轮转动时，会带动车底的齿轮一起转动。通过一系列齿轮的传动和减速作用，最终使得一个特定的齿轮（通常称为"母齿轮"）在车轮转动一定圈数后转满一周。这个齿轮的转动会通过一个杠杆或绳索机构拨动车上的木人手臂，使其击鼓一次。

唐代以后，记里鼓车的计量里程装置出现了双层设计：行满一里，下层木人击鼓一次；行满十里，上层木人击鼓一次。这样，古代的人们就可以通过记录上、下层木人击鼓的次数来计算出所行的里程。

3. 复原与研究

记里鼓车后来多出现于皇帝出行时的仪仗队中，原本计算里程的功能反而被逐渐弱化。到了元朝时期，由于蒙古族为游牧民族，习惯骑乘而少车舆，加上元英宗在位期间对车辂进行改制，规定卤簿中多用马、骆驼和骡，而少用车，故绝大多数的车舆种类都被取消，记里鼓车的制造技术也彻底失传。

然而，幸运的是，在1936年，北平研究院研究员王振铎先生根据《宋史》的记载和张荫麟的齿轮系的排列，经过研究成功复原了汉代的记里鼓车。这一复原工作为后人研究古代的机械史做了实物方面的补充。如今，这一复原的记里鼓车模型被珍藏在中国国家博物馆中，供人们参观和学习。

4. 文化意义与影响

记里鼓车不仅是中国古代机械史上的重大发明之一，也是减速齿轮及计数器的先驱。它的出现展示了古代中国人民的智慧和创造力，在科技领域取得了辉煌的成就。同时，记里鼓车也承载了丰富的文化内涵和历史意义，是了解古代中国科技文明和文化发展的重要窗口。

此外，记里鼓车的图案还被印制在了1953年我国的特种邮票上，这进一步体现了其在中国文化中的重要地位和价值。

记里鼓车是古代中国里程计算的精妙装置之一，其起源悠久、原理精妙、结构复杂且富有文化内涵。它不仅为后人研究古代的机械史提供了宝贵的实物资料，也为我们了解古代中国的科技水平和文化内涵提供了重要的窗口。

二、蒸汽机汽车的初探索

（一）蒸汽机时代的曙光：动力革命的先声

蒸汽机时代的曙光标志着动力革命的先声，这一时代变革对人类社会的发展产生了深远的影响。以下是对蒸汽机时代曙光及其作为动力革命先声的详细阐述：

1. 蒸汽机的发明与改良

蒸汽机是将蒸汽的能量转换为机械能的往复式动力机械，它的出现引起了18世纪的工业革命。蒸汽机的发展历史可以追溯到古希腊数学家亚历山大港的希罗于公元1世纪发明的汽转球（Aeolipile）如图1-1-5所示，这是蒸汽机的雏形。然而，蒸汽机真正得到发

图1-1-5　希罗发明的汽转球

展和应用是在 17 世纪末至 19 世纪初。

（1）早期发展：约 1679 年，法国物理学家丹尼斯·帕潘制造了第一台蒸汽机的工作模型。随后，托马斯·塞维利和托马斯·纽科门等人对蒸汽机进行了改进，制成了早期的工业蒸汽机。

（2）瓦特的改良：1765 年，詹姆斯·瓦特发明了设有与汽缸壁分开的凝汽器的蒸汽机，并于 1769 年取得了英国的专利。瓦特的改良使得蒸汽机的效率得到了显著提升，并为其在工业生产中的广泛应用奠定了基础。

2. 蒸汽机在工业中的应用

蒸汽机的发明和改良极大地推动了工业生产的飞速发展。蒸汽机以其强大的动力，取代了传统的人力、畜力和风力，成为工业生产的主要动力来源，如图 1-1-6 所示。

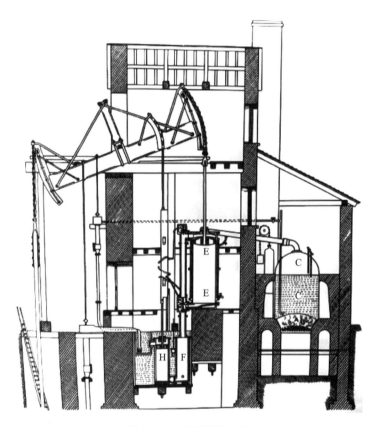

图 1-1-6　蒸汽机的应用

（1）纺织业：蒸汽机被广泛应用于纺织业，驱动织布机和纺纱机，使得纺织品的产量大幅增加。棉纺织业率先实现了机械化生产，满足了市场对棉布的大量需求。

（2）采矿业：蒸汽机被用来驱动抽水机和运输设备，提高了采矿效率。蒸汽机的应用使得采矿业得以快速发展，为工业生产提供了大量的原材料。

（3）交通运输：蒸汽机车和蒸汽船的出现，使得远距离运输变得更为便捷和高效。蒸汽动力在交通运输领域的应用，极大地缩短了世界的距离，促进了全球贸易的发展。

3. 蒸汽机时代的影响

蒸汽机时代的到来，不仅推动了工业生产的发展，还对社会结构、科学技术和经济发展产生了深远的影响。

（1）社会结构变革：随着机器生产的普及和工厂制度的建立，依附于落后生产方式的自耕农阶级逐渐消失，工业无产阶级开始崛起。这一变化反映了生产力的进步，也预示了未来社会阶级关系的调整。

（2）科学技术进步：蒸汽机的研制过程中，科学家们不断探索新的材料、新的工艺和新的理论，推动了科学技术的进步。蒸汽机的广泛应用也使得更多的人开始关注科学技术，促进了知识的普及和传播。

（3）经济发展：蒸汽机的应用使得生产效率得到了显著提升，降低了生产成本，促进了经济的飞速发展。蒸汽机时代为资本主义制度的巩固奠定了坚实的物质基础。

蒸汽机时代的曙光标志着动力革命的先声。蒸汽机的发明和改良推动了工业生产的飞速发展，改变了社会结构，促进了科学技术的进步和经济的繁荣。蒸汽机时代为人类社会的发展奠定了坚实的基础，开启了人类利用能源的新时代。

（二）蒸汽机汽车的初试啼声：机械动力的初次应用

蒸汽机汽车的初试啼声标志着机械动力在交通工具领域的初次应用。

1．蒸汽机汽车的起源与发展

（1）起源：1769 年，法国工程师尼古拉斯·约瑟夫·居纽（Nicolas-Joseph Cugnot）制造了第一辆蒸汽动力三轮车，如图 1-1-7 所示。这辆车虽然体型笨重，操作复杂，但它标志着人类第一次实现了机械动力的自动化行驶。

（2）发展：19 世纪初，英国工程师理查德·特里维西克（Richard Trevithick）制造了一辆蒸汽动力四轮车，如图 1-1-8 所示，在一定程度上解决了蒸汽机车的实用性问题。

1803 年，法国工程师特利维柯采用新型高压蒸汽机，制造了可乘坐 8 人的蒸汽动力汽车，如图 1-1-9 所示，平均时速达到 13km，从此蒸汽机驱动的汽车开始在实际中应用。

图 1-1-7　第一辆蒸汽动力三轮车和它的发明者

图 1-1-8　第一辆蒸汽动力四轮车　　　　图 1-1-9　蒸汽动力汽车

2. 蒸汽机汽车的特点与局限

（1）特点。蒸汽机汽车利用蒸汽机产生的动力来驱动车轮转动，从而实现了机械动力的自动化行驶。蒸汽机汽车的出现，极大地改变了人类的生产和生活方式，推动了交通工具的革新。

（2）局限。蒸汽机汽车存在许多缺陷，如锅炉笨重、燃料消耗大、操作复杂等。这些缺陷限制了蒸汽机汽车的普及和应用，使得人们开始寻找新的动力来源。

3. 蒸汽机汽车的历史意义

（1）开创了机械动力在交通工具领域的应用。蒸汽机汽车的出现，标志着人类开始利用机械动力来驱动交通工具，为后来的汽车工业发展奠定了基础。

（2）推动了科技进步和工业发展。蒸汽机汽车的制造和应用，推动了蒸汽机技术的不断进步和完善，同时也促进了相关产业的发展和进步。

（3）改变了人类的生产和生活方式。蒸汽机汽车的出现，使得人们的出行更加便捷和高效，推动了人类社会的不断进步和发展。

蒸汽机汽车的初试啼声标志着机械动力在交通工具领域的初次应用，具有重要的历史意义。虽然蒸汽机汽车存在许多缺陷和局限，但它的出现为后来的汽车工业发展奠定了坚实的基础。

（三）第一次交通事故的启示：交通安全的初步觉醒

法国工程师和陆军军官尼古拉·约瑟夫·居纽（Nicolas-Joseph Cugnot）在1769年制造了人类历史上第一辆蒸汽驱动的汽车，但在随后的试验中汽车不慎撞上了墙壁。

1. 试验车辆

蒸汽驱动的三轮汽车，该车采用蒸汽机作为动力源，拥有一个50L的立式双缸发动机。尽管其设计相对原始，但它是人类历史上第一辆利用机械动力行驶的车辆。

2. 撞墙事件

在试验过程中，由于车辆的控制系统尚不完善，居纽失去了对车辆的控制，车辆撞上了墙壁。这次事故对车辆造成了一定的损坏，但幸运的是，居纽本人并未受伤。

3. 事件影响

（1）技术反思：撞墙事件暴露了蒸汽动力车在操控性和安全性方面存在的问题，促使居纽和其他工程师开始思考如何改进车辆的设计和技术。

（2）历史地位：尽管这次试验以失败告终，但它仍然具有重要的历史地位。因为它是人类历史上第一次尝试利用机械动力来驱动交通工具的试验，为后来的汽车工业发展奠定了基础。

4. 事件后续影响

（1）左行右行通行规则。通行制是道路交通规则中最基本的原则。否则人、车在道路上随意走动，必然使得交通毫无秩序可言。世界现存有两种通行制，一是左行制，另一是右行制，相应的，汽车也分为左舵车和右舵车，如图1-1-10所示。

靠右行还是靠左行，看似简单，其实也是经过了一番变革的。在古代，道路行走的规范都是相当地方化的，而更多的地方甚至是没有规则的。但后来，随着道路的延长，人们的交往范围在扩大。于是，地方性的习惯区域化了，而区域化的习惯又演变成为全国性的规范。

（2）左行制的形成。关于左行制的形成，现在有两种主要说法。一种起源于海上航行，另一种是源于骑士习惯。无论左行起源于什么原因，从历史上看，左行都可算是欧洲的古制。强制左行可以追溯到700多年前。它影响了西欧大部分地区和英属殖民地，历时500多

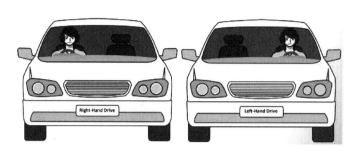

图 1-1-10　左舵、右舵汽车

年。随着 19 世纪英国殖民势力向全世界的大规模扩张，左行规则也相继传入了亚洲和其他地区，如印度、巴基斯坦、新加坡、澳大利亚、南非、中国香港等。

（3）右行制的形成。今天普遍意义上的右行规则起源于 18 世纪的法国。1789 年，法国大革命成功，在受尽压迫的底层人民看来，"靠左行"意味着贵族与特权，而"靠右行"则带有"革命"的意义，革命成功了，车辆应该靠右行了。目前，除了英国和欧洲一些岛国外，整个欧洲大陆都是右行的。中国也属于战争改变通行规则的典型国家。

（4）世界主要国家和地区的通行制。世界上大多数国家和地区采用车辆靠右行驶的通行制，车辆方向盘在左边，如亚洲、欧洲、美洲绝大多数国家和地区。车辆靠左行驶的国家和地区有：我国的香港地区，英国、日本、印度、印度尼西亚、巴基斯坦、斯里兰卡、澳大利亚、新西兰、泰国、爱尔兰、马耳他、新几内亚、斐济、汤加、瑙鲁、牙买加、圭亚那、马来西亚、新加坡、南非、丹麦、尼泊尔、韩国、越南等国家。

三、内燃机的革命性突破

（一）发动机的萌芽：动力源泉的初现

1. 蒸汽机的发明

18 世纪中叶，瓦特发明了蒸汽机。这一发明为后续的机械动力提供了重要的思路，人们开始设想将蒸汽机应用到车辆上。

2. 三轮蒸汽机车的诞生

1770 年，法国的居纽将蒸汽机安装在三轮车上，制作了一辆三轮蒸汽机车。这辆车全长 7.23m，速度为 3.5km/h，是世界上第一辆蒸汽机车。但由于蒸汽机作为外燃机，热能转换效率极低，仅有 10%，因此人们开始探索更高效的动力方式。

3. 煤气发动机的发明

1858 年，定居在法国巴黎的里诺发明了煤气发动机，并于 1860 年申请了专利。这种发动机使用煤气和空气的混合气体取代往复式蒸汽机的蒸汽，并使用电池和感应线圈产生电火花点燃混合气。这种发动机已经有了气缸、活塞、连杆、飞轮等现代发动机的雏形。

（二）第一台实用内燃机的问世：动力技术的飞跃

1. 内燃机的诞生背景

在 19 世纪中叶以前，蒸汽机是主要的动力来源，但其存在体积庞大、笨重、效率不高等缺点。随着工业革命的深入，人们对动力源的需求日益增加，迫切需要一种更高效、更轻便的动力装置。正是在这样的背景下，内燃机应运而生。

2. 第一台实用内燃机的问世

法国发明家莱诺 1860 年发明了一台单缸二冲程的内燃机，如图 1-1-11 所示。采用电点火方式点燃煤气和空气的混合气体。输出功率为 $0.74\sim1.47kW$，转速为 $100r/min$，热效率为 4%。

3. 历史意义

虽然这台内燃机的性能相对有限，但它的问世为后续的内燃机发展奠定了重要基础。它标志着人类开始探索更高效、更轻便的动力装置，为内燃机的广泛应用开辟了道路。内燃机的广泛应用极大地提高了生产效率，推动了工业革命的深入发展。内燃机汽车、轮船、飞机等交通工具的出现极大地改变了人们的出行方式，促进了交通运输业的发展。内燃机作为现代工业的重要动力源之一，为各种机械设备提供了强大的动力支持。

图 1-1-11　莱诺和他发明的单缸二冲程内燃机

第一台实用内燃机的问世是动力技术的一次重大飞跃。它不仅为内燃机的后续发展奠定了重要基础，还推动了工业革命、交通运输业和现代工业的发展。

(三) 第一台往复式四冲程内燃机的诞生：动力效率的提升

1864 年，德国人尼古拉斯·奥托（Nikolaus August Otto）与企业家兼工程师卡尔·尤金·朗根（Carl Eugen Langen）合作建立了世界上第一家内燃机制造厂，专门从事内燃机的开发。1876 年，尼古拉斯·奥托成功地制造出了世界上第一台实用的往复式四冲程内燃机，如图 1-1-12 所示。这台内燃机工作时进气、压缩、膨胀（做功）、排气四个过程组合而成的往复循环，被后人称为奥托循环。这一发明对于内燃机的发展具有划时代的意义，使得内燃机能够更高效、更稳定地工作。

1. 奥托的生平与背景

尼古拉斯·奥托于 1832 年 6 月 10 日出生在德国霍尔茨豪森的一个工匠家庭。奥托从小就对机械技术有着浓厚的兴趣，并展现出了非凡的才华。这为他后来在内燃机领域的创新奠定了坚实的基础。

2. 奥托循环的发现与发明过程

（1）初步构想：约在 1860 年，奥托听说艾蒂安·勒努瓦发明了燃气机——

图 1-1-12　奥托和他的第一台往复式四冲程内燃机

第一台可使用的内燃机。奥托认识到，如果燃气机能够使用液体燃料来驱动，其用途将会大大增加。因此，他开始尝试改革勒努瓦的燃气机，并设想要制造一台使用四冲程的内燃机（与使用两冲程的勒努瓦原型内燃机不同）。

（2）制造样机：1862 年 2 月，奥托制造出一台四冲程内燃机工作样机。然而，在把这台新内燃机变得实用的过程中，他遇到了困难，特别是在点火装置方面。不久，他便把它搁置一旁，转而发明了"常压内燃机"，一种革新的二冲程内燃机。

（3）坚持创新：尽管二冲程内燃机为公司带来了巨大利润，但奥托仍然念念不忘他最初设想的四冲程内燃机。奥托在日常生活中观察到，许多物体在受到压缩后，其内部的能量会显著增加。例如，当他捏一块面包时，面包的体积会发生变化，这种变化启发了他对内燃机中燃料与空气混合物压缩的思考。奥托意识到，通过增加压缩冲程，可以提高燃料与空气混合物的温度和压力，从而使其更容易点燃和燃烧，进而提高内燃机的效率。他坚信，如果对燃料与空气的混合物先压缩后点火，四冲程内燃机的效率将会比任何改进的勒努瓦二冲程内燃机都要高。

（4）关键突破：1876年，奥托设计出了一个改进的点火系统，能够在压缩冲程结束后准确地点燃燃料与空气混合物，这一系统解决了四冲程内燃机实用化过程中的关键问题。同年5月，第一台实用的四冲程内燃机样机制造完成，并在次年获得了一项专利。

3．奥托循环的命名与影响

（1）命名：由于奥托发明的这部发动机具有转动平稳、噪声小等优良性能，对工业产生了巨大影响，因此人们将这种循环命名为"奥托循环"。

（2）影响：奥托循环的发现不仅推动了内燃机技术的发展，还为后来的汽车工业和其他工业领域的发展奠定了坚实基础。基于奥托循环原理制造的煤气机和汽油机成为最早的活塞式内燃机，为人类的交通运输和工业生产带来了巨大的便利和效益。

4．奥托循环的工作原理与特点

（1）工作原理：奥托循环的一个周期由进气冲程、压缩冲程、膨胀做功冲程和排气冲程这四个冲程构成，如图1-1-13所示。这四个冲程的顺序和配合是内燃机正常工作的关键。在进气冲程中，可燃混合气被吸入气缸；在压缩冲程中，混合气被压缩成高压状态；在做功冲程中，火花塞点燃混合气，产生高温高压气体推动活塞向下运动；在排气冲程中，燃烧后的废气被排出气缸。

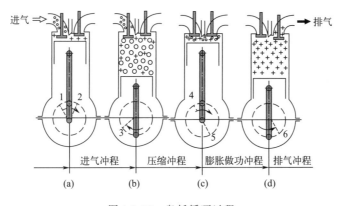

图 1-1-13　奥托循环过程

（2）特点：奥托循环是理想化的循环，因为在实际应用中，由于燃烧和爆炸等过程的影响，系统的组成和性质会发生变化，实际汽油发动机的效率要低于奥托理想循环的效率。尽管如此，奥托循环仍然为内燃机的发展提供了重要的理论指导。

综上所述，奥托循环的发现过程充满了创新精神和坚持不懈的努力。尼古拉斯·奥托通过不断尝试和改进，最终成功发明了具有划时代意义的四冲程内燃机，为人类的动力机械技术做出了巨大贡献。

（四）第一台转子发动机的创意：动力结构的革新

1．创意背景

在20世纪中叶，传统的往复活塞式发动机在动力机械领域占据主导地位。然而，这种发动机存在一些固有的缺陷，如结构复杂、振动和噪声较大等。因此，工程师们开始探索新的动力结构，以寻求更高效、更平稳的发动机。

2. 转子发动机的创意

德国工程师菲加士·汪克尔在深入研究和总结前人经验的基础上，提出了一种全新的发动机设计理念——转子发动机，如图 1-1-14 所示。这种发动机的核心创意在于利用三角转子的旋转运动来控制发动机的压缩和排放，从而实现了动力结构的革新。

3. 动力结构革新

（1）工作原理

转子发动机采用三角转子在缸体中旋转的方式来实现四个冲程（进气、压缩、做功和排气）的循环。三角转子通过齿轮的啮合和缸体的轮廓线，保持自转和公转，并通过偏心的主轴输出动力。

（2）结构简化

与传统的往复活塞式发动机相比，转子发动机取消了无用的直线运动，从而简化了结构。

图 1-1-14　汪克尔和他的转子发动机

这使得同样功率的转子发动机尺寸较小、重量较轻，且振动和噪声较低。

（3）高效利用燃料

在转子发动机中，膨胀压力作用于转子的侧面，使得三角形转子的三个面之一能够被推向偏心轴的中心。这种设计使得转子发动机能够更有效地利用燃料能量，从而提高发动机效率。

（4）独特的进排气方式

转子发动机不需要专门的进、排气机构，而是利用转子的侧面来控制进/排气口的开关。这种独特的进排气方式使得转子发动机具有更高的转速和更平稳的运转特性。

4. 影响与意义

转子发动机的创意和动力结构革新对汽车工业和其他工业领域产生了深远影响。1967年，日本东洋工业公司（即后来的马自达汽车公司）将转子发动机装在马自达轿车上进行批量生产。此后，马自达在这款转子发动机的基础上继续深入研发，进一步优化了其性能。转子发动机具有运行噪声低等优点，但也存在一些挑战，如转矩劣势和寿命问题等。

此外，转子发动机在工业和军事领域也有广泛应用。例如，在美国，大到 3000 马力（1马力＝735.5W）的柴油转子机，小到排量只有 10mL 的超微转子机都有广泛应用。这些应用展示了转子发动机在不同领域的适应性和潜力。

（五）第一台实用的柴油机的轰鸣：动力多样性的拓展

1. 柴油机的诞生

德国工程师鲁道夫·狄塞尔（Rudolf Diesel）经过多年的潜心研究，终于在 1892 年成功制造出了世界上第一台试验柴油机，如图 1-1-15 所示，并于同年 2 月 27 日取得了此项技术的专利。柴油机的工作原理是压燃式点火，即利用高温高压的压缩空气使燃料自燃。这种点火方式使得柴油机具有省油、热效率高等优点。

2. 柴油机的特点与优势

（1）省油：相比传统的汽油机，柴油机能够更充分地利用燃料，因此具有更高的燃油经济性。

（2）热效率高：柴油机的热效率通常比汽油机高出约 20%～30%，这使得柴油机在提供相同动力的情况下能够消耗更少的燃料。

（3）扭矩大：柴油机的扭矩通常比汽油机大，因此更适合用于需要大扭矩的场合，如重型车辆、船舶和火车等。

图 1-1-15　狄塞尔和他的柴油机

3. 柴油机的轰鸣：动力多样性的拓展

（1）动力来源的多样性：柴油机的发明为动力来源提供了更多的选择。在柴油机之前，主要的动力来源是蒸汽机和汽油机。柴油机的出现使得动力来源更加多样化，满足了不同领域和场合的需求。

（2）工业应用的广泛性：柴油机因其高效、经济的特点，迅速在船舶、火车、重型车辆等领域得到广泛应用。这些领域对动力性能的要求较高，而柴油机正好满足了这些需求。

（3）技术创新的推动：柴油机的发明推动了内燃机技术的进一步发展。为了提高柴油机的性能和效率，工程师们不断进行创新和改进，如采用涡轮增压、燃油喷射系统等技术。这些技术的引入不仅提高了柴油机的性能，也为其他内燃机的发展提供了借鉴和参考。

4. 柴油机的影响与意义

（1）推动了工业革命的发展：柴油机的出现推动了工业革命的发展，使得工业生产更加高效、节能。

（2）促进了交通运输的发展：柴油机在交通运输领域的应用，使得交通工具的行驶距离更远、速度更快、载重能力更强。

（3）为环保事业作出贡献：虽然柴油机在排放方面存在一定的问题，但随着技术的不断进步，柴油机的排放性能得到了显著改善。未来，柴油机将继续在环保事业中发挥重要作用。

四、内燃机汽车的辉煌时代

(一) "汽车之父"卡尔·本茨的传奇：汽车时代的开创者

"汽车之父"卡尔·本茨（Karl Friedrich Benz）（图 1-1-16）是现代汽车工业的先驱者之一，他以其创新和勇气开创了汽车时代。

1. 个人背景与早期经历

卡尔·本茨于 1844 年 11 月 25 日出生在德国卡尔斯鲁厄附近的米尔堡。他的父亲约翰·乔治·本茨是一位火车司机，但在他出生前去世，母亲则希望他能成为工程师。1860 年，卡尔·本茨进入卡尔斯鲁厄综合科技学校学习，系统学习了机械构造、机械原理、发动机制造以及机械制造经济核算等课程，为他日后的发明和创业打下了坚实基础。

图 1-1-16　卡尔·本茨

2. 创业与发明之路

（1）早期创业：1872年，卡尔·本茨组建了本茨铁器铸造和机械工厂，专门生产建筑材料。然而，由于建筑业不景气，工厂经营困难，面临倒闭。于是，他决定制造发动机以获取高额利润来摆脱困境。

（2）发动机研制：卡尔·本茨领来了生产奥托四冲程煤气发动机的营业执照，并经过一年多的设计与试制，于1879年12月31日成功制造出第一台单缸煤气发动机（转速为200r/min，功率约为0.7kW）。

（3）汽车发明：在发动机研制的基础上，卡尔·本茨开始着手汽车的发明。1885年，他造出了第一辆三轮汽车，将内燃机改进为汽油发动机，并安装在三轮车上。

（4）专利申请：1886年1月29日，卡尔·本茨向德国国家专利商标局提交了"燃气发动机驱动汽车"的专利申请，并获得了专利证书（编号DRP37435），如图1-1-17所示。这一天被认为是世界汽车诞生日，1886年也因此被称为世界汽车诞生年。

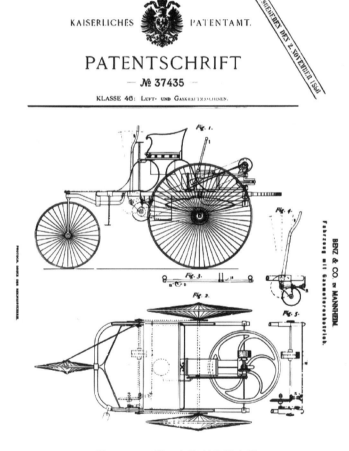

图1-1-17　第一个汽车发明专利

（二）第一辆三轮汽车的亮相：汽车形态的初步确立

1. 三轮汽车的特点与形态

（1）结构：奔驰一号这辆三轮汽车采用三轮设计，具有一个前轮和两个后轮，其中前轮较小，后轮较大。车身结构相对简单，但已具备现代汽车的基本元素，如发动机、传动系统、转向系统和悬挂系统等，如图 1-1-18 所示。

（2）发动机：采用单一气缸的汽油发动机，通过链条传动驱动后轮。这种发动机是当时内燃机技术的最新成果，具有高效、轻便等优点。

（3）性能：最高车速可达 18km/h，可乘坐 3 人。虽然与现代汽车相比性能较低，但在当时已足够满足人们的出行需求。

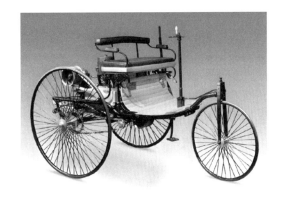

图 1-1-18　奔驰一号

2. 三轮汽车的意义与影响

（1）动力结构的革新：三轮汽车的亮相标志着内燃机技术在汽车领域的成功应用，为后来的汽车发展奠定了技术基础。

（2）出行方式的变革：三轮汽车的出现为人们提供了一种全新的出行方式，相比传统的马车和步行，它更加快捷、方便。

（3）汽车工业的诞生：随着三轮汽车的普及和发展，汽车工业逐渐崭露头角，成为一个新的产业领域。卡尔·本茨的奔驰公司也成了现代汽车工业的先驱者之一。

（4）汽车形态的确立：三轮汽车的形态虽然相对简单，但它已经具备了现代汽车的基本特征，为后来的汽车设计提供了重要的参考和借鉴。

（三）首位汽车驾驶员的登场：汽车驾驶的先河

首位汽车驾驶员的登场，无疑是汽车驾驶历史的开创性时刻，这一角色由卡尔·本茨的妻子贝尔塔·本茨（也有资料称为贝莎·本茨）扮演，如图 1-1-19 所示。

1. 事件经过

（1）汽车发明：1885 年，卡尔·本茨成功研发出全球首辆汽车——一辆以内燃机为动力的三轮乘坐车。这辆汽车采用了钢管车架、三个辐条式车轮、叉型前轮架和转向手柄等独特设计。

（2）驾驶挑战：尽管卡尔·本茨对这辆汽车充满信心，但当时的人们对汽油持怀疑态度，且汽车经常出现各种故障。因此，卡尔·本茨本人并不愿意在公共场所驾驶它。然而，贝尔塔·本茨却对丈夫的发明深信不疑，并决定亲自驾驶这辆汽车进行长途旅行。

图 1-1-19　贝尔塔·本茨

（3）长途驾驶：1888 年 8 月 5 日清晨，贝尔塔·本茨在丈夫不知情的情况下，带着两个孩子，驾驶这辆汽车从曼海姆出发，前往她的娘家普福尔茨海姆。这次旅行历时 12 小时，行程 140 公里，途中克服了重重困难，包括用发卡疏通堵塞的油路、用长裙排除电路的短路现象等。

2. 历史意义

（1）汽车驾驶先河：贝尔塔·本茨的这次长途驾驶不仅解决了实际问题，还赢得了沿途人们的惊讶与敬佩，从而改变了人们对汽车的看法。她因此被誉为世界上第一位汽车驾驶员，开创了汽车驾驶的先河。

（2）汽车可靠性验证：通过这次长途驾驶，贝尔塔·本茨证明了卡尔·本茨发明的汽车是可靠且实用的。她给丈夫发去电报："汽车经受住了考验，请速申请慕尼黑博览会！"这一行动为卡尔·本茨的汽车赢得了更多的关注和认可。

（3）汽车历史里程碑：贝尔塔·本茨的这次驾驶经历成为汽车历史上的里程碑事件，为后来的汽车发展奠定了重要基础。

（四）第一辆四轮汽车的驰骋：汽车功能的完善

第一辆四轮汽车的驰骋是汽车工业发展历程中的一个重要里程碑，它标志着汽车功能的逐步完善和汽车形态的进一步成熟。

1. 第一辆四轮汽车的诞生

戈特利布·戴姆勒如图 1-1-20 所示，在 1886 年成功地将他精心研发的汽油发动机安装在了为妻子庆祝生日而购买的马车上，从而发明了世界上第一辆四轮汽车。这辆四轮汽车以每小时 18 千米的速度驰骋起来，标志着人类历史上第一辆四轮汽车的诞生。

2. 四轮汽车的特点与功能完善

（1）结构特点：四轮汽车相比三轮汽车更加稳定，能够提供更好的乘坐舒适性和行驶稳定性，如图 1-1-21 所示。同时，四轮汽车的底盘结构也更加复杂，需要更精细地设计和制造。

图 1-1-20　戈特利布·戴姆勒　　　　　　　图 1-1-21　第一辆四轮汽车

（2）功能完善：四轮汽车的诞生标志着汽车功能的逐步完善。除了基本的行驶功能外，四轮汽车还逐渐配备了转向系统、悬挂系统、刹车系统等重要部件，这些部件的加入使得汽车的性能更加出色，也更加安全。

（3）应用场景：四轮汽车的出现使得汽车的应用场景更加广泛。除了作为个人交通工具外，四轮汽车还可以用于货物运输、旅游观光等多个领域。

3. 四轮汽车的历史意义与影响

（1）汽车产业的兴起：四轮汽车的诞生为汽车产业的兴起奠定了坚实基础。随着四轮汽车的普及和发展，汽车产业逐渐成为一个重要的经济支柱。

（2）出行方式的变革：四轮汽车的出现彻底改变了人们的出行方式。相比传统的马车和步行等出行方式，四轮汽车更加快捷、方便，也更加舒适。

（3）科技创新的推动：四轮汽车的诞生推动了科技创新性发展。为了不断改进汽车的性能和安全性，工程师们不断研发新技术和新材料，这些创新成果不仅应用于汽车行业，还对其他领域产生了深远影响。

（五）梅赛德斯品牌的诞生：豪华汽车的象征

梅赛德斯品牌的诞生是汽车工业发展史上的一个重要里程碑，它代表了豪华汽车的诞生与兴盛。

1. 品牌起源

1886年，卡尔·本茨发明了第一辆内燃机汽车，标志着汽车工业的诞生。1899年，戴姆勒发明了首辆汽油机四轮汽车，并开始了戴姆勒汽车公司的运营。

2. 命名由来

在1899年，埃米尔·耶利内克驾驶戴姆勒公司的汽车在法国尼斯之旅汽车大赛上夺冠，他认为女儿的名字带来了好运，因此建议将这款车命名为"Mercedes"，这个名字不仅在欧洲流行，还顺应了当时的法国风潮，因此戴姆勒公司在1902年正式注册了"Mercedes"作为品牌名称。随着戴姆勒公司与奔驰公司的合并，这两个品牌的名称合并为"Mercedes-Benz"，并沿用至今。埃米尔·耶利内克和他女儿梅赛德斯如图1-1-22所示。

图 1-1-22　埃米尔·耶利内克和他女儿梅赛德斯

3. 品牌发展

在戴姆勒公司的早期发展中，梅赛德斯品牌逐渐崭露头角，以其卓越的性能和豪华的品质赢得了市场的认可。1926年，卡尔·本茨的公司与戈特利布·戴姆勒的公司正式合并，成立了梅赛德斯-奔驰汽车公司。这一合并不仅实现了资源和技术的整合，还进一步提升了品牌的知名度和竞争力。

4. 品牌象征与影响力

（1）豪华汽车的象征。梅赛德斯品牌以其精湛的工艺、卓越的性能和优雅的设计，成为豪华汽车的象征。无论是轿车、SUV还是其他车型，梅赛德斯都以其独特的魅力和品质赢得了消费者的喜爱和信赖。

（2）全球影响力。自成立以来，梅赛德斯品牌不断发展壮大，逐渐成为全球领先的汽车制造商之一。其产品线涵盖了多个细分市场，满足了不同消费者的需求。同时，梅赛德斯品牌还积极参与全球性的汽车赛事和公益活动，不断提升其品牌影响力和社会形象。

5. 品牌创新性发展

（1）技术创新。梅赛德斯品牌在汽车技术创新方面一直走在前列。无论是发动机技术、底盘技术还是智能驾驶技术，梅赛德斯都不断推出创新性的解决方案和产品。

（2）可持续发展。面对全球性的环境挑战和能源危机，梅赛德斯品牌积极致力于可持续发展和环保事业。其推出的混合动力和电动车型不仅降低了排放和能耗，还为消费者提供了更加环保和经济的出行选择。

五、汽车外形的演变与美学探索

1. 马车型外形：古典与实用的结合

从 19 世纪末到 20 世纪初，世界上相继出现了一批汽车制造公司，除戴姆勒和奔驰各自成立了以自己名字命名的汽车公司外，还有美国的福特公司、英国的劳斯莱斯公司、法国的标致和雪铁龙公司、意大利的菲亚特公司等。当时的汽车外形基本上沿用了马车的造型，因此被人们称为无马的"马车"。

2. 箱型外形：稳重与实用的体现

马车型汽车很难抵挡风雨灰尘的侵袭。1915 年，美国福特汽车公司设计、生产了一种新型车身，这种车从整体上看是四方形的，很像一只大箱子，并装有门和窗，实际上只是在原来的马车车身上做了轻微的改进，人们把这类车称为"箱型汽车"，福特 T 型车如图 1-1-23 所示。美国通用汽车公司的雪佛兰部看准用户多样化的要求，于 1928 年制造出在散热器罩、发动机通风口和轮罩上增加豪华装饰的汽车，从而博得了用户的欢迎。

图 1-1-23 福特 T 型车

3. 流线型外形：速度与美感的融合

1920 年，德国科学家保尔·亚莱通过实验证明，一件物体的空气阻力与物体的形状、迎风面积以及前进速度有关，因此，促使人们致力于流线型车身的研究。1934 年美国的克莱斯勒公司生产的气流牌汽车，如图 1-1-24 所示，首先采用了流线型的车身外形。但该车在最初展出时，由于设计周期长而引起"设计存在问题"的传言，再加上当时该车的外形还未被大众所接受，销售业绩极其惨淡，但该车型的诞生标志着汽车流线型时代的开始。

图 1-1-24 1934 年克莱斯勒气流牌汽车

4. 船型轿车：舒适与宽敞的典范

美国福特公司经过几年的努力，于 1949 年推出具有历史意义的新型福特 V8 型汽车，如图 1-1-25 所示。这种车型改变了以往汽车造型的模式，使前翼子板和发动机罩、后翼子板和行李舱罩融于

图 1-1-25 1949 年新型福特 V8 型汽车

一体，大灯和散热器罩也形成一个平滑的面，车室位于车的中部，整个造型很像一只小船，所以人们把这类车称为"船型汽车"。船型汽车不论从外形上还是从性能上来看都优于甲壳虫型汽车，并且还解决了甲壳虫型汽车对横风不稳定的问题。

5. 鱼型轿车：动态与节能的和谐

船型汽车尾部过分向后伸出，形成阶梯状，在高速时会产生较强的空气涡流。为了克服这一缺陷，人们把船型车的后窗玻璃逐渐倾斜，倾斜的极限即成为斜背式。由于斜背式汽车的背部像鱼的脊背，所以这类车称为"鱼型汽车"或者是"斜背式汽车"。1952 年，美国通用汽车公司的别克牌轿车开创了鱼型汽车的时代。1964 年美国的克莱斯勒顺风牌和 1965 年的福特野马牌都采用了鱼型造型，如图 1-1-26 所示。

图 1-1-26　1965 年的福特野马鱼型汽车

6. 楔型轿车：未来与科技的展望

为了从根本上解决鱼型汽车的升力问题，人们设想了种种方案，最后终于找到了一种楔形。研究楔形的结构可以发现，车身前部呈尖形且向下倾斜，高速行驶时的空气流可在前轮产生向下的压力，防止前轮"发飘"。车身尾部如同刀切一样平直，可减小车顶以后部分的负压，防止后轮"飘起"。这种造型最大限度地解决了升力问题，使汽车的行驶稳定性有了显著的提高。

1963 年司蒂倍克·阿本提第一次设计了楔型小客车。直到 1966 年，通用公司的奥兹莫比尔·托罗纳改进和发展了楔型汽车。1967 年又为凯迪拉克高级轿车埃尔多拉多（Eldorado）所采用，如图 1-1-27 所示。

二十世纪七八十年代以意大利为代表的跑车，1971 年在日内瓦车展上首次亮相的兰博基尼·康塔什（Countach），1987 年在法兰克福车展首次亮相的法拉利 F40，如图 1-1-28 所示，就是典型的楔型造型。

图 1-1-27　1967 年凯迪拉克高级轿车
埃尔多拉多楔型汽车

图 1-1-28　法拉利 F40

案例讨论

1. 案例讨论：卡尔·本茨与奔驰汽车的诞生。

2. 案例背景：卡尔·弗里德里希·本茨，作为汽车工业的先驱之一，于 1885 年设计和制造了世界上公认的第一辆三轮汽车，并获得了专利，这标志着现代汽车的诞生。这辆汽车采用内燃机作为动力源，虽然起初并不完善，但它为后续的汽车发展奠定了坚实的基础。

3. 讨论点：

（1）技术创新的力量：卡尔·本茨是如何克服技术难题，成功设计出内燃机驱动的汽车？这一创新对当时的交通领域产生了哪些革命性的影响？

（2）商业化的挑战与机遇：在奔驰汽车诞生后，卡尔·本茨面临了哪些商业化的挑战？他是如何将这些挑战转化为机遇，最终创立了奔驰汽车公司，并推动了汽车工业的商业化进程的？

（3）社会影响与接受度：初期，公众对汽车这一新兴交通工具的态度如何？随着汽车技术的不断发展和完善，社会是如何逐渐接受并依赖汽车的？这一过程中，有哪些关键因素起到了推动作用？

（4）未来展望：从奔驰汽车的诞生到今天的智能汽车时代，汽车技术经历了哪些重大变革？你认为未来汽车技术还将如何发展？这些发展又将如何影响我们的生活方式和社会结构？

任务实施

1. 任务要求：设计一款未来概念汽车并撰写设计报告。

2. 任务描述：基于你对汽车历史演进之路的了解，特别是从蒸汽汽车的萌芽到现代汽车的发展过程，以及技术创新如何不断推动汽车行业变革的认识，设计一款面向未来的概念汽车，并撰写一份详细的设计报告。

3. 设计报告

作品名称		评分	
		小组评分	教师评分
设计理念	（阐述你的设计灵感来源，包括对未来汽车技术、社会需求、环保理念等方面的思考。）		
技术创新	（详细介绍你设计的概念汽车所采用的关键技术创新点，如动力系统（如新能源技术、智能驾驶技术等）、车身材料、安全系统、智能互联等方面的创新。）		
功能特点	（描述该概念汽车的主要功能特点，包括其如何提升驾驶体验、提高能源利用效率、增强安全性、实现智能化驾驶等方面的优势。）		
外观设计	（绘制或描述概念汽车的外观设计，包括车身线条、颜色搭配、车灯设计等，体现其未来感和科技感。）		
市场定位与前景分析	（分析该概念汽车的市场定位，包括目标消费群体、竞争对手分析以及市场前景预测。同时，探讨其可能面临的市场挑战及应对策略。）		
可持续发展考量	（在设计中融入环保理念，说明该概念汽车如何减少对环境的影响，如降低碳排放、提高资源利用效率等。）		
总结反思			

环节 2　见证飞跃：汽车工业的革命历程

 **教学引入**

今天，我们将踏上一场探索汽车历史的非凡旅程。从最初的蒸汽动力到现代的智能驾驶，汽车不仅改变了我们的出行方式，更深刻地影响了人类社会的发展。想象一下，你正驾驶着一辆经典的老爷车，穿越时光隧道，见证汽车技术的每一次革新与突破。从汽车外形的演变、喷油器的诞生，到方向盘、变速器的创新，每一项技术的进步都凝聚着无数工程师的智慧与汗水。而当我们走进不同国家的汽车工业历史，又会发现各具特色的汽车文化和发展轨迹。在接下来的课程中，我们将一起回顾这些激动人心的时刻，感受汽车带给我们的无限魅力和可能。让我们携手启程，共同探索汽车世界的奥秘吧！

教学目标

素质目标	知识目标	技能目标
1. 激发对汽车技术的兴趣与热情，培养探索未知的精神。 2. 增强历史思维，学会从历史中汲取经验和教训。 3. 培养全球视野，理解不同文化背景下的汽车工业发展。	1. 描述世界主要国家汽车工业的发展历程及其特色。 2. 描述黄金三十年代、战后新发展、百花争艳年代及石油危机后世界汽车的重要事件与趋势。	1. 能够通过历史线索分析汽车技术的发展脉络。 2. 培养搜集、整理和分析汽车工业相关史料的能力。 3. 提升对现代汽车技术发展趋势的理解和预测能力。

知识链接

环节 2　见证飞跃：
汽车工业的革命历程

一、汽车在全球的早期发展足迹

（一）法国：汽车工业先驱的荣耀

1. 法国汽车工业的先驱

（1）早期尝试。早在 1769 年，法国陆军技术军官居尼奥就在政府的支持下试制成功了世界上第一辆具有实用价值的蒸汽汽车，从而引发了世界性的研究和制造汽车的热潮。

1828 年，巴黎技工学校校长配夸尔制造了一辆蒸汽牵引汽车，如图 1-2-1

图 1-2-1　世界第一辆蒸汽牵引汽车

所示，其独创的差速器及独立悬挂技术至今仍在汽车上广泛应用。

（2）关键人物与里程碑。1889 年，法国汽车工业的先驱者路易·雷诺、潘哈德和埃米尔·勒伐索创建了法国最早的汽车制造厂——潘哈德-勒伐索机器公司，以戴姆勒 V2 双缸发动机制造出世界上最早的前置后驱（F.R.）汽车，如图 1-2-2 所示，奠定了现代汽车传动系统布置的基础。

1890 年，阿尔芒·标致（图 1-2-3）成功开发出一辆搭载戴姆勒汽油发动机的四轮车，这也是法国第一辆汽油发动机汽车，标致公司由此开始涉足汽车领域。

图 1-2-2 路易·雷诺与雷诺 Voiturette Type A 汽车　　　　图 1-2-3 阿尔芒·标致

2. 法国汽车工业的早期发展

(1) 汽车制造厂的兴起。19 世纪末至 20 世纪初，法国出现了多家汽车制造厂，如雷诺、标致、雪铁龙等，汽车车标如图 1-2-4 所示，这些公司逐渐发展成为法国汽车工业的中坚力量。

(2) 技术创新与市场竞争。法国汽车公司在早期就展现出了技术创新的能力，如潘哈德-勒伐索机器公司的 F. R. 驱动系统、标致公司的汽油发动机等。

随着市场竞争的加剧，法国汽车公司开始注重提高生产效率和降低成本，以满足更多消费者的需求。

图 1-2-4 雷诺、标致、雪铁龙车标

(3) 市场细分与产品定位。法国汽车公司针对不同的消费者群体推出了不同类型的汽车产品，如家庭轿车、豪华轿车、跑车等。

法国汽车的总体特点是车体较小且设计新颖，符合大众化的方向，因此在西欧成为家庭轿车的热门。

3. 法国汽车工业的影响与地位

(1) 对欧洲市场的影响。法国汽车公司对欧洲汽车市场产生了深远的影响，其产品在欧洲市场上具有很高的知名度和竞争力。

法国两大汽车制造商（标致-雪铁龙集团和雷诺集团）对欧洲市场依赖性相对较大，其销售额的很大比例在欧洲实现。

(2) 在全球汽车工业中的地位。法国是全球汽车行业支柱之一，其汽车产量和出口额在全球汽车市场中占据重要地位。法国汽车工业的产品构成主要为乘用车，同时也生产轻型载货汽车和重型载货汽车等。

(3) 政府支持与环保政策。法国政府对汽车工业给予了大力支持，通过制定相关政策和提供补贴等方式促进汽车产业的发展。随着环境保护意识的增强，法国政府还积极推动汽车产业的环保转型，鼓励汽车制造商开发低排放、节能的汽车产品。

(二) 美国：开拓汽车新时代的先锋

1. 美国汽车技术的早期探索

1893 年，杜里埃设计出美国第一辆汽油机汽车。同年，美国人奥兹成立了汽油发动机生产厂。

2. 汽车产业的兴起与市场竞争

（1）汽车公司的成立。1897 年，奥兹汽车（图 1-2-5）公司成立，并生产了第一辆奥兹汽车，如图 1-2-6 所示。1902 年，亨利·福特成立了底特律汽车公司，后发展为福特汽车公司。同年，卡迪拉克汽车公司也宣告成立。

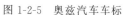

图 1-2-5　奥兹汽车车标

图 1-2-6　第一辆奥兹汽车

（2）市场竞争的加剧。随着多家汽车公司的成立，美国汽车市场竞争日益激烈。各大公司纷纷推出新产品，以提高市场占有率。

3. 福特汽车的革命性创新

（1）T 型车的推出。1908 年，福特汽车（图 1-2-7）公司推出了 T 型车，如图 1-2-8 所示，这是在世界第一条生产线上装配而成的汽车。T 型车的推出，大大降低了汽车的生产成本，使汽车价格更加亲民，从而推动了汽车的普及。

图 1-2-7　福特汽车车标

图 1-2-8　福特和他的 T 型车

（2）流水线生产方式的引入。福特汽车公司率先引入了流水线生产方式，这一革命性的举措不仅提高了生产效率，还降低了劳动力成本，为汽车的大规模生产提供了可能。

4. 美国汽车工业对全球的影响

（1）全球市场的开拓。美国汽车公司通过技术创新和市场营销等手段，成功开拓了全球市场，推动了全球汽车产业的发展。

（2）汽车文化的形成。美国汽车工业的发展，不仅改变了人们的出行方式，还催生了独特的汽车文化。汽车成为了美国人生活的重要组成部分，也影响了全球的汽车消费观念。

美国在汽车全球早期发展中扮演了开拓新时代的先锋角色。从早期的汽车技术探索到汽车产业的兴起，再到福特汽车的革命性创新和汽车工业的黄金时代，美国都展现了其强大的创新能力和市场竞争力。同时，美国汽车工业的发展也对全球产生了深远的影响，推动了全球汽车产业的进步和发展。

(三) 英国：贵族风范的汽车文化

1. 英国汽车的历史渊源

(1) 蒸汽动力的先驱。自1764年詹姆斯·瓦特改良蒸汽机以来，蒸汽动力迅速成为交通领域的主要驱动方式。1769年，蒸汽汽车在英国诞生，标志着汽车工业的初步形成。

(2) 交通法规的奠基。1865年，英国颁布了《红旗法案》，虽然这一法案在一定程度上限制了汽车的发展，但也为后来的交通法规奠定了基础。1868年，伦敦出现了世界上第一盏交通信号灯，尽管它只运行了23天，但这一创新为后来的交通管理提供了重要思路。

2. 英国汽车品牌的崛起

(1) 劳斯莱斯。1904年，劳斯莱斯（图1-2-9）品牌诞生，以其精湛的工艺和奢华的品质迅速成为上流社会的象征。劳斯莱斯始终坚持手工生产，追求极致的品质和性能。其标志性的"银色幽灵"高级轿车更是成为了多国元首、皇室、贵族的必备"坐骑"，如图1-2-10所示。

图1-2-9　劳斯莱斯汽车车标　　　　　图1-2-10　1909年劳斯莱斯银色幽灵

(2) 宾利。1919年，宾利（图1-2-11）品牌成立，同样以高品质和优雅的设计赢得了市场的青睐。宾利汽车不仅注重性能，更强调驾驶的舒适性和乘坐的豪华感，如图1-2-12所示。

图1-2-11　宾利汽车车标　　　　　　图1-2-12　1919年宾利汽车

(3) 奥斯汀。赫伯特·奥斯汀是英国第一辆汽车的制造者，他的奥斯汀汽车公司（Austin Motor Company）在1905年成立，推出了多款豪华车型，成为当时英国汽车市场的重要力量。奥斯汀车标和汽车如图1-2-13和图1-2-14所示。

图 1-2-13　奥斯汀汽车车标　　　　　　图 1-2-14　1929 年奥斯汀汽车

3. 英国汽车文化的特点

（1）贵族风范。英国汽车以其优雅、高贵的设计风格和精湛的工艺水平而闻名于世。英国轿车给人一种保守而尊贵之感，注重稳重、内向、有内涵，体现了英国绅士的优雅风范。

（2）精湛工艺。英国汽车一直被认为是汽车工艺的极致体现。许多英国汽车品牌都坚持手工装配和镶嵌工艺，以确保每一辆车的品质都达到最高标准。

（3）复古情怀。英国汽车业在复古元素方面玩得炉火纯青。许多英国汽车品牌都推出了复古风格的车型，以满足消费者对经典和怀旧的需求。

4. 英国汽车对全球的影响

（1）技术引领。英国汽车在技术方面一直走在前列。例如，劳斯莱斯的银色幽灵具有全铝立体框架车身和空气悬挂系统等创新技术，这些技术在当时都是世界轿车的风向标。

（2）文化输出。英国汽车文化不仅影响了欧洲其他国家，还传播到了全球各地。英国汽车的优雅风范和精湛工艺成为了全球汽车产业的典范。

英国在汽车全球早期发展中以其贵族风范的汽车文化而著称。从蒸汽动力的先驱到汽车品牌的崛起，再到汽车文化的特点和全球影响，英国都展现了其独特的魅力和实力。

（四）意大利：汽车艺术的独特魅力

1. 意大利汽车的历史背景

意大利是西欧最早的工业国之一，其汽车工业的发展历史悠久。早在 1885 年，意大利就诞生了历史上第一辆汽车。随着 1899 年菲亚特公司的成立，意大利的汽车工业更是蓬勃发展，制造了大量汽车销往世界各地。

2. 意大利汽车品牌与代表

（1）菲亚特。作为意大利汽车工业的先驱，菲亚特（图 1-2-15）公司不仅在国内市场占据重要地位，还积极向全球市场扩张，其生产的汽车以性能稳定、质量可靠而著称。菲亚特汽车如图 1-2-16 所示。

图 1-2-15　菲亚特汽车车标　　　　　　图 1-2-16　菲亚特汽车

（2）阿尔法·罗密欧。创立于 1910 年的阿尔法·罗密欧，如图 1-2-17 所示，以其独特的设计风格和卓越的运动性能赢得了全球消费者的喜爱。其标志性的三角造型栅栏和优秀的赛车血统，使其成为意大利汽车品牌的代表之一。

（3）法拉利。法拉利品牌由恩佐·法拉利于 1929 年创立，如图 1-2-18 所示，其车队在 F1 赛道上的辉煌战绩使其成为国际赛车界的翘楚。法拉利的标志承载着深厚的历史意义，代表着速度与激情的完美结合。

图 1-2-17 阿尔法·罗密欧汽车

图 1-2-18 恩佐·法拉利和他的汽车

（4）兰博基尼。诞生于 1963 年的兰博基尼（图 1-2-19），以其标志性的斗牛形象和狂野的设计风格吸引了全球消费者的目光。如今，兰博基尼已经步入电动时代，但其对速度和激情的追求从未改变，其车型如图 1-2-20 所示。

图 1-2-19 兰博基尼汽车车标

图 1-2-20 兰博基尼汽车

（5）玛莎拉蒂。自 1914 年创立以来，玛莎拉蒂以其精湛的工艺和设计美学不断推陈出新，如图 1-2-21 所示。其车型不仅线条优美、动力强劲，还注重驾驶体验。

3. 意大利汽车设计的特点

（1）追求豪放、性感、洒脱。意大利汽车的设计就像其时尚品牌一样，追求豪放、性感、洒脱的风格。无论是车身线条还是整体造型，都充满了艺术感

图 1-2-21 玛莎拉蒂汽车

和动感。

（2）注重细节与工艺。意大利汽车品牌在细节处理和工艺水平方面有着极高的要求。从车身的焊接、涂装到内饰的材质选择，都体现了意大利汽车对品质的极致追求。

（3）强调性能与操控。意大利汽车以其卓越的性能和操控性而闻名于世。其车型通常拥有强劲的动力、优秀的加速性能和稳定的操控性能，给驾驶者带来极致的驾驶体验。

4. 意大利汽车对全球的影响

（1）推动汽车设计创新。意大利汽车品牌在设计方面一直走在前列，其创新的设计理念和方法对全球汽车设计产生了深远影响。许多国际知名汽车品牌都借鉴了意大利汽车的设计元素和风格。

（2）引领汽车产业发展。意大利汽车工业的发展不仅推动了国内经济的增长，还促进了全球汽车产业的进步和发展。意大利汽车品牌在全球市场上的竞争力和影响力不断提升，为全球汽车产业的繁荣做出了重要贡献。

意大利在汽车全球早期发展中以其汽车艺术的独特魅力而著称。从历史背景到品牌代表、设计特点再到全球影响，意大利的汽车工业都展现了其独特的魅力和实力。意大利汽车品牌以其精湛的工艺、卓越的性能和优雅的设计赢得了全球消费者的喜爱和尊敬。

二、黄金三十年代的辉煌篇章

（一）克莱斯勒"气流"：传世经典之作

克莱斯勒（图 1-2-22）"气流"（Airflow）轿车是 20 世纪 30 年代汽车设计黄金时代中的一款传世经典之作，如图 1-2-23 所示，它代表了汽车车身形式从"箱型车身"到"流线型车身"的重大转变。

图 1-2-22　克莱斯勒汽车车标　　　　　图 1-2-23　1934 年的克莱斯勒"气流"

1. 诞生背景与意义

（1）时代背景。20 世纪 30 年代是汽车设计的黄金时代，随着汽车空气动力学的发展，汽车造型发生了根本性的变革。克莱斯勒"气流"轿车正是在这一背景下诞生的，它代表了当时汽车设计的前沿理念。

（2）设计意义。克莱斯勒"气流"轿车是历史上首款流线型汽车，它首次尝试改变汽车的基本造型，以流线为主的车身减少了行驶中来自空气的阻力。这一设计不仅提高了汽车的行驶效率，还使汽车外观更加饱满、具有设计感。

2. 设计特点与创新

（1）流线型车身。克莱斯勒"气流"轿车的车身线条流畅，将大部分前翼子板缩入车身两侧，前照灯也融入车身，前风窗首次采用整块曲面玻璃，进一步减小了空气阻力。同时，瀑布状倾斜布置的散热器通风罩栅使其流线型车身更显流畅。

（2）先进动力。车内装有8缸发动机，功率可达110.3kW，为汽车提供了强劲的动力支持。

（3）创新设计。克莱斯勒甚至把这辆车像一架飞机那样放在风洞中做实验，以确保其空气动力学性能达到最佳。

3. 市场反应与影响

（1）市场反应。尽管克莱斯勒"气流"轿车在设计上取得了巨大成功，但由于当时消费者的审美意识还停留在箱型汽车的年代，因此这款车的销量并不理想。克莱斯勒公司为此付出了巨大的资金和市场风险，但最终并未获得预期的回报。

（2）长远影响。尽管克莱斯勒"气流"轿车在市场上的表现不佳，但它的出现对汽车设计产生了深远的影响。它使更多制造商意识到流线型汽车的巨大潜力，从此以后流线型车身也逐渐成为了主流车身形式。

4. 总结与评价

克莱斯勒"气流"轿车是汽车设计史上的一款传世经典之作。它代表了汽车车身形式从"箱型车身"到"流线型车身"的重大转变，为后来的汽车设计提供了重要的启示和借鉴。尽管在当时的市场上并未获得预期的成功，但它的出现推动了汽车设计的进步和发展，为后来的流线型汽车的出现奠定了基础。因此，克莱斯勒"气流"轿车在汽车设计史上具有不可磨灭的历史地位和重要意义。

（二）雪铁龙：前驱技术的领航者

雪铁龙作为汽车行业的佼佼者，在其"黄金三十年"的辉煌篇章中，以前驱技术领航者的身份，为汽车行业的发展做出了重要贡献。

1. 前驱技术的开创与突破

（1）Traction Avant的诞生。1934年，雪铁龙推出了Traction Avant车型，这是世界上第一款大规模生产的前轮驱动汽车，如图1-2-24所示。在普遍采用后驱设计的时代，雪铁龙毅然决定突破常规，采用前置前驱的创新设计。

这一突破性的举措，为前驱车的兴起奠定了基石。相较于当时主流的前置后驱车型，Traction

图1-2-24 雪铁龙 Traction Avant

Avant取消了纵贯车身的传动轴，使车身底盘更加低矮且平整，从而提升了操控性和稳定性。

（2）技术的集成与创新。除了前瞻的前驱技术，Traction Avant还集成了当时众多尖端技术，如液压刹车系统、悬浮式发动机以及创新的承载式全钢车身结构。

这些技术的集成，使得Traction Avant在操控性能、安全性以及舒适性方面都达到了前所未有的高度。

2. 前驱技术的领航与影响

（1）引领行业变革。Traction Avant的成功，不仅为雪铁龙赢得了市场的认可，更为整个汽车行业带来了变革。它证明了前驱技术在汽车制造中的可行性和优越性，推动了前驱技术在全球范围内的普及。

（2）推动技术进步。在 Traction Avant 之后，雪铁龙继续在前驱技术领域进行深耕细作，不断推出更加先进、更加高效的前驱车型。这些车型的出现，不仅提升了雪铁龙的品牌影响力，更为整个汽车行业的技术进步提供了有力支持。

3. 总结与展望

雪铁龙作为前驱技术的领航者，在"黄金三十年"的辉煌篇章中取得了举世瞩目的成就。未来，随着汽车行业的不断发展和变革，雪铁龙将继续秉承创新精神和服务理念，不断推出更加先进、更加符合消费者需求的产品和服务。同时，雪铁龙也将继续加强与全球合作伙伴的合作与交流，共同推动汽车行业的持续发展和进步。

（三）奥迪起源：汽车联盟的辉煌历程

"黄金三十年"对于奥迪而言，是其历史上一个极其重要的辉煌时期，这一时期的起点可以追溯至汽车联盟的成立。

1. 奥迪的起源

（1）创始人。奥迪的创始人是德国工程师奥古斯特·霍希（August Horch）（图 1-2-25）。

（2）创立时间。1899 年，奥古斯特·霍希在德国创立了以自己的名字命名的车厂——Augost Horch & CIE。由于公司内部矛盾，霍希先生于 1909 年离开了自己创立的公司，并在不久后创建了新的汽车品牌——奥迪。奥迪这个名字是霍希先生姓氏的拉丁文音译，寓意着"听"或"倾听"，体现了奥迪品牌对顾客需求的关注。

（3）早期产品。奥迪品牌自创立之初就致力于生产高品质、豪华的汽车。1923 年，奥迪问世了人生的第一辆六缸奥迪汽车，如图 1-2-26 所示，该车还配备了空气过滤器，这在当时是开先河之举。

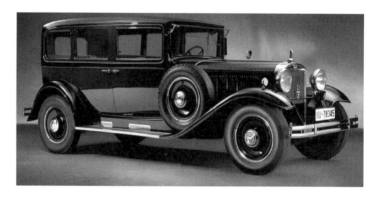

图 1-2-25　奥古斯特·霍希　　　　　　图 1-2-26　第一辆六缸奥迪汽车

2. 汽车联盟的成立

（1）背景。为开拓更广阔市场，增强市场竞争力，1932 年，霍希、奥迪、小奇迹（DKW）和漫游者（Wanderer）四家公司决定合并。

（2）正式合并。1932 年 6 月 29 日，这四家公司正式合并成立了汽车联盟公司（Auto Union AG）。

（3）标志。汽车联盟采用了四环标志，每一环都象征着其中一个公司，寓意着四家公司

地位平等、紧密团结。这一标志作为奥迪品牌的车
杯延用至今，如图 1-2-27 所示。

3. 汽车联盟的辉煌历程

（1）技术创新。汽车联盟通过风洞实验开发流
线型车身，并将流线型确立为发展方向。汽车联盟
也是第一个设计具有可行性的汽车碰撞实验规程的
公司。

图 1-2-27　奥迪汽车车标

（2）市场扩张。在四个品牌的共同努力下，汽
车联盟的销量和产量都实现了大幅增长。20 世纪
30 年代，销售额猛增至之前的 4 倍，汽车产量更是从 17000 辆增至 67000 辆。汽车联盟成
为当时德国第二大汽车生产集团，仅次于大众汽车。

（3）经典车型。奥迪"Front"型 UW：这是一款中型车，采用了前轮驱动技术，是汽
车联盟成功利用协同效应开发的首款车型。

奥迪 920：这款车型采用了模块化结构系统，底盘采用了传统的后轮驱动，而车身造型
则与漫游者 W23 六缸车型基本相同。它配备了由霍希开发的直列六缸顶置凸轮轴发动机，
并采用了 DKW 浮动轴原理的后悬架，如图 1-2-28 所示。

（4）赛车成就。从 1911 年的阿尔卑斯
山拉力赛到 2011 年的勒芒 24 小时耐力赛，
奥迪在赛车领域取得了辉煌的成绩。

20 世纪 30 年代，由汉斯·斯塔克驾驶
的奥迪银箭赛车在柏林阿瓦斯赛道轻松打
破世界纪录，并接连囊括欧洲 GP 汽车大奖
赛以及德国公路赛和山地赛冠军，一举改
写了 15 项世界汽车速度纪录。

4. 二战后的复兴与挑战

（1）二战影响。二战的爆发给汽车联
盟带来了严重的打击。其生产设施遭到损

图 1-2-28　奥迪 920

毁，生产被迫转向军事用途。战后，汽车联盟在英格施塔特艰难重生。

（2）复兴之路。1949 年，新的汽车联盟公司成立，旨在复兴老汽车联盟的传统基业和
品牌。

1954 年，公司实现了盈利。然而，随后出现了危机，戴姆勒-奔驰公司收购了汽车联盟
的全部股份。由于子公司无法与母公司愉快合作，新汽车联盟面临严峻的财政危机。

1965 年，汽车联盟被转售给了大众汽车公司，成为大众集团旗下的重要品牌之一。这
一收购为奥迪的发展注入了新的活力，并推动了其在全球市场的扩张。

5. 奥迪的现代化与全球化

（1）技术创新。在汽车联盟成为大众集团的子公司之后，奥迪继续秉承创新精神，推出
了众多先进技术。例如，1971 年推出的 Quattro 全时四驱系统，如图 1-2-29 所示，这一创
新技术使其在赛车领域取得了巨大成功，并成为了奥迪品牌的重要技术标签之一。

（2）产品线扩张。奥迪不断推出新车型，丰富了其产品线。例如，1980 年推出了第一
款 A3 车型，标志着其正式进入紧凑型轿车市场。此后，奥迪又推出了 A4、A6、A8 等豪华
轿车以及 Q 系列 SUV。

（3）全球化进程。奥迪加快了全球化进程，收购了兰博基尼等公司，进一步提升了其品

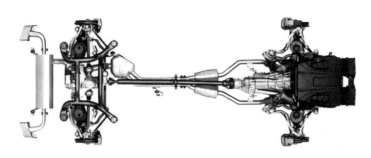

图 1-2-29　奥迪 Quattro 全时四驱系统

牌影响力和市场竞争力。

　　奥迪的起源可以追溯到奥古斯特·霍希创立的车厂，而汽车联盟的成立则开启了奥迪历史上的"黄金三十年"。在这一时期，奥迪凭借技术创新、市场扩张和经典车型的成功，成为了德国乃至全球汽车行业的佼佼者。尽管经历了二战的打击和战后的复兴挑战，但奥迪始终秉承创新精神和服务理念，不断推出更加先进、更加符合消费者需求的产品和服务，为全球消费者带来了卓越的驾驶体验。

（四）宝马雄风：性能与豪华的完美结合

　　1. 历史沿革

　　（1）创立背景。宝马（BMW）全称巴伐利亚发动机制造厂股份有限公司，创立于 1916 年 3 月 7 日，总部位于德国巴伐利亚州慕尼黑。

　　其前身是名为 BFW 的飞机引擎生产厂，由吉斯坦·奥托（图 1-2-30）创立，他的父亲是世界上四冲程内燃机的发明家。

　　（2）发展历程。1917 年，BFW 重组之后正式更名为宝马（BMW）。宝马起初以制造流线型螺旋桨双翼侦察机闻名，其发动机技术出色，巡航高度可达 9500m。一战结束后，受《凡尔赛条约》限制，宝马转型生产其他产品。1923 年，宝马开始生产摩托车，首款摩托车 R32 是当时世界最快的。1925 年，宝马研制汽车。二战期间，宝马生产转向战争用途，工厂遭轰炸受损。战后，宝马先生产摩托车，1952 年再投资生产汽车，车型如图 1-2-31 所示。2020 年，宝马名列福布斯 2020 全球品牌价值 100 强第 27 位。

图 1-2-30　吉斯坦·奥托

图 1-2-31　宝马汽车

2. 企业文化

(1) 品牌理念。宝马以高新技术与高享受为品牌价值观，致力于以最新的科学技术、最先进的观念，满足顾客的最大愿望。

(2) 品牌标识。宝马的车标由一个蓝白格子的圆圈、一个厚白色框架以及灰色品牌英文字母"BMW"组成。整个车标采用 2D 形式设计，蓝白格子的圆圈被赋予了灰色轮廓，外围的厚白色框架同样也使用灰色轮廓勾勒。整体凸显了时尚简约的气息，寓意是品牌将持续进步，并将迈向新时代。宝马车标在历史上经历了多次变化，但始终保留了蓝白相间的配色，这一配色取自巴伐利亚王国国旗的色彩，象征着宝马的德国血统和航空领域的起家历史，如图 1-2-32 所示。

图 1-2-32 宝马汽车车标

宝马汽车的性能是其最引以为傲的特点之一。无论是动力系统的强劲输出，还是操控性能的精准稳定，宝马都展现出了无与伦比的实力。其先进的发动机技术、精准的转向系统和卓越的悬挂调校，使得宝马汽车在赛道和公路上都能展现出非凡的驾驶性能。这种对性能的极致追求，不仅满足了消费者的需求，更体现了宝马品牌对技术和创新的不断追求。

与此同时，宝马在豪华方面也做得淋漓尽致。从内饰的选材到设计的细节，宝马都体现出了对品质生活的深刻理解和追求。其豪华舒适的内饰氛围、精致的工艺和人性化的设计，使得宝马汽车成为了消费者心中豪华与舒适的代名词。这种对豪华品质的不懈追求，不仅提升了宝马汽车的市场竞争力，更赢得了消费者的信赖和喜爱。

（五）JEEP：战场上的无畏勇士

1. 战场上的无畏勇士

(1) 诞生背景。1940 年 6 月，二战期间，美军急需一种新式轻型越野侦察车，于是提出了严苛的要求进行全国招标。威利斯汽车制造厂在技术和生产并不占优势的情况下，凭借出色的设计和生产能力，成功中标，从此开启了 JEEP（图 1-2-33）的传奇。

(2) 战场表现。JEEP 吉普车以其重量轻、体积小、功率大等特点，在战场上展现了强大的机动性和多种用途。它可以装载渡河、运上飞机，甚至能拉大炮、穿越灌木丛、连续高速行驶，放出烟雾引导坦克，运送伤员直接渡河。此外，JEEP 军用车（图 1-2-34）还可以作为输送步兵装备及兵员的工具，以及用作通信、侦察、作战急救和指挥车，极大地满足了战时美军的需要。

图 1-2-33 JEEP 汽车车标　　　　　图 1-2-34 JEEP 军用汽车

2. 民用市场的辉煌篇章

（1）民用吉普车的鼻祖。二战结束后，JEEP 走进了"从军用到民用"的时代。1945 年，首款民用 JEEP 车 CJ-2A 问世，它在外型上很好地延续和发扬了经典之作威利斯-MB 的风格，并进行了多项设备改进，提升了性能，可以胜任各种不同的工作，特别受农场主、猎人和其他需要轻型车辆的消费者的欢迎。

（2）不断创新与升级。此后，JEEP 品牌不断推出新车型，如 CJ-5、CJ-6、Wagoneer、切诺基（图 1-2-35）等，这些车型在外观、内饰、性能等方面都进行了全方位的升级和改进，满足了不同消费者的需求。特别是 1993 年推出的第一代大切诺基，以其极致的越野性能和豪华舒适的驾驶体验，逐步打开了属于自己的细分市场——硬派豪华 SUV。

图 1-2-35　JEEP 切诺基

JEEP 品牌的黄金三十年辉煌篇章不仅体现在其在战场上的无畏表现，更在于其不断创新与升级、积极拥抱市场变化、满足消费者多样化需求的努力。未来，随着新能源汽车市场的进一步发展，JEEP 品牌将继续保持其领先地位，并为消费者带来更多优秀的产品和服务。

（六）甲壳虫：汽车界的"寿星"传奇

1. 历史背景与诞生

甲壳虫的历史可以追溯到 1933 年，当时希特勒提出要让每个德国家庭都有一辆轿车，并给出了具体的要求。著名汽车设计师费迪南德·保时捷于 1934 年设计了这款大众汽车，以满足希特勒的需求。经过四年的不断改进和测试，第一代甲壳虫于 1938 年诞生，如图 1-2-36 所示，最初被称为"KDF wagen（力量贯穿快乐的汽车）"。而"甲壳虫"这个名字则来源

图 1-2-36　第一台甲壳虫

于 1939 年《时代》周刊记者对这款车的讥讽，但这一名字却意外地流传开来，并在 1967 年正式被大众推为官方名称。

2. 黄金三十年的辉煌

（1）恢复生产与出口。1945 年德国战败后，甲壳虫汽车的生产线由英国接管，并在 1946 年恢复了生产。Type 1 刚一上市就在英国获得了 2 万辆的订单。1947 年，甲壳虫第一次被出口到荷兰，由此开始了它征服世界的征程。到 1951 年，甲壳虫已经向 29 个国家出口，为德国战后的经济奇迹复苏做出了决定性的贡献。

（2）销量与纪录。1955 年 8 月 5 日，甲壳虫的总产量达到 100 万辆，成为欧洲最畅销的车型之一。1962 年，第 500 万辆甲壳虫下线。仅仅经过 5 年，大众汽车就迎来了第 1000 万辆甲壳虫。1972 年 2 月 17 日，甲壳虫以 15007034 辆的总产量打破了福特 T 型车的生产纪录，实现了伟大的超越。

（3）文化与社会影响。甲壳虫不仅是一款汽车，更成为了一种文化符号。在 20 世纪 60

年代的反文化运动中,甲壳虫成为了嬉皮士们的心头好,代表着反传统、反体制、反权威、反战争等精神。甲壳虫的设计简洁流畅,圆润的线条和独特的流线形车身成为了经典,被后续很多车型借鉴。甲壳虫还成为了电影中的经典元素,出现在多部经典影片中,进一步加深了其在人们心中的印象。

3. 停产与传承

尽管甲壳虫在黄金三十年内取得了辉煌的成就,但随着时间的推移,汽车市场的变化和消费者需求的转变,甲壳虫也迎来了停产的一天。

(1)停产背景。随着 SUV 等车型的兴起,消费者对小型轿车的需求逐渐减少。甲壳虫的生产成本逐渐上升,而销量却未能保持增长。大众汽车为了顺应市场变化,决定停产甲壳虫,并推出新的车型。

(2)停产时间。2003 年 7 月 30 日,最后一辆老款甲壳虫从墨西哥大众生产流水线上驶下,结束了其传奇时代。此后,大众汽车推出了新甲壳虫等车型,但未能延续老款甲壳虫的辉煌。

(3)传承与影响。尽管甲壳虫已经停产,但它在汽车界的影响仍然深远。其经典的设计理念和卓越的品质成为了后来车型学习的榜样。甲壳虫还成为了收藏家和汽车爱好者的心头好,许多人将其视为经典和传奇的象征。

甲壳虫汽车在黄金三十年内取得了辉煌的成就,不仅成为了全球最畅销的车型之一,更成为了一种文化符号和经典元素。尽管已经停产,但其在汽车界的影响仍然深远,并将继续激励着后来者不断前行。

三、二战后汽车工业的崭新面貌

(一)大众车:贴近民众的出行选择

二战后,大众汽车以其贴近民众的出行选择,成为了汽车工业崭新面貌的代表性品牌。

1. 战后恢复与转型

在二战结束后,大众汽车面临着巨大的挑战。然而,由于其民用工业的价值,大众汽车得以保留,并由英国军政府接管,重新启动了民用汽车生产。1947 年,大众汽车恢复了 KdF-Wagen(甲壳虫的前身)的生产,并随着 Type 2(即大众 T2,也被称为"巴士"或"面包车")的推出,如图 1-2-37 所示,大众汽车的市场份额逐渐扩大。

图 1-2-37　大众 Bus

2. 甲壳虫的热销与多品牌发展

20 世纪 50 年代,大众汽车以甲壳虫
(Beetle)的热销和多品牌的发展,如大众 Bus(T2),巩固了其市场地位。甲壳虫汽车凭借其经济实惠的价格、出色的性能和独特的造型,成为了世界上最畅销的汽车之一。这一时期的甲壳虫不仅满足了战后人们对汽车的基本需求,还成为了时尚和个性的象征。

与此同时,大众汽车也在积极拓展其品牌阵容。1964 年,大众集团收购了奥迪的股权,并将其打造成自己的高端品牌。奥迪的加入不仅丰富了大众集团的产品线,还提升了其品牌形象和市场竞争力。

3. 全球化战略与市场扩张

随着甲壳虫和奥迪等品牌的成功，大众汽车开始实施全球化战略，积极向海外市场扩张。1984 年，中国上汽集团与德国大众集团携手创建了合资汽车品牌"上汽大众汽车有限公司"，生产的首款产品"桑塔纳"被誉为最适合中国公路路况的轿车。此后，大众汽车在中国市场取得了巨大的成功，成为了中国消费者最喜爱的品牌之一。

除了中国市场外，大众汽车还在全球范围内建立了多个生产基地和销售网络，实现了从本地市场到全球市场的跨越。这一过程中，大众汽车不仅满足了不同地区消费者的多样化需求，还提升了其品牌知名度和市场占有率。

4. 技术创新与可持续发展

在技术创新方面，大众汽车始终保持着领先地位。从早期的甲壳虫到现代的电动汽车和智能驾驶技术，大众汽车不断推出创新产品和技术，引领着汽车行业的发展潮流。同时，大众汽车也积极致力于可持续发展，通过采用环保材料、提高能效和减少排放等措施，努力降低汽车生产对环境的影响。

二战后大众汽车以其贴近民众的出行需求，成为了汽车工业崭新面貌的代表性品牌。通过恢复生产、推出热销车型、实施全球化战略和技术创新等措施，大众汽车不仅满足了战后人们对汽车的基本需求，还推动了汽车行业的快速发展和变革。如今，大众汽车已经成为全球最大的汽车制造商之一，并继续在全球市场上发挥着重要作用。

（二）保时捷与法拉利：运动界的双子星

保时捷与法拉利无疑是运动汽车界的双子星，它们各自拥有独特的品牌魅力、技术实力和市场地位。

1. 品牌背景与定位

保时捷（图 1-2-38）起源于德国斯图加特，是德国工程技术的代表，拥有悠久的品牌历史和深厚的文化底蕴。保时捷是全球最顶尖的运动汽车品牌之一，其品牌与赛车运动紧密相连。

保时捷隶属于大众集团，虽然也生产高性能车型，但更注重为大众提供平民化的跑车体验，允许车主通过个性化的选装配件来打造独一无二的座驾，车型如图 1-2-39 所示。

图 1-2-38　保时捷车标

图 1-2-39　保时捷帕拉梅拉

法拉利源自意大利，以其标志性的跃马标识闻名全球，是超级跑车的代名词。法拉利始终坚持赛车精神，以卓越性能和独特设计作为品牌的核心价值。

法拉利隶属于菲亚特集团，以其赛车部门的投入推动技术创新，确保每一款超级跑车都是赛道上的王者。

2. 产品特点与技术实力

保时捷以其跑车和豪华SUV的精湛工艺而备受瞩目。保时捷提供丰富的个性化选装配件，满足车主的独特需求。保时捷的车型在性能上表现出色，无论是加速、操控还是稳定性都堪称一流。

法拉利的每一款车型都融入了赛车精神，追求极致的性能和操控。法拉利的设计独具匠心，无论是外观还是内饰都充满了艺术感和科技感。法拉利在技术创新方面不断突破，将赛道上的技术应用到量产车型上。

3. 市场表现与消费者群体

保时捷在全球市场上表现出色，其车型销量稳步增长。保时捷的消费者群体广泛，包括追求品质生活的年轻人、对性能有要求的驾驶爱好者以及注重品牌形象的商务人士。

法拉利在超跑市场上占据领先地位，其车型限量生产且极具收藏价值。保时捷与法拉利作为运动汽车界的双子星，各自拥有独特的品牌魅力和技术实力。它们在全球市场上都表现出色，并成为了众多消费者心中的梦想之车。

（三）凯迪拉克：标新立异的豪华典范

凯迪拉克（图1-2-40）作为源自美国底特律的豪华汽车品牌，自1902年诞生以来，便以其标新立异的设计、卓越的性能、精湛的工艺和不断创新的精神，成为了全球豪华轿车市场的佼佼者。

图1-2-40　凯迪拉汽车车标

1. 品牌历史与传承

凯迪拉克的历史可以追溯到1902年，当时底特律汽车公司重组并更名为凯迪拉克汽车公司。这一命名不仅是对法国皇家贵族、探险家安东尼·门斯·凯迪拉克的致敬，也象征着凯迪拉克品牌对尊贵与荣耀的不懈追求。在随后的百余年里，凯迪拉克创造了无数个汽车行业的第一，从标准零件的汽车生产到电子启动、照明和点火装置的装备，再到动力转向、冷暖空调系统和前排安全气囊的普及，凯迪拉克始终走在技术革新的前沿。

2. 标新立异的设计

凯迪拉克的车型设计独具特色，融合了现代与经典元素，展现出豪华、精致和动感的外观和内饰风格。其标志性的尖锐线条、盾形格栅和豪华的车厢内部装饰，给人留下深刻的印象。凯迪拉克不仅注重外观的时尚与动感，更在内饰的材质选择和细节处理上精益求精，营造出豪华而舒适的乘坐环境。

3. 卓越的性能与操控

凯迪拉克车型在性能与操控方面一直表现出色。其搭载的发动机技术先进，动力输出充沛，为驾驶者带来激情澎湃的驾驶体验。同时，凯迪拉克的底盘调校精准，悬挂系统能够有效地过滤路面颠簸，确保车辆在高速行驶和弯道驾驶时的稳定性。转向系统灵敏精准，让驾驶者能够轻松掌控车辆的行驶方向。此外，凯迪拉克还注重燃油经济性的优化，通过采用先进的发动机技术和智能的燃油管理系统，部分车型在保证动力性能的同时，能够有效地降低油耗。

4. 先进的科技配置

凯迪拉克注重智能化技术的应用，配备先进的驾驶辅助系统、智能互联功能和高级音响系统等，为驾乘者带来便捷、舒适的体验。例如，凯迪拉克首创了33in 9K（横向像素接近

9000）屏幕，搭载高通 8155 芯片，提供出色的画面质量、快速响应和强大的图像处理与智能互联能力。这款屏幕相比其他竞争对手的同类产品具有明显的优势。

5．市场地位与未来展望

凯迪拉克不仅承载着美国汽车工业的历史与荣耀，更以其不断创新的精神，引领着豪华车市场的潮流。进入现代，凯迪拉克更是将豪华与创新完美融合，推出了如 CT5、XT5（图 1-2-41）等备受瞩目的车型，进一步巩固了其在豪华车市场的地位。在未来的发展中，凯迪拉克将继续秉承豪华与创新的理念，不断推出更多引领潮流的车型和技术，为消费者带来更加美好的用车体验。

图 1-2-41　凯迪拉克 XT5

（四）林肯汽车：纯正美国风格的象征

林肯汽车（图 1-2-42），作为纯正美国风格的象征，自 1917 年创立以来，便以其卓越的工艺、独特的设计和顶级的豪华体验，赢得了全球消费者的喜爱和认可。

1．品牌历史与传承

林肯汽车以美国第 16 任总统亚伯拉罕·林肯命名，以此向这位历史人物致敬，并确立了品牌对于卓越与尊贵的承诺。自创立以来，林肯汽车始终致力于为消费者提供顶级的豪华体验。其标志设计

图 1-2-42　林肯汽车车标

独具匠心，矩形框架中镶嵌一颗星星，象征着亚伯拉罕·林肯总统在美国历史上的重要地位，以及他为国家统一和废除奴隶制所作出的贡献。这一标志不仅是一个图形，更是林肯汽车品牌精神的体现。

2．纯正美国风格的设计

林肯汽车的设计充满了纯正的美式风格，无论是外观还是内饰，都展现出一种大气、豪华和尊贵的气质。其车身线条流畅而优雅，前脸设计庄重而典雅，展现出一种不凡的气势。内饰方面，林肯汽车注重细节和豪华配置，大面积的软质材料、精致的铬装饰以及豪华的木纹饰板，无不彰显出其对品质的追求。

3．卓越的性能与操控

林肯汽车不仅在设计和豪华性上表现出色，在性能和操控方面也同样卓越。其搭载的发动机技术先进，动力输出平稳而强劲，为驾驶者带来愉悦的驾驶体验。同时，林肯汽车的底盘调校精准，悬挂系统能够有效地过滤路面颠簸，确保车辆在高速行驶和弯道驾驶时的稳定性。此外，林肯汽车还配备了先进的驾驶辅助系统，如自适应巡航、车道保持辅助等，为驾驶者提供更加安全、便捷的驾驶体验。

4．丰富的产品线与满足多元需求

林肯汽车拥有丰富的产品线，涵盖了轿车、SUV 等多种类型，满足了不同消费者的多元化需求。其中，领航员作为林肯汽车的旗舰车型，以其豪华 SUV 的身份和独特的骑士星徽标，展现了林肯汽车的非凡魅力。此外，航海家、冒险家（图 1-2-43）、飞行家等车型也

以其出色的性能和豪华的配置，赢得了消费者的喜爱。

5. 市场地位与未来展望

林肯汽车在全球豪华汽车市场上占据着重要的地位。其凭借卓越的品质、独特的设计和顶级的豪华体验，赢得了消费者的喜爱和认可。在未来的发展中，林肯汽车将继续秉承"以客为尊"的理念，不断创新和突破，推出更多符合消费者需求的车型和技术，为消费者带来

图 1-2-43　林肯冒险家

更加美好的用车体验。同时，林肯汽车也将继续注重可持续发展，推动绿色生产和环保节能技术的应用，为保护环境贡献自己的力量。

（五）丰田的崛起：日本汽车工业的辉煌篇章

丰田的崛起是日本汽车工业的一段辉煌篇章，它见证了日本从汽车产业的初创阶段，逐步发展成为全球汽车市场的领导者之一。

1. 初创与探索

（1）背景与机遇。20世纪30年代，日本汽车市场主要被欧美进口车占据，但日本国内对于国产车的需求日益增长。

丰田喜一郎（图1-2-44），作为丰田家族的继承人，深受国外汽车技术的启发，决定投身汽车制造业。

（2）丰田汽车工业的诞生。1933年，丰田喜一郎在丰田自动织机制作所内成立了汽车部，开始对汽车制造进行探索。

1935年，丰田完成了第一款车型G1卡车的研发，并推出了A1型原型车，如图1-2-45所示。

图 1-2-44　丰田喜一郎和丰田汽车车标

图 1-2-45　丰田 G1 卡车

1937年8月28日，丰田汽车工业株式会社正式成立，丰田喜一郎任副会长，标志着丰田汽车从丰田自动织机制作所独立出来，成为一家专门从事汽车生产的企业。

2. 战争与恢复

（1）战争期间的困境。二战期间，丰田汽车的生产受到限制，主要因为日本的工业资源被用于战争物资的生产。丰田的工厂也遭到了美军的轰炸，生产设施受到了严重的破坏。

（2）战后的复苏。二战结束后，丰田汽车开始了艰难的复苏之路。1947年9月，丰田

的轿车产品重新开始生产。公司积极引进国外的先进技术和管理经验,对生产设备进行了更新和改造,提高了生产效率和产品质量。

3.创新与突破

(1)丰田生产方式(TPS)。在二战后困难时期,丰田独创了 TPS 生产方式,将传统的批量生产转变为灵活生产,大幅降低了库存和成本。

TPS 被赞誉为"精益生产",并在全球得到广泛推广和应用。

(2)代表车型的推出。1956 年推出的 Crown(皇冠)车型,标志着丰田开始进入中高级轿车市场。

1967 年推出的 Corolla(卡罗拉)车型,以其经济性、舒适性和安全性迅速占据全球家用轿车市场的重要份额,成为丰田历史上最成功的车型之一。新一代卡罗拉如图 1-2-46 所示。

图 1-2-46　丰田 Corolla

(3)技术革新。丰田一直致力于技术创新,不断推出新的技术和产品。

1997 年,丰田推出了全球首款量产混合动力车——Prius(普锐斯),这一技术的推出使丰田汽车在环保汽车领域占据了领先地位。

4.全球化战略

(1)生产基地与销售网络的建立。丰田汽车开始积极实施全球扩张战略,在美国、欧洲等地区建立了生产基地和销售网络。

通过本地化生产和销售,丰田汽车降低了成本,提高了产品的竞争力。

(2)品牌多元化。为了满足不同消费者的需求,丰田汽车推出了多个品牌,如豪华品牌 Lexus(雷克萨斯)等。

这些品牌在各自的市场领域都取得了良好的成绩,进一步提升了丰田汽车的品牌影响力。

5.未来展望

丰田汽车不仅是一家汽车制造商,更是一家引领未来出行的科技巨头。展望未来,丰田将继续以卓越的产品和服务开创更加辉煌的未来。它将不断适应市场变化和消费者需求,加强与其他企业的合作,保持其在汽车行业的领先地位。同时,丰田也将继续致力于环保和可持续发展,为保护地球环境作出贡献。

丰田的崛起是日本汽车工业的一段辉煌篇章。它凭借实力、智慧和持续的创新精神,从一家初创的汽车制造商发展成为全球领先的汽车制造商之一。丰田的崛起历程不仅为日本汽车工业树立了榜样,也为全球汽车工业的发展提供了宝贵的经验和启示。

四、汽车界百花齐放的时代

(一)通用克尔维特:路上的"蛟龙"传奇

通用克尔维特(Corvette),被誉为路上的"蛟龙"传奇,是美国通用汽车公司旗下的一款高性能跑车系列,如图 1-2-47 所示。

1.品牌历史与传承

克尔维特系列跑车自 1953 年诞生以来,

图 1-2-47　1957 年的通用克尔维特

便以其卓越的性能、独特的设计和出色的操控性，赢得了全球跑车爱好者的喜爱和追捧。作为美国跑车文化的代表之一，克尔维特不仅承载着美国汽车工业的历史与荣耀，更以其不断创新的精神，引领着全球跑车市场的潮流。

2. 设计与性能

（1）外观设计。克尔维特系列跑车的外观设计独具匠心，充满了力量感和动感。其车身线条流畅而优雅，前脸设计犀利而富有攻击性，尾部则呈现出一种蓄势待发的姿态。特别是1963 年款的克尔维特"Sting Ray"（意为黄貂鱼），以其隐蔽式的前照灯、"舷窗"式的后窗以及独特的"分割窗口"设计，成为了克尔维特历史上的经典之作。

（2）性能表现。克尔维特系列跑车在性能上同样表现出色。其搭载的发动机技术先进，动力输出强劲而平稳，为驾驶者带来极致的加速体验和高速行驶的稳定性。同时，克尔维特还配备了先进的悬挂系统和刹车系统，确保了车辆在高速行驶和弯道驾驶时的操控性和安全性。

（3）经典车型与技术创新。1953 年款克尔维特：作为克尔维特系列的首款车型，1953年款克尔维特以其独特的外观设计和出色的性能表现，奠定了克尔维特作为高性能跑车的基础。

1963 年款克尔维特"Sting Ray"：这款车型以其独特的设计和卓越的性能，成为了克尔维特历史上的经典之作。其"分割窗口"设计和强劲的动力表现，至今仍被广大跑车爱好者所津津乐道。

克尔维特系列跑车在技术创新方面同样走在前列。从早期的燃料喷射技术、独立悬架结构，到后来的中置引擎布局、智能驾驶辅助系统等，克尔维特不断将最新的科技成果应用于跑车制造中，为驾驶者带来更加安全、便捷和舒适的驾驶体验。

通用克尔维特作为路上的"蛟龙"传奇，以其卓越的品质、独特的设计和出色的性能表现，成为了全球跑车市场上的佼佼者。在未来的发展中，克尔维特将继续保持其领先地位，为消费者带来更加美好的用车体验。

（二）福特"野马"：脱缰的野马驰骋四方

福特"野马"（Mustang），如图 1-2-48 所示，这一名字本身就充满了力量与自由的气息，它象征着脱缰的野马驰骋四方，是美国福特汽车公司旗下的一款经典跑车系列。

1. 品牌历史与传承

福特野马自 1964 年首次亮相以来，便以其独特的设计、强大的性能和亲民的价格，迅速赢得了全球消费者的喜爱。作为福特汽车公司的标志性车型之一，野马不

图 1-2-48　1964 年的福特野马

仅承载着福特汽车的历史与荣耀，更以其不断创新的精神，引领着全球跑车市场的潮流。

2. 设计与性能

（1）外观设计。福特野马的设计独具匠心，充满了美式肌肉车的风格。其车身线条流畅而有力，前脸设计独特，标志性的鲨鱼鼻格栅和复古的圆形大灯，让人一眼就能认出这是福特野马。车身侧面则呈现出一种蓄势待发的姿态，尾部设计简洁而大方，整体造型既经典又时尚。

（2）性能表现。福特野马在性能上同样表现出色。它搭载了高性能的发动机，最大功率可达到数百马力，最大扭矩也十分可观。这使得野马在加速、制动和操控等方面都表现出色，无论是在城市道路还是赛道上，都能为驾驶者带来极致的驾驶体验。

（3）车型与配置。福特野马系列车型众多，涵盖了从入门级到高性能版的各种配置。以下是一些主要车型及其特点。

EcoBoost 车型是野马的入门级车型，搭载了 2.3L 涡轮增压四缸发动机，最大功率为 310 马力（1 马力＝735.5W，部分高性能版可达到 330 马力）。它拥有出色的燃油经济性和动力表现，是野马系列中性价比最高的一款车型。

GT 车型是野马系列中的经典之作，搭载了 5.0L 的 V8 发动机，最大功率为 460 马力（根据不同年份和配置有所不同）。它拥有更加澎湃的动力和更加运动的底盘调校，为驾驶者带来更加激情四溢的驾驶体验。

Mach 1 车型是野马系列中的高性能版车型之一，它搭载了经过特别调校的 5.0L 的 V8 发动机，最大功率可达到 480 马力。同时，Mach 1 还配备了更加运动的悬挂系统和刹车系统，以及更加激进的外观设计，让驾驶者在享受极致性能的同时，也能感受到更加运动的驾驶氛围。

谢尔比 GT500 是野马系列中的顶级车型之一，它搭载了增压 5.2L 的 V8 发动机，最大功率可达到 760 马力。这使得谢尔比 GT500 成为了野马系列中性能最为强劲的一款车型之一。同时，它还配备了更加先进的悬挂系统和刹车系统以及更加豪华的内饰配置，让驾驶者在享受极致性能的同时也能感受到更加舒适的驾乘体验。

福特"野马"作为一款经典的美式肌肉车，以其独特的设计、强大的性能和亲民的价格赢得了全球消费者的喜爱。在未来的发展中，我们有理由相信福特野马将继续保持其领先地位并不断创新为消费者带来更加美好的用车体验。

（三）Porsche 911：永恒的经典之作

Porsche 911，即保时捷 911，如图 1-2-49 所示，是由德国保时捷公司所生产的经典跑车，由费迪南德·亚历山大·保时捷所设计。从 1963 年诞生以来，保时捷 911 便以其独特的设计、卓越的性能和极佳的耐用性享誉世界，成为了保时捷家族乃至全球最传奇的车型之一，同时也是中后置引擎跑车的代表作。

图 1-2-49　1963 年的保时捷 911

1. 历史背景与传承

保时捷 911 的历史可以追溯到 1963 年，当时它在法兰克福车展上首次亮相。这款车的原始名字叫保时捷 901，但由于法国标致汽车公司已经把所有中间位为 0 的三位数字标识注册并作为该公司生产车型的商品号，因此保时捷在第一次批量生产时把名称更名为"911"。自此以后，911 便成为了保时捷的标志性车型，并一代代传承至今。

2. 设计与美学

保时捷 911 的设计充满了力量与优雅的完美结合。流线型车身、雕塑般的车轮和经典的圆形大灯，使其在公路上独树一帜。这种设计不仅体现了保时捷的经典美学，还展示了其独特的魅力。从最初的模型到今日的每一款车型，911 都保留了这些标志性的设计元素，让任何一个年代的 911 都能在瞬间被认出来。这种设计上的连续性，使得 911 成为了跨越时代的经典。

3. 性能与配置

保时捷 911 的性能是其核心竞争力。它提供了从入门级到顶级高性能的多种发动机选择，无论是日常驾驶还是赛道狂飙，都能提供无与伦比的加速体验和驾驶乐趣。同时，保时捷 911 的悬挂系统也是其操控稳定性的关键。先进的主动悬挂和自适应悬挂技术，能够根据路况和驾驶方式自动调整，确保车辆在各种驾驶条件下都能提供精准的操控感。

在配置方面，保时捷 911 同样不遗余力。内饰设计简洁而精致，结合高品质的材料和工艺，为驾驶员提供了极致的舒适性和操作性。同时，先进的驾驶辅助系统和信息娱乐设备也进一步提升了驾驶体验。

4. 车型分类与演变

保时捷 911 系列车型众多，涵盖了从 Carrera、Targa、Turbo 到 GT3 等多个系列。每一代 911 的推出，都伴随着技术的革新和设计的优化。从 1963 年的第一代 911 到如今的第九代（内部代号 992），保时捷 911 已经经历了八次换代升级。每一次换代都保留了 911 的经典元素，同时融入了新的技术和设计理念，使得 911 在不断进化的同时，依然保持着其独特的魅力。

5. 赛道荣誉与市场接受度

保时捷 911 在国际赛道上的辉煌成绩是众所周知的。自从参赛以来，这款车型在勒芒 24 小时耐力赛中屡创佳绩，甚至连续多年夺冠，证明了其卓越的耐久性与竞技水平。这些赛道上的荣誉不仅提升了 911 的品牌形象，更让它在全球范围内积累了深厚的粉丝基础。

同时，保时捷 911 也以其相对亲民的价格策略，赢得了更广泛的市场接受度。与其他高端跑车相比，911 的价格更为合理，这使得更多的消费者有机会拥有这样一款梦寐以求的跑车。这种策略极大地扩展了其市场基础，让 911 成为了保时捷家族中最受欢迎的车型之一。

6. 文化符号与情感纽带

保时捷 911 不仅仅是一款跑车，它已经成为了一种文化象征。多年来，911 不断出现在各种电影、电视剧和广告中，成为了速度与自由的代表。这样的文化渗透，使得 911 成为了一种生活方式的标志，受到了全球范围内消费者的喜爱和追捧。

保时捷 911 作为一款永恒的经典之作，以其独特的设计、卓越的性能、丰富的车型分类以及深厚的文化底蕴，赢得了全球消费者的喜爱和追捧。在未来，我们有理由相信保时捷 911 将继续保持其领先地位并不断创新为消费者带来更加美好的用车体验。

（四）"宝马"复兴：重振雄风再创辉煌

"宝马"作为拥有百年造车历史底蕴的豪华汽车品牌，在面对全球汽车产业的快速变革时，展现出了强大的应变能力和决心，力求重振雄风，再创辉煌。

1. 宝马的转型与挑战

（1）电动化转型。宝马早在 2021 年就启动了"淘汰 50％传统传动系统"计划，大力发展电动技术和电动车型。慕尼黑工厂作为宝马的第一座工厂，将在 2027 年成为宝马第一间不生产燃油车，只生产纯电车的工厂。

宝马全新一代纯电平台 Neue Klasse 将在 2025 年正式发布，并计划至少发布六款新车，打头阵的是一款 3 系纯电和一款 SUV。此外，宝马 iX1 和宝马 i4 的销量增长显著，成为宝马电动汽车销量的亮点。

宝马针对 Neue Klasse 平台开发了第六代动力电池，跟上了 46 系列大圆柱电池的趋势，并计划在中国、欧洲、北美建立电池厂，与宁德时代、远景动力、亿纬锂能等动力电池厂商达成合作。

（2）数字化与智能化。Neue Klasse 车型将拥有更智能、更人性化的座舱，搭载下一代 iDrive 系统，并配备覆盖整个挡风玻璃的 HUD 量产版本，车型如图 1-2-50 所示。智驾能力方面，将大概率由高通下一代 Snapdragon Ride 平台 SA8650 驱动。

图 1-2-50　宝马 Neue Klasse 车型（概念车）

宝马与清华大学合作研发固态电池技术，并与百度 Apollo、中国联通、四维图新和腾讯等公司合作，推进自动驾驶技术的发展。

2. 宝马的战略与举措

（1）全球布局与本地化战略。宝马在中国建立了德国之外最大的研发和数字化体系，升级现有两座生产基地，并开建全新制造基地。同时，宝马在产品开发、市场营销和服务等方面都实施了本地化战略，以更好地适应中国市场的变化。

宝马在全球市场进行均衡布局，尤其是在欧洲和北美市场，通过推出符合当地消费者需求的车型和策略，保持其在全球市场的竞争力。

（2）油电并行战略。宝马将遵循油电同"趣"、油电并行的技术开放战略，在大力发展电动车的同时，也不放弃燃油车的发展。例如，现款 BMW X3 就搭载了最新一代 BMW 操作系统和 BMW xDrive 智能全轮驱动系统，展现了宝马在燃油车技术方面的实力。

（3）品牌建设与营销策略。宝马通过推出新车型、提升产品质量和服务水平等方式，不断提升其品牌价值和市场影响力。宝马在营销方面也不断创新，通过线上线下相结合的方式，加强与消费者的互动和沟通，提升品牌知名度和美誉度。

3. 宝马的未来展望

（1）电动化与智能化持续深化。随着全球汽车产业的电动化转型加速，宝马将继续加大在电动化领域的投入和研发力度，推出更多符合市场需求和消费者期待的电动车型。

同时，宝马也将继续深化在智能化领域的布局和创新，提升车辆的智能化水平和用户体验。

（2）全球市场份额进一步提升。宝马将凭借其新能源技术、数字化服务和本地化战略等优势，在全球市场中保持竞争力并进一步提升市场份额。特别是在中国市场，宝马将继续领跑豪华汽车市场并不断扩大其领先优势。

（3）经典元素与现代设计的融合。宝马在设计中融入了经典元素与现代设计的结合，如 Neue Klasse 设计理念的复兴就体现了这一点。未来，宝马将继续在设计中探索经典与现代的结合点，打造出更多具有独特魅力和市场竞争力的车型。

"宝马"在复兴之路上展现出了强大的应变能力和决心。通过电动化转型、数字化与智能化创新、全球布局与本地化战略以及品牌建设与营销策略等多方面的努力和实践，"宝马"

正逐步重振雄风并朝着再创辉煌的目标迈进。

（五）本田的转变：技术革新引领未来

1. 本田的起源与发展

本田是一家源自日本的汽车制造商，由本田宗一郎于1948年创立，如图1-2-51所示。在成立初期，本田主要生产摩托车及其发动机。凭借着对品质的执着追求和对技术的不断探索，本田逐渐在摩托车领域崭露头角，推出了如Super Cub等经典车型，这些车型不仅在日本国内广受欢迎，还远销全球多个国家和地区。

随着日本经济的复苏和全球市场的开放，本田看到了更广阔的市场机遇。1963年，本田推出了首款量产汽车——T360轻型货车，如图1-2-52所示，正式进军汽车行业。这一举措标志着本田汽车时代的开启，也为后续的辉煌奠定了坚实的基础。

图1-2-51　本田宗一郎和本田汽车车标　　　　　图1-2-52　T360轻型货车

2. 技术革新引领未来

（1）持续的技术创新。本田之所以能够在全球市场上屹立不倒，离不开其持续的技术创新。从早期的CVCC（复合涡流控制燃烧）技术到如今的混合动力系统和自动驾驶技术，本田始终走在行业的前列。CVCC技术的成功应用不仅降低了摩托车的尾气排放，也为本田在环保领域树立了良好的形象。而在汽车领域，本田更是推出了多款经典车型和先进技术，如雅阁、思域、CR-V等车型以其高品质、可靠性和耐用性赢得了消费者的信任和忠诚。

（2）新能源领域的布局。面对全球能源危机和环保压力，本田积极投身于新能源技术的研发和应用。在混合动力和纯电动车型方面，本田取得了显著成果。例如，本田推出了多款电动汽车和混合动力车型，并计划在未来几年内进一步扩大其新能源产品线。这些新能源车型不仅具有环保、节能的特点，还具备出色的性能和驾驶体验。

（3）智能化与网联化趋势。随着智能化和网联化趋势的不断发展，本田也在积极探索这一领域的发展机遇。本田通过引入先进的智能座舱和智能驾驶系统，提升车辆的智能化水平和用户体验。同时，本田还在加强与互联网企业的合作，共同推动智能网联汽车的发展和应用。这些创新举措使得本田在智能化和网联化领域取得了显著进展。

本田的起源可以追溯到一家摩托车制造商的梦想。随着技术的不断创新和市场的不断拓展，本田已经发展成为一家全球领先的汽车制造商。未来，本田将继续以技术革新为引领，推动企业的持续发展和创新引领。

（六）20世纪60年代的意大利车坛：飞车时代的激情与梦想

1. 赛车运动的蓬勃发展

在20世纪60年代，意大利的赛车运动迎来了蓬勃发展。F1赛事成为了全球瞩目的焦点，而意大利车队在其中扮演着举足轻重的角色。法拉利车队作为意大利的赛车代表，与莲花、迈凯伦等车队展开了激烈的角逐。这些车队不仅在赛道上争夺荣誉，更在技术创新和赛车设计上不断突破，推动了赛车运动的发展。

1960 年，莲花车队的柯林·查普曼设计的 Lotus18 赛车让中置引擎的设计得到进一步提高，这种创新使得赛车重心后移，在过弯时更具优势。这一设计随后被各支车队效仿，意大利车厂也开始尝试这种新的设计理念。然而，在固守传统的意大利车厂面前，这种创新带来的挑战和冲击也是显而易见的。法拉利车队在随后的十年里仅夺得三届冠军，而莲花、库珀、布拉汉姆、BRM 等英国车队则瓜分了 7 个年度的冠军。

2. 创新设计与技术突破

20 世纪 60 年代的意大利车坛不仅注重赛车运动的发展，更在汽车设计上实现了诸多创新。意大利汽车设计师们以独特的视角和大胆的尝试，创造出了许多令人惊叹的概念车和量产车。

例如，阿尔法·罗密欧在 1966 年推出的二重奏（Alfa Romeo Duetto）车型，以其优越的性能和相对便宜的价格，成为了"平民的法拉利"。这款车型拥有 1.5L 直列 4 缸引擎，最大功率达到 109 马力，最高车速可达 187km/h。它的内饰和外观设计都充满了时代感，成为了当时年轻人追捧的时尚符号。

此外，博通（Bertone）等汽车设计公司也推出了许多令人惊艳的概念车。这些概念车不仅展示了设计师们的创意和想象力，更推动了汽车设计的发展和创新。其中，博通在1969 年推出的 Autobianchi A112 Runabout 的现代版概念车，如图 1-2-53 所示，以其独特的造型和前卫的设计理念，震惊了整个世界。

图 1-2-53　Autobianchi A112 Runabout 的现代版概念车

3. 赛车文化的普及与影响

20 世纪 60 年代的意大利车坛还见证了赛车文化的普及与影响。随着赛车运动的不断发展，越来越多的意大利人开始关注并参与到这项运动中来。赛车成为了他们生活中的一部分，不仅带来了刺激和乐趣，更成为了他们追求梦想和激情的象征。

同时，赛车文化也影响了意大利的汽车工业。许多汽车制造商开始将赛车技术应用于量产车中，提高了汽车的性能和品质。这种技术的应用不仅满足了消费者对汽车性能的需求，更推动了汽车工业的技术进步和创新。

20 世纪 60 年代的意大利车坛是一个充满激情与梦想的时期。赛车运动的蓬勃发展、创新设计与技术突破以及赛车文化的普及与影响，共同塑造了这一时期意大利车坛的独特风貌。这些成就不仅为意大利汽车工业的发展奠定了坚实的基础，更为全球汽车产业的发展做出了重要贡献。

(七) 英国汽车工业：从辉煌到没落的反思

1. 曾经的辉煌

(1) 品牌优势。英国汽车工业曾经拥有众多豪华汽车品牌，如劳斯莱斯、宾利、阿斯顿马丁、捷豹和路虎等。这些品牌在全球范围内享有极高的声誉，代表着英国汽车工业的巅峰之作。

(2) 技术实力。英国汽车工业在发动机技术和系统方面有着绝对领先的制造能力。作为全球汽车发动机研发和生产的中心，英国的动力总成设计始终保持世界领先水平，尤其在发动机设计方面优势显著。此外，英国在赛车领域也取得了卓越成就，11支一级方程式赛车（F1）车队中有8支将其总部设在英国。

(3) 市场地位。在二战结束后的一段时间里，英国汽车工业在国有化和高关税的保护下，过度自信地专注于豪华车的研发，而忽视了民用车的市场需求。然而，这并未影响其在全球汽车市场中的重要地位。英国的汽车品牌和产品在全球范围内广受欢迎，并赢得了大量消费者的信任和忠诚。

2. 没落的原因

(1) 经营不善。尽管英国汽车工业拥有众多优质品牌和技术实力，但许多品牌因经营不善而陷入困境。例如，劳斯莱斯、宾利和阿斯顿马丁等品牌相继被外国公司收购，而捷豹和路虎则先是被福特收购，后又被印度塔塔集团接手。这些品牌的出售标志着英国汽车产业在豪华车市场上的地位发生了变化。

(2) 政策影响。英国政府在20世纪60年代之前一直对本国汽车实行高关税保护，这导致英国的汽车产品成本控制能力差。同时，英镑的"坚挺"也使得英国的汽车产品在价格上毫无竞争力。此外，英国政府还采取了降低国内经济增长速度、限制国内需求、鼓励出口的政策，这进一步限制了英国汽车工业的发展。

(3) 市场变化。随着全球汽车市场的竞争加剧，美系、德系和日系车企开始崛起并占据市场份额。这些车企更加务实，不仅生产豪华车，还涉足其他领域。相比之下，英国汽车工业则显得过于保守和固执，未能及时跟上市场变化。

(4) 内部矛盾。英国汽车工业内部也存在诸多矛盾。例如，英国利兰汽车集团在整合多个汽车品牌后，因内部品牌众多、面临债务问题而最终破产。此外，英国汽车制造商之间也缺乏合作和协调，导致资源浪费和重复建设。

3. 反思与启示

(1) 注重市场需求。英国汽车工业在发展过程中过于注重豪华车的研发而忽视了民用车的市场需求。这导致其在全球汽车市场中的竞争力下降。因此，英国汽车工业需要更加注重市场需求的变化，及时调整产品结构和市场策略。

(2) 推动技术创新。技术创新是推动汽车工业发展的重要动力。英国汽车工业需要加大在新能源汽车、智能驾驶等领域的研发投入，推动技术创新和产业升级。

(3) 加强国际合作。在全球化的背景下，加强国际合作是推动汽车工业发展的重要途径。英国汽车工业需要积极寻求与国际知名车企的合作机会，共同开发新产品、新技术和新市场。

英国汽车工业从辉煌到没落的过程是一个充满挑战和反思的过程。面对未来，英国汽车工业需要积极应对市场变化和技术挑战，加强成本控制和技术创新，推动产业升级和转型发展。

👥 案例讨论

1. 讨论案例：汽车工业的革命性飞跃——以安全技术的演进为例。

2. 背景介绍：

随着汽车工业的发展，汽车不仅仅是代步工具，更成为了人们生活中不可或缺的一部分。然而，随着汽车数量的激增，交通安全问题也日益凸显。因此，汽车工业在追求性能与速度的同时，也不断在安全技术上进行革新，以确保驾乘者的安全。本案例将以安全技术的演进为例，探讨汽车工业的革命性飞跃。

3. 讨论点：

(1) 奥托循环对汽车工业的发展有何深远影响？它如何间接促进了安全技术的革新？

(2) 在众多安全技术中，你认为哪一项技术的诞生对提升汽车安全性具有里程碑式的意义？为什么？

(3) 随着科技的不断进步，你认为未来汽车工业在安全技术方面还会有哪些突破？这些突破将如何改变我们的驾驶体验？

⚙️ 任务实施

1. 任务要求：未来汽车科技的探索与设想。

2. 任务描述：基于汽车工业的革命历程和技术发展的深入理解，本拓展任务要求学生展开对未来汽车科技的想象与探索，设想并描述未来汽车在技术、设计、功能及用户体验等方面的创新，以及这些创新如何改变我们的出行方式和生活方式。

3. 设计报告

作品名称		评分	
		小组评分	教师评分
未来技术设想	（描述技术的基本概念和预期目标。简述技术如何工作及其核心优势。阐述该技术实现后可能带来的改变和优势。）		
未来汽车概念设计	（阐述设计这款未来汽车的核心理念和期望达成的目标。描述汽车的外观特点，包括线条、造型、材质等方面的创新。详细介绍车内空间的布局、座椅设计、仪表盘、信息娱乐系统、智能驾驶辅助系统等功能配置。突出展示设计中所采用的前沿技术及其如何融入汽车设计中。）		
用户体验与社会影响	（分析设计如何提升驾驶和乘坐的舒适度、安全性、便捷性等方面。探讨未来汽车如何改变人们的出行习惯、减少交通拥堵、提高出行效率。评估技术创新对城市规划、能源结构、环境保护、社会文化等方面的潜在影响。）		
结论与展望	（总结未来汽车科技的探索与设想，强调其对社会进步和人们生活的积极影响。展望未来汽车科技的发展方向，提出进一步研究和发展的建议。）		
附录	（可包含设计图纸、概念草图、数据表格等补充材料。）		
总结反思			

环节3　巡游世界：领略全球汽车文化内涵

 **教学引入**

　　欢迎各位走进汽车文化的殿堂，今天我们将一同揭开全球知名汽车品牌车标的神秘面纱。你是否曾好奇，那些看似简单的图案背后，究竟蕴含着怎样的品牌故事和文化底蕴？从欧洲汽车标志的豪华典雅到美洲汽车标志的创新激情，再到亚洲汽车标志的实用与活力，每一个车标都是一段独特的传奇。

　　想象一下，当你看到奔驰的三叉星徽，是否能感受到那份源自德国的精湛工艺与尊贵品质？当你凝视着福特的蓝椭圆，是否又能联想到美国工业革命的辉煌岁月？在接下来的学习中，我们将一起探索这些车标的文化深意，感受它们所承载的品牌精神与时代印记。让我们带着探索的热情，一同开启这场汽车文化的奇妙之旅吧！

教学目标

素质目标	知识目标	技能目标
1. 培养对汽车文化的浓厚兴趣与探索精神。 2. 增强审美意识，提升对设计美学的理解与鉴赏。 3. 通过车标文化的学习，拓宽国际视野，增进对不同文化的理解与尊重。	1. 了解全球主要汽车品牌车标。 2. 描述各汽车品牌车标背后的历史、文化及设计理念。 3. 描述车标在品牌塑造与市场传播中的作用。	1. 能够独立分析并解读汽车品牌车标的文化内涵。 2. 提升对汽车品牌文化及市场定位的识别与鉴赏能力。 3. 运用车标知识，进行汽车品牌的初步分类与对比分析。

知识链接

一、欧洲顶尖汽车品牌车标的文化深意探索

环节3　巡游世界：
领略全球汽车文化内涵1

（一）梅赛德斯-奔驰（Mercedes-Benz）的尊贵印记

1. 车标设计理念

　　梅赛德斯-奔驰的车标设计理念主要体现了品牌的卓越性能、优雅设计以及对陆、海、空领域全方位机动性的宏大愿景。三叉星标志象征着对陆地、海洋和天空的征服，这一设计理念凸显了品牌在各个领域的全面拓展和不断追求创新的精神。同时，车标中的月桂枝元素代表着胜利和荣耀，体现了奔驰品牌对卓越品质和尊贵地位的追求。

2. 车标演变

　　梅赛德斯-奔驰的车标经历了多次演变，如图 1-3-1 所示，但始终保持着其独特的风格和象征意义。以下是车标的主要演变历程：

　　（1）最初的车标（1893 年）。由"BENZ"字样和齿轮组合而成，齿轮代表精湛的工艺水平。

　　（2）戴姆勒公司车标（1902 年）。以字母"MERCEDES"为主要元素，象征着优雅和尊贵。

　　（3）月桂枝环绕的车标（1909 年）。齿轮元素被月桂枝替代，象征着胜利和荣耀。

　　（4）三叉星标志的演变。早期三叉星标志：代表戴姆勒公司的愿景，即汽车技术在陆、海、空领域的应用。

　　1916 年，三叉星标志外围增加了一个圆圈，上方镶嵌四颗小星，下方标有"MERCE-DES"，寓意为车主带来幸福。

　　1926年，奔驰和戴姆勒公司合并，商标融合为中间的三叉星，上面是"MERCEDES"，下面是"BENZ"，中间用月桂枝连接，代表两家公司的历史和传统，以及汽车工业方面的开拓与创新。

　　（5）现代车标。历经多次微调，三叉星标志更加立体、线条更加流畅，色彩更加鲜明，展现出奔驰品牌的年轻活力和现代科技感。

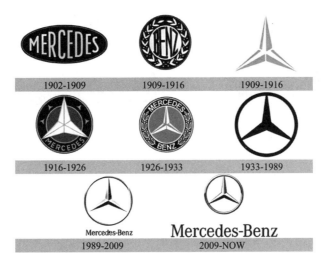

图1-3-1　梅赛德斯-奔驰的车标演变

3. 车标文化

　　梅赛德斯-奔驰的车标不仅是品牌的象征，更是其文化内涵的集中体现。三叉星标志代表着品牌对卓越性能和优雅设计的追求，以及不断创新的精神。月桂枝元素则象征着胜利和荣耀，体现了奔驰品牌对高品质和尊贵地位的执着追求。车标文化还体现在品牌的历史传承中，每一次车标的演变都记录着奔驰品牌的发展历程和不断追求卓越的足迹。

4. 经典车型

　　梅赛德斯-奔驰拥有众多经典车型，这些车型不仅代表了品牌的技术实力和品质水平，更成为汽车史上的经典之作。以下是部分经典车型：

　　（1）奔驰S级。作为奔驰品牌的旗舰车型，S级轿车以其豪华、舒适和卓越的驾驶性能而闻名于世。它代表了奔驰品牌在豪华轿车领域的最高水平，如图1-3-2所示。

　　（2）奔驰G级。G级越野车以其硬朗的外观、强大的越野性能和耐用性而备受瞩目。它象征着奔驰品牌对越野精神的追求和坚持，如图1-3-3所示。

图1-3-2　奔驰S550

图1-3-3　奔驰G500

（3）奔驰 C 级。C 级轿车是奔驰品牌的中型轿车代表，以其优雅的设计、舒适的驾驶体验和出色的性能而广受好评，如图 1-3-4 所示。

（4）奔驰 AMG 系列。AMG 系列车型是奔驰品牌的高性能版本，以其卓越的动力性能、操控性和运动风格而著称。AMG 系列车型代表了奔驰品牌在高性能汽车领域的领先地位，如图 1-3-5 所示。

图 1-3-4　奔驰 C260L

图 1-3-5　奔驰 AMG

5. 旗下品牌

奔驰（Mercedes-Benz）作为德国著名的豪华汽车品牌，隶属于戴姆勒-奔驰汽车公司（Daimler-Benz），其旗下也拥有多个备受瞩目的汽车品牌，如图 1-3-6 所示。

图 1-3-6　戴姆勒-奔驰旗下品牌

（1）梅赛德斯-奔驰（Mercedes-Benz）。这是奔驰集团的核心品牌，以生产高品质、豪华且性能卓越的轿车、SUV、跑车等多种车型而闻名于世。

梅赛德斯-奔驰的车型设计优雅、内饰豪华，且配备先进的驾驶辅助系统和安全技术，为消费者提供卓越的驾驶体验。

（2）迈巴赫（Maybach）。迈巴赫是奔驰旗下的超豪华汽车品牌，起源于 20 世纪 20 年代。

该品牌致力于打造极致豪华与高性能的汽车，其车型以精湛的工艺、优雅的设计和卓越的性能而著称，车型如图 1-3-7 所示。

（3）Smart。Smart 是奔驰与瑞士钟表集团斯沃琪（Swatch）合作的产物，品牌名称中的"S"代表斯沃琪，"m"代表梅赛德斯，"art"代表艺术，如图 1-3-8 所示。

Smart 品牌以其小巧灵活、环保节能的特点而受到消费者的喜爱，主要生产微型汽车和电动汽车。

图 1-3-7　迈巴赫 S680

图 1-3-8　Smart

（4）AMG。AMG 是奔驰旗下的高性能汽车改装和设计品牌，成立于 1967 年。

AMG 专注于发动机的改装和设计，以高性能大马力发动机著称，为奔驰车型提供更为强劲的动力性能。

（5）Unimok（乌尼莫克）。Unimok 是奔驰旗下的越野车品牌，名称源于德语单词"GMGer"，意为"万能机器人"，如图 1-3-9 所示。

Unimok 越野车以其卓越的越野性能和坚固耐用的特点而闻名，广泛应用于各种极端环境下的作业和探险。

（6）福莱纳（Freightliner）。福莱纳是戴姆勒-奔驰旗下的商用车品牌，专注于生产重型卡车和巴士。

福莱纳以其高效、可靠且环保的商用

图 1-3-9　Unimok-U5023

车产品而享誉全球，广泛应用于物流、交通等领域。

（二）德国大众汽车集团的广泛影响力标志

1. **车标设计理念**

大众汽车（Volks wagen）的车标设计理念源于其品牌名称的德语含义，即"人民的汽车"（Volks wagen werk）。车标中的"VW"两个字母，取自 Volks Wagen 的首字母，代表着大众汽车的品牌身份。这两个字母被巧妙地镶嵌在一个圆圈内，不仅简洁大方，还蕴含着深意。车标形状类似于用三个中指和食指比画出的"V"手势，代表着大众汽车及产品的必胜信心。同时，它也象征着大众汽车始终秉持的"车之道、为大众"的品牌理念，致力于打造价值经典、为大众所喜爱的汽车。

2. 车标演变

大众汽车的车标在历史上经历了多次演变，如图1-3-10所示，但始终保持着简洁、现代和经典的设计风格。以下是大众汽车车标的主要演变历程：

（1）早期标志。大众汽车最早的标志于1937年首次亮相，由创始人费迪南德·保时捷设计。标志由一个圈组成，圈内包含字母"V"和"W"，分别代表德语中的"Volk"（人民）和"Wagen"（汽车）。同时，这两个字母也巧妙地排列成一个类似车轮的形状，象征着汽车的核心属性。

图1-3-10 大众车标演变

（2）二战后简化。二战结束后，大众汽车的标志变得更为简洁，去掉了外圈的细节，仅剩一个圆圈，圈内依然包含"V"和"W"字母，这一时期的标志更加注重实用性和辨识度。

（3）20世纪60年代初期变化。20世纪60年代初期，大众汽车的标志进一步简化，去掉了内部的"W"字母，只剩下一个圆圈和一个"V"字母。然而，这一设计并未持续太久，因为大众汽车在1967年又恢复了"VW"两个字母的组合。

（4）20世纪70年代至今。1978年，大众汽车的标志再次更新，形状保持不变，但"V"和"W"字母重新加入，并采用了现代化的设计。这个版本的标志在接下来的二十多年里一直沿用，并成为大众汽车最经典的标志之一。此后，大众汽车的车标虽然经历了微小的修改，但整体形状和字母"V""W"保持不变，只是字母的间距和字体稍作调整，使其更加现代和清晰。

3. 车标文化

大众汽车的车标不仅是一个简单的图案，更是品牌精神的体现。它传递出大众汽车对技术创新、驾驶体验和设计美学的不懈追求，以及高品质的汽车产品和一种生活态度和价值追求。大众汽车始终秉持"车之道、为大众"的品牌理念，致力于为消费者提供经济实用、品质卓越的汽车产品。同时，大众汽车也倡导着一种积极向上、追求卓越的生活态度和价值观，鼓励人们不断挑战自我、超越极限。

4. 经典车型

大众汽车集团拥有众多经典车型，这些车型不仅代表了大众汽车的技术实力和品质水平，更成为汽车史上的经典之作。以下是大众汽车的几款经典车型：

（1）甲壳虫。甲壳虫是大众品牌的第一款车型，以其独特的圆润外观和复古设计风靡全球。它被誉为"最成功的人民汽车"之一，为大众汽车赢得了广泛的声誉。

（2）高尔夫。高尔夫是大众最受欢迎的紧凑型轿车之一，自1974年问世以来，已经推出了多代车型。它以卓越的驾驶性能、优质的工艺和舒适的驾驶体验著称，成为大众汽车的标志性车型之一，如图1-3-11所示。

（3）帕萨特。帕萨特是一款中型轿车，主打舒适性和空间表现。它是大众品牌的商务型代表车型之一，非常适合家庭和商务场景使用。帕萨特以其高品质的内饰和出色的性能赢得了消费者的喜爱，如图 1-3-12 所示。

图 1-3-11 大众高尔夫汽车

图 1-3-12 大众帕萨特汽车

（4）途观。途观是大众品牌旗下最畅销的紧凑型 SUV 之一，空间大、配置丰富，适合家庭出行。途观以其出色的越野性能和实用的空间布局成为 SUV 市场的佼佼者，如图 1-3-13 所示。

图 1-3-13 大众途观汽车

5. 旗下品牌

大众汽车集团是一个在全球范围内拥有众多生产厂的跨国汽车集团，旗下拥有多个知名汽车品牌。这些品牌共同构成了大众汽车集团的多元化产品线，满足了不同消费者的需求，如图 1-3-14 所示。以下是大众汽车集团旗下的部分品牌：

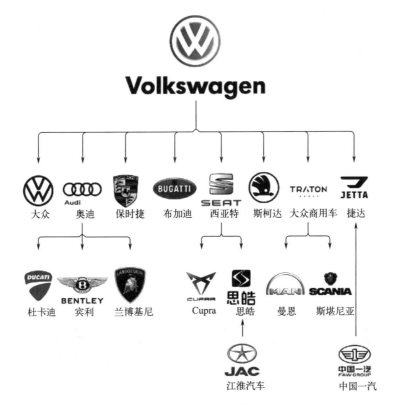

图 1-3-14 大众旗下品牌

（1）大众（Volkswagen）。大众是大众集团的核心品牌，以生产高品质、经济实惠的汽车而闻名。

大众的车型涵盖了从小型车到大型车，满足了不同消费者的需求。

（2）奥迪（Audi）。奥迪是德国豪华汽车品牌，以其精湛的工艺、优雅的设计和卓越的性能而著称。

奥迪的车型包括 A 系列、Q 系列以及 R 系列等，覆盖了轿车、SUV 和跑车等多个细分市场，如图 1-3-15 所示。

图 1-3-15　奥迪 A8

（3）斯柯达（Skoda）。斯柯达是一家历史悠久的捷克汽车品牌，于 1989 年加入大众集团。

斯柯达以其经济实惠、耐用且实用的车型而受到消费者的喜爱，车型涵盖了小型车、紧凑型车以及 SUV 等，如图 1-3-16 所示。

（4）西亚特（Seat）。西亚特是西班牙的汽车品牌，也是大众集团的一员。西亚特的车型设计时尚且充满动感，主要面向年轻消费者市场，车型如图 1-3-17 所示。

图 1-3-16　斯柯达柯迪亚克

图 1-3-17　西亚特汽车

（5）布加迪（Bugatti）。布加迪是著名的法国跑车品牌，以其极致的速度和豪华的设计而闻名于世。布加迪的车型如威龙（Veyron）和奇龙（Chiron）等，都是超跑领域的杰作，如图 1-3-18 所示。

（6）兰博基尼（Lamborghini）。兰博基尼是意大利的豪华跑车品牌，以其独特的设计和卓越的性能而著称。兰博基尼的车型如盖拉多（Gallardo）、艾文塔多（Aventador）和乌拉坎（Urus）等，都备受跑车爱好者的追捧，如图 1-3-19 所示。

图 1-3-18　布加迪汽车

图 1-3-19　兰博基尼盖拉多

（7）保时捷（Porsche）。保时捷是德国的高性能跑车品牌，以其卓越的操控性能和精湛的工艺而闻名。保时捷的车型如911、Boxster、Cayman以及Panamera（图1-3-20）等，都是汽车界的经典之作。

（8）宾利（Bentley）。宾利是英国的高端豪华汽车品牌，以其豪华的内饰和卓越的性能而著称。宾利的车型如欧陆（Continental）、慕尚（Mulsanne）以及飞驰（Flying Spur）（图1-3-21）等，都是豪华轿车领域的佼佼者。

图1-3-20　保时捷Panamera　　　　　　　　　　图1-3-21　宾利飞驰汽车

（9）斯堪尼亚（Scania）。斯堪尼亚是瑞典的商用车品牌，专注于生产重型卡车和巴士。斯堪尼亚以其高效、可靠且环保的商用车产品而闻名于世。

（10）曼恩（MAN）。MAN是德国的重型商用车品牌，生产各种重型卡车、巴士和工程机械。MAN的产品以坚固耐用、性能卓越而著称，广泛应用于物流、建筑和交通等领域。

（11）杜卡迪（Ducati）。杜卡迪是意大利的摩托车品牌，也是大众集团的一员，如图1-3-22所示。杜卡迪以其高性能的摩托车产品和精湛的工艺而闻名于世，是摩托车界的传奇品牌之一。

（12）大众商用车（Volkswagen Commercial Vehicles）。大众商用车是大众集团专注于生产商用车的部门。其产品包括各种轻型、中型和重型商用车，满足了不同行业对商用车的需求。

（三）宝马汽车公司（BMW）的动感与奢华象征

1. 车标设计理念

宝马车标的设计理念融合了动感、历史与现代元素。标志中间的蓝白相间图案，代表蓝天、白云和旋转不停的螺

图1-3-22　杜卡迪1199

旋桨，喻示着宝马公司源远流长的历史，象征其过去在航空发动机技术方面的领先地位。同时，这一设计也反映了公司的一贯宗旨和目标，即在广阔的时空中，以先进的精湛技术、最新的观念，满足顾客的最大愿望，展现出公司蓬勃向上的气势和日新月异的新面貌。

2. 车标演变

宝马车标的演变历程见证了品牌的成长与发展，如图1-3-23所示。最早的宝马车标出现于1917年，它沿用了与前身公司LOGO的内外双圆环设计，外圈仍为黑色，但把上面的"RAPP MOTOR"字样换成了"BMW"，同时圆环内部的图案也由一个马头换成了源自巴

伐利亚旗帜的 4 个蓝白扇形。随着时代的变迁，宝马车标经历了多次微调，但始终保持着蓝白相间的核心元素和圆环框架。这些变化不仅体现了宝马对品牌传统的尊重，也展示了其不断追求创新和卓越的精神。

图 1-3-23　宝马车标演变

3. 车标文化

宝马车标不仅是品牌的象征，更是其文化的体现。它代表着宝马对高品质、高性能和豪华感的执着追求。宝马车型以其卓越的性能、精湛的工艺和优雅的设计赢得了全球消费者的喜爱和认可。同时，宝马品牌也倡导着一种积极向上、追求卓越的生活态度和价值观，鼓励人们不断挑战自我、超越极限。

4. 经典车型

宝马品牌涵盖了丰富的车型系列，包括 1 系、2 系、3 系（图 1-3-24）、4 系、5 系、6 系、7 系、8 系、X 系（图 1-3-25）、Z 系、M 系（图 1-3-26）、i 系（图 1-3-27）等。这些系列车型各具特色，满足了不同消费者的需求。其中，宝马 3 系作为品牌的核心产品，以其出色的操控性能和舒适的驾乘体验赢得了市场的广泛赞誉。而宝马 X5 作为跨界 SUV 的典范，则以其豪华品质、实用功能和出色的动力性能成为宝马家族中的经典之作。

图 1-3-24　宝马 320i 汽车　　　　　　　图 1-3-25　宝马 X5 汽车

图 1-3-26　宝马 M8 汽车　　　　　　　图 1-3-27　宝马 i8 汽车

5. 旗下品牌

宝马汽车公司旗下不仅拥有宝马这一核心品牌，还涵盖了多个子品牌和合作伙伴，如图 1-3-28 所示。

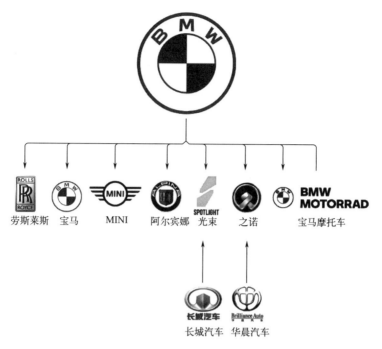

图 1-3-28 宝马旗下品牌

（1）MINI。MINI 是宝马集团旗下的一个小型车品牌，以其独特的设计风格和出色的操控性能而闻名。MINI 品牌的产品线不断扩大，满足了消费者对个性化、时尚化小型车的需求，如图 1-3-29 所示。

（2）Rolls-Royce（劳斯莱斯）。虽然劳斯莱斯现已成为独立品牌，但历史上它曾是宝马集团的一部分。劳斯莱斯以其豪华的品质和精湛的工艺成为全球顶级豪华车的代表之一，如图 1-3-30 所示。

图 1-3-29 MINI 汽车

图 1-3-30 劳斯莱斯汽车

（3）BMW i。BMW i 是宝马集团旗下的新能源汽车品牌，致力于推动电动汽车和混合动力汽车的发展。BMW i 品牌下的车型采用了先进的电池技术和驱动系统，实现了零排放和高效能的完美结合。

（四）标致-雪铁龙集团的经典与创新标志

1. 车标设计理念

标致与雪铁龙作为标致-雪铁龙集团旗下的两大品牌，各自拥有独特而富有深意的车标设计。

（1）标致车标设计理念。标致车标以狮子为设计元素，这一灵感来源于标致家族的历史。狮子象征着力量、勇气和尊贵，这与标致汽车追求卓越品质、不断创新的精神相契合。

标致车标中的狮子形象通常呈现为侧影，行走于箭上，代表着标致汽车的速度和敏捷性。同时，狮子形象也经过多次优化设计，以符合不同时期的审美和市场需求。

（2）雪铁龙车标设计理念。雪铁龙车标以双人字形齿轮为设计元素，这一灵感来源于创始人安德烈·雪铁龙发明的人字形齿轮传动系统。双人字形齿轮象征着创新与协作，寓意着雪铁龙品牌在技术和工艺方面的不断突破。

雪铁龙车标的设计简洁而富有力量感，传达出品牌对机械美学的执着追求和对技术革新的尊重。同时，双人字形也寓意着雪铁龙品牌与消费者之间的紧密联系和信任。

2. 车标演变

（1）标致车标演变。标致车标的演变历程悠久，如图 1-3-31 所示，从最初的简单狮子形象到如今的立体狮子侧影，经历了多次优化设计。

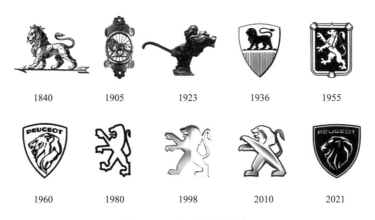

图 1-3-31　标致车标演变

早期标致车标中的狮子形象较为简单，通常呈现为线条勾勒出的轮廓。随着品牌的发展和市场需求的变化，狮子形象逐渐变得更加立体和生动。

现代标致车标中的狮子形象通常呈现为侧影，行走于箭上，这一设计既保留了品牌的传统元素，又符合现代审美和市场需求。

（2）雪铁龙车标演变。雪铁龙车标的演变历程同样丰富多样，如图 1-3-32 所示，从最初的椭圆形双人字形标识到如今的金属质感强、线条平直顺滑的标识，经历了多次变革。

图 1-3-32　雪铁龙车标演变

早期雪铁龙车标中的双人字形标识较为简单，通常呈现为黑白或彩色的椭圆形图案。随着品牌的发展和技术的进步，车标逐渐变得更加立体和精致。

现代雪铁龙车标中的双人字形标识通常呈现为金属质感强的图案，线条平直顺滑，下方配有红色"Citroën"字样。这一设计既体现了品牌的创新精神，又符合现代审美和市场需求。

3. 车标文化

（1）标致车标文化。标致车标文化体现了品牌追求卓越品质、不断创新的精神。狮子作为设计元素，象征着力量、勇气和尊贵，与标致汽车的品牌形象相契合。

标致车标文化也体现了品牌与消费者之间的紧密联系和信任。狮子形象作为品牌的象征，已经深入人心，成为消费者心中值得信赖的汽车品牌之一。

（2）雪铁龙车标文化。雪铁龙车标文化体现了品牌对创新、协作和机械美学的执着追求。双人字形齿轮作为设计元素，象征着雪铁龙品牌在技术和工艺方面的不断突破。

雪铁龙车标文化也体现了品牌与消费者之间的情感纽带。双人字形标识不仅代表着雪铁龙品牌的历史和传承，更寓意着品牌与消费者之间的紧密联系和信任。

4. 经典车型

（1）标致307。作为标致品牌的一款经典车型，307以其时尚的设计、出色的操控性能和舒适的乘坐体验而备受消费者喜爱。

（2）标致408。408是标致品牌的一款中型轿车，以其宽敞的空间、丰富的配置和稳定的性能而赢得了市场的认可。

（3）标致508。508是标致品牌的一款高端车型，以其豪华的内饰、卓越的安全性能和先进的科技配置而备受瞩目，如图1-3-33所示。

（4）雪铁龙爱丽舍。作为雪铁龙品牌的一款经典车型，爱丽舍以其经济实惠、耐用可靠的特点而深受消费者喜爱。

（5）雪铁龙世嘉。世嘉是雪铁龙品牌的一款紧凑型轿车，以其时尚的设计、出色的操控性能和丰富的配置而备受关注。

（6）雪铁龙C5。C5是雪铁龙品牌的一款中型轿车，以其豪华的内饰、舒适的乘坐体验和稳定的性能而赢得了市场的青睐，如图1-3-34所示。

图1-3-33 标志508汽车　　　　　　　　　图1-3-34 雪铁龙C5汽车

5. 旗下品牌

标致-雪铁龙集团旗下拥有多个知名汽车品牌，包括标致（Peugeot）、雪铁龙（Citroën）、DS等。这些品牌各自拥有独特的产品线和市场定位，共同构成了标致-雪铁龙集团的多元化产品矩阵，如图1-3-35所示。

（1）标致（Peugeot）。作为标致-雪铁龙集团旗下的核心品牌之一，标致品牌以其悠久的历史、卓越的品质和不断创新的精神而著称。标致品牌的产品线涵盖了从小型车到大型车的各个细分市场，满足了不同消费者的需求。

（2）雪铁龙（Citroën）。雪铁龙品牌以其独特的设计、出色的操控性能和舒适的乘坐体验而备受消费者喜爱。雪铁龙品牌的产品线同样涵盖了从小型车到大型车的各个细分市场，并以其创新的技术和贴心的服务而赢得了市场的认可。

（3）DS。DS是法国汽车工业顶级设计豪华品牌，隶属于PSA集团（标致-雪铁龙集团的前身）。DS品牌以其独特的设计、卓越的品质和豪华的配置而备受瞩目。DS品牌的产品线主要涵盖了紧凑型轿车、SUV等细分市场，为消费者提供了更加个性化的选择，如图1-3-36所示。

图 1-3-35　标志-雪铁龙旗下品牌

图 1-3-36　DS 汽车

（五）雷诺集团的未来科技车标解读

1. 车标设计理念

雷诺汽车公司的车标源于创始人路易斯·雷诺的姓氏，其图形商标独具匠心，由四个菱形紧密相连，这一设计象征着雷诺家族与汽车工业的紧密融合。每一道菱形代表雷诺三兄弟（路易斯·雷诺、马塞尔·雷诺、费尔南·雷诺）与创新精神的无限可能，它们共同构建了一个寓意在四维空间中竞争、生存和发展的图腾，象征着雷诺汽车的勇往直前和持续成长。

2. 车标演变

雷诺车标自1900年第一枚标志诞生算起，经历了多次重大变革，如图1-3-37所示，以下是主要的几次演变：

（1）1900年：雷诺推出第一个品牌标识，主体为两个交织的字母"R"，背景是新艺术运动风格的徽章，主要用于内部文件，未作车标，早期车型上是脚踏板位置的"Renault-Frères"字样和轮圈上的字母"LR"。

（2）1906年：雷诺因在勒芒举行的第一届法国大奖赛夺冠更换标识，新标识以赛车车头轮廓为主体，外圈环绕齿轮形状。

（3）1919年：一战结束，为纪念FT17坦克贡献，雷诺更换标识，融入坦克轮廓，外圈简化成圆形。

（4）1923年：雷诺再次换标，圆形中加入横格栅设计，中央为"RENAULT"字样，由中轴线一分为二，首次在车头前端使用车标。

（5）1925年：首次出现"钻石"形车标，之后几代车标在颜色细节上稍作修改。

（6）1972年：正式出现与现LOGO较为相似的设计。

（7）2004年：使用的菱形标志立体感和金属感更强。

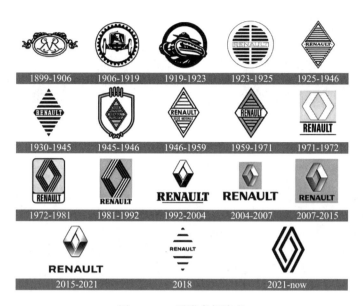

1899-1906	1906-1919	1919-1923	1923-1925	1925-1946
1930-1945	1945-1946	1946-1959	1959-1971	1971-1972
1972-1981	1981-1992	1992-2004	2004-2007	2007-2015
2015-2021	2018	2021-now		

图 1-3-37　雷诺车标演变

3. 车标文化

雷诺车标不仅代表着雷诺家族与汽车工业的紧密联系，更象征着雷诺汽车的勇往直前和持续成长。它见证了雷诺集团从初创到辉煌的历程，也激励着雷诺人不断前行、不断创新。同时，雷诺车标也承载着雷诺集团对品质、对创新、对社会责任的执着追求。

4. 经典车型

（1）Renault 4L：这款从 1961 年至 1994 年生产的法国家庭轿车，凭借其简洁而实用的设计，赢得了法国民众的深厚喜爱。

（2）Renault 5：于 1972 年面世的这款紧凑型车型，凭借别具一格的设计和创新技术，成为市场上的明星车型。

（3）Renault 12：1969 年推出，以其出色的耐用性和可靠性，成为 20 世纪 70 年代众多家庭的首选。

（4）Renault 25：1981 年推出的豪华轿车，设计典雅且配置丰富，一度成为法国社会地位的象征。

（5）Renault Clio：自 1990 年亮相以来，这款时尚而经济的小型车便广受好评，成为雷诺的畅销车型之一，如图 1-3-38 所示。

（6）Renault Mégane：作为 1995 年推出的中型车，其稳重而舒适的设计满足了消费者的多样化需求。

5. 旗下品牌

（1）日产汽车：雷诺与日产结盟，共同打造雷诺-日产联盟，双方共享技术、平台和资源，日产高端品牌英菲尼迪汽车如图 1-3-39 所示。

（2）三菱汽车：三菱汽车也加入了雷诺-日产联盟，形成了雷诺-日产-三菱联盟，三菱汽车如图 1-3-40 所示。

（3）达契亚汽车：罗马尼亚的汽车制造商，被雷诺集团收购后成为其旗下子公司，车型如图 1-3-41 所示。

图 1-3-38　雷诺 Renault Clio 汽车图

图 1-3-39　英菲尼迪 Q60 汽车

图 1-3-40　三菱帕杰罗汽车

图 1-3-41　达契亚汽车

（4）三星汽车：韩国汽车制造商，同样被雷诺集团收购后成为其旗下子公司，车型如图 1-3-42 所示。

（六）菲亚特集团汽车股份有限公司的悠久传承标志

1. 车标设计理念

菲亚特集团的车标设计理念融合了企业历史、文化与创新精神。其车标中的"FIAT"是意大利语"Fabbrica Italiana Automobili Torino"（都灵意大利汽车制造厂）的缩写，这一设计不仅彰显了企业的意大利血统，还传达了企业对汽

图 1-3-42　三星汽车

车制造的专注与热爱。同时，车标中的字母经过精心设计和排列，展现出一种现代感和科技感，体现了菲亚特集团在汽车制造领域的领先地位和创新精神。

2. 车标演变

菲亚特集团的车标经历了多次演变，如图 1-3-43 所示，每一次变化都反映了企业历史的不同阶段和品牌形象的提升。以下是菲亚特车标的主要演变过程：

（1）1899 年：菲亚特公司创立时，开始采用盾形商标。

（2）1906 年：公司用全称四个单词的第一个大写字母"F.I.A.T"作为商标，这在英语中有"法令""许可"的含义，让客户觉得菲亚特轿车合法可靠。

（3）1918 年：决定不用大写字母或在字母间不加标点作为商标。

（4）1921 年：使用圆形商标。

（5）1931 年：使用方形中含"FIAT"字样的商标。

（6）1980 年：开始使用五根短柱斜置平行排列的新商标。

如今，菲亚特集团的车标已统一为矩形商标，其中的"FIAT"字母更加醒目和立体，展现出一种现代感和力量感。

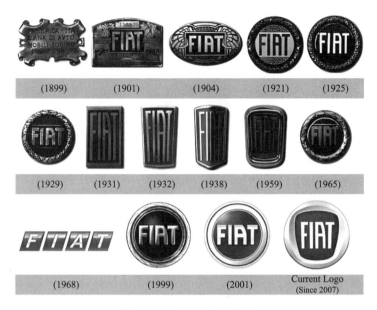

图 1-3-43 菲亚特车标演变

3. 车标文化

菲亚特集团的车标文化体现了企业的核心价值观和品牌形象。车标中的"FIAT"字母不仅代表着企业的名称和起源,还象征着企业的创新精神、卓越品质和可靠性能。同时,车标的演变过程也反映了菲亚特集团在汽车制造领域的不断探索和进步。此外,菲亚特集团的车标还融入了意大利的设计美学和文化元素,展现出一种独特的地中海风情和浪漫气息。

4. 经典车型

菲亚特集团拥有众多经典车型,以下是其中的几款:

(1)菲亚特500:作为菲亚特集团的标志性车型之一,菲亚特500以其小巧可爱、时尚实用的特点而广受消费者喜爱。这款车型在外观设计上充满了时尚科技感,纯电动力更加让其具有环保精致感,如图 1-3-44 所示。

(2)菲亚特124 Sport Spider:这是一款极具代表性的敞篷跑车,以其灵活的操控性和实惠的价格在北美市场获得了极大的成功。这款车型不仅展现了菲亚特在跑车制造领域的实力,还体现了企业对消费者需求的深刻理解和精准把握。

(3)菲亚特 Tipo 2.0 Sedicivalvole:这是 Tipo 车系的顶配版本,搭载了 2.0L 的 16V 发动机,最大功率为 148 马力。这款车型的操控性和制动性能出色,可以与高尔夫 GTI 竞争,如图 1-3-45 所示。

图 1-3-44 菲亚特 500 汽车图

图 1-3-45 菲亚特 Tipo 汽车

5. 旗下品牌

菲亚特集团在全球范围内拥有众多子公司和合作伙伴，如图 1-3-46 所示。

图 1-3-46 菲亚特旗下品牌

（1）菲亚特（Fiat）：菲亚特是菲亚特集团旗下的核心品牌之一，主营轿车和轻型商用车。

（2）克莱斯勒（Chrysler）：美国知名汽车企业，被菲亚特集团收购后成为其旗下重要品牌，车型如图 1-3-47 所示。

（3）Jeep：中、美、德合资品牌，以生产越野车和 SUV 而著称，同样属于菲亚特集团旗下。

（4）道奇（Dodge）：历史悠久的美国汽车品牌，克莱斯勒旗下重要品牌之一，也被菲亚特集团纳入旗下，车型如图 1-3-48 所示。

图 1-3-47 克莱斯勒 300c

图 1-3-48 道奇汽车

（5）法拉利（Ferrari）：举世闻名的赛车和运动跑车生产厂家，手工制造产量较低，每辆车都是艺术品。法拉利是菲亚特集团旗下的豪华跑车品牌。

（6）玛莎拉蒂（Maserati）：意大利豪华汽车制造商，以其优雅的设计、卓越的性能和精湛的工艺而著称。玛莎拉蒂同样属于菲亚特集团旗下。

（7）阿尔法·罗密欧（Alfa Romeo）：意大利著名轿车和跑车制造商，以其独特的设计风格和卓越的性能表现而广受好评。阿尔法·罗密欧也是菲亚特集团旗下的重要品牌之一。

（8）蓝旗亚（Lancia）：蓝旗亚以生产豪华蓝旗亚汽车轿车为主。虽然蓝旗亚汽车在中国并不多见，但作为意大利一个历史悠久的著名品牌，它在世界豪华车市场占有重要的一席之地。

蓝旗亚是个赫赫有名的响亮招牌，其品牌超过 60 年的历史。在欧洲，它也是非常少见的高档汽车品牌，是菲亚特高档轿车的烫金标志，车型如图 1-3-49 所示。

图 1-3-49　蓝旗亚汽车

二、美洲汽车巨头车标的文化精髓

（一）通用汽车公司的多元化与包容性标志

1. 车标设计理念

通用汽车（General Motors，简称 GM）的车标设计理念主要体现了公司的历史传承、创新精神和对未来的展望。GM 标志取自其英文名称的前两个单词的首字母，这一设计简洁而富有辨识度，易于在全球范围内传播和记忆。同时，通用汽车的车标也融入了公司的核心价值，如品质、可靠性、创新和技术领先等。

环节 3　巡游世界：
领略全球汽车文化内涵 2

2. 车标演变

通用汽车的车标在历史上经历了多次演变，如图 1-3-50 所示，每一次变化都反映了公司的发展阶段和市场环境的变化。以下是通用汽车车标的主要演变历程：

（1）早期车标：通用汽车的前身是 1907 年由戴维·别克创办的别克汽车公司，早期车标以别克的车标为主，即三个盾牌组成的标志，象征着力量、保护和卓越。

（2）1964 年车标：通用汽车首次采用蓝色矩形背景和白色的"GM"图标，其中大写的"GM"是通用汽车英文名称的首字母，字母的底部有一条较粗的下划线。这一设计在当时具有较高的辨识度，并一直沿用至 21 世纪初。

（3）21 世纪初车标：在蓝色方块的基础上，通用汽车增加了更多渐变的反光质感，使车标看起来更加现代和动感。此外，还加入了更多细节元素，如字母上的投影等。

（4）2021 年新车标：通用汽车在 2021 年发布了全新的企业品牌 LOGO，以反映其对电动汽车未来的承诺。新车标将大写字母改为小写，并保留了熟悉的下划线，但下划线仅在"m"的底部出现。同时，蓝色的背景板被一条与字体宽度相等的圆角线框代替，给人一个更新、更有活力的视觉外观。这一设计旨在体现电气化的未来和通用汽车进一步推向电动领域的决心。

图 1-3-50　通用汽车车标演变

3. 车标文化

通用汽车的车标文化体现了公司的历史传承、创新精神和对未来的展望。车标中的"GM"字母不仅代表了公司的名称，还象征着公司的全球化和多元化。蓝色和白色的配色方案传达出稳重、可靠和创新的品牌形象。同时，车标的演变也反映了通用汽车对市场变化的敏锐洞察和对未来趋势的把握能力。

4. 旗下品牌

通用汽车旗下拥有多个知名汽车品牌，这些品牌各具特色并在全球市场上享有较高的知名度。如图 1-3-51 所示。

图 1-3-51　通用汽车旗下品牌

（1）别克（Buick）：别克是通用汽车旗下的中端汽车品牌，以其出色的舒适性和安静性而广受好评，车型如图 1-3-52 所示。

（2）雪佛兰（Chevrolet）：雪佛兰是通用汽车旗下的国际化品牌，其车型设计时尚、价格适中，深受全球消费者的喜爱，车型如图 1-3-53 所示。

图 1-3-52　别克 E5 汽车图

图 1-3-53　雪佛兰大黄蜂

（3）凯迪拉克（Cadillac）：凯迪拉克是通用汽车旗下的豪华汽车品牌，以其高贵、典雅和豪华的品质而闻名于世，车型如图 1-3-54 所示。

（4）GMC：GMC是通用汽车旗下的商务车品牌，其车型设计大气、功能性强，满足了商务人士对车辆品质和性能的需求。

此外，通用汽车在历史上还曾拥有悍马（Hummer，图1-3-55）、欧宝（Opel，图1-3-56）、土星（Saturn，图1-3-57）等其他品牌，但由于市场变化和战略调整，这些品牌现已不再属于通用汽车旗下。

图1-3-54　凯迪拉克CT6汽车

图1-3-55　悍马H2汽车

图1-3-56　欧宝汽车

图1-3-57　土星汽车

（二）福特汽车公司的创新与传统融合标志

1. 车标设计理念

福特汽车的车标设计理念融合了简洁、时尚、可识别性等多种元素，彰显了品牌的核心价值观和形象。

（1）简洁设计：亨利·福特坚信简洁是设计的最高境界，因此福特车标以简约的线条和形状呈现，没有繁杂的装饰和细节。这种极简主义的设计在当时是创新之举，也成了福特品牌的标志性特征。

（2）时尚感：福特品牌一直追求创新，紧跟时代变化。车标的曲线和比例设计得非常现代，为品牌增添了吸引力。

（3）可识别性：为了确保消费者能够迅速认出品牌，福特采用了独特的字体和排列方式，使其在众多竞争对手中脱颖而出。

（4）创始人喜好：亨利·福特热爱动物，因此"Ford"字样被设计成形似奔跑的兔子，寓意福特汽车奔驰在世界各地。

（5）配色方案：蓝色代表宽广、深邃和信任，白色字体则醒目清晰。独特的"F"字母采用古典字体风格，庄重典雅，展示出品牌对细节的追求以及传统与历史的融合。

2. 车标演变

福特汽车的车标自 1903 年至今经历了多次演变，如图 1-3-58 所示，以下是其主要的演变过程：

（1）1903 年：第一个标志是亨利·福特在公司的第一台汽车上放置的一块铁质标志，写着 "Ford Motor Co. Detroit，Mich."，并没有明确的形状。

（2）1907 年：首次采用了一个正式的图形标志，是一个蓝色椭圆形，上面写着 "FORD"，字母之间有一个小的椭圆形。

（3）1912 年：引入了第二代标志，也是一个蓝色椭圆形，但设计更加复杂，包含了一个蓝色的圆圈，圆圈中有一个白色的融合在一起的字母 "F" 和 "O"。

（4）1927 年：更新了标志，将设计简化为一个蓝色椭圆形，上面只写着 "FORD"，字母之间没有其他图案。

（5）1957 年：对标志进行了修改，将字体更改为现代字体，并加入了一些装饰性的元素，如蓝色的长方形背景和白色的星星。

（6）1976 年：重新设计了标志，形状改为了一个蓝色椭圆形，上面写着 "FORD"，字母之间没有其他图案。

（7）2003 年：对标志进行了再次修改，将字体更改为一种更加现代和简洁的字体，并去掉了标志周围的装饰性元素。

（8）2017 年至今：再次更新了标志，保留了简约的设计，但对字体和比例进行了微调，使标志更加现代化和时尚化。

图 1-3-58　福特车标演变

3. 车标文化

福特汽车的车标文化主要体现在以下几个方面：

（1）传承与创新：福特车标在保持简洁、易识别的设计风格的同时，不断进行创新，以适应时代的变化和消费者的需求。

（2）品质与信任：蓝色作为福特车标的主色调，代表着宽广、深邃和信任。这体现了福特汽车对品质的执着追求和对消费者的承诺。

（3）全球化与多元化：随着福特汽车的全球化发展，其车标也成了连接不同国家和地区消费者的纽带。同时，福特汽车也注重多元化发展，推出了多款不同风格和定位的车型，以满足不同消费者的需求。

4. 经典车型

（1）福特 T 型车：是福特汽车的一款经典车型，也是世界上第一款大规模生产的平民车。它的出现推动了汽车工业的发展，使汽车从奢侈品变成了普通人也能负担得起的交通工具。

（2）福特福克斯：作为福特汽车的一款紧凑型轿车，福克斯凭借其时尚的外观设计、敏捷的操控性能以及出色的燃油经济性，在市场上赢得了广泛的认可，如图 1-3-59 所示。

图 1-3-59　福特福克斯汽车

（3）福特蒙迪欧：作为福特汽车的一款中型轿车，蒙迪欧以其时尚的外观设计、宽敞的内部空间以及丰富的配置选项，成为家用和商务出行的理想选择，如图 1-3-60 所示。

（4）福特野马（Mustang）：作为福特汽车的一款标志性跑车，野马以其独特的外观设计、强劲的动力输出以及卓越的操控性能，成为驾驶爱好者的梦想之车，如图 1-3-61 所示。

图 1-3-60　福特蒙迪欧汽车

图 1-3-61　福特野马汽车

5. 旗下品牌

福特汽车公司旗下拥有多个品牌，涵盖了从经济型车到超豪华车的各个细分市场。以如图 1-3-62 所示。

（1）福特（Ford）：作为福特汽车公司的旗舰品牌，生产各类车型满足消费者需求。

（2）林肯（Lincoln）：福特旗下的豪华车品牌，以其精致的设计和高端的配置深受消费者喜爱，如图 1-3-63 所示。

（3）马自达（Mazda）：福特在日本的合作伙伴，注重驾驶乐趣和工艺精湛，如图 1-3-64 所示。

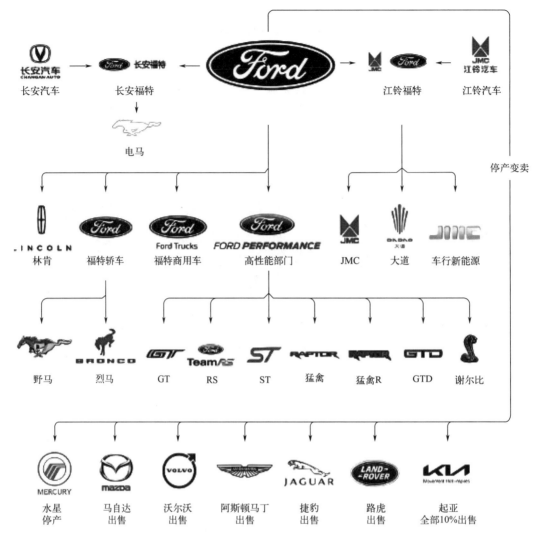

图 1-3-62 福特汽车旗下品牌

图 1-3-63 林肯大陆汽车图

图 1-3-64 马自达 EZ6 汽车

（4）沃尔沃（Volvo）：瑞典汽车品牌，以高水平的安全性能和先进技术闻名于世，如图 1-3-65 所示。

（5）阿斯顿·马丁（Aston Martin）：英国超豪华汽车品牌，以其奢华的设计和卓越的性能享誉全球，如图 1-3-66 所示。

图 1-3-65　沃尔沃 S90 汽车

图 1-3-66　阿斯顿·马丁汽车

（6）捷豹（Jaguar）：英国豪华车品牌，动感外观和卓越性能使其在豪华轿车市场表现出色，如图 1-3-67 所示。

（7）路虎（Land Rover）：英国豪华 SUV 品牌，以其强大的越野性能和豪华的内饰设计而著称，如图 1-3-68 所示。

图 1-3-67　捷豹汽车

图 1-3-68　路虎汽车

此外，福特汽车公司还拥有水星（图 1-3-69）、路特斯（图 1-3-70）、雷诺、蒂博、马尔科等多个品牌，这些品牌各具特色，共同为福特在汽车市场的发展贡献力量。

图 1-3-69　水星汽车

图 1-3-70　路特斯汽车

（三）特斯拉的绿色科技与未来出行理念

1. 车标设计理念

特斯拉的车标设计简洁而富有深意，其主体构形为盾牌形状，意在向消费者传达安全驾驶的理念，将人身安全放在首位。车标以公司英文名称"Tesla"的首字母"T"为核心设计元素，这个标志不仅代表了公司的核心价值，还象征着科技创新与未来主义。其中，"T"

象征着电力发动机的横截面，代表电动机的转子，而上方的弧线则代表电机的定子。此外，"T"字部分使用了类似电路板的形状，暗示着特斯拉在电动汽车领域的科技实力和创新精神。整体设计简洁、现代，符合现代审美趋势，同时也易于识别和记忆，如图 1-3-71 所示。

2. 车标演变

（1）2003—2004 年：创始人埃隆·马斯克最初设计的是一个简单描绘闪电的标志。

（2）2004—2005 年：公司正式成立后，将闪电标志与特斯拉字样结合，形成现代感标志。

（3）2005—2007 年：第一款电动跑车 Roadster 发布后，车标加入了 Roadster 字样。

（4）2007—2016 年：随着产品线扩大，车标多次改进。2007 年 Model S 轿车发布，移除 Roadster 字样，调整字体为更圆润样式；2013 年 Model X SUV 推出，字体再次变化，更简洁现代。

（5）2016 年至今：推出 Model 3 轿车后，车标再次调整，特斯拉字样更简洁明了，闪电标志重新设计，更具立体感。此外，特斯拉还曾出现过三个 T 字母相互重叠的标志，寓意技术、创新和未来的结合。

图 1-3-71　特斯拉的车标

3. 车标文化

特斯拉的车标不仅仅是品牌的象征，更是其品牌理念和文化的体现。车标中的"T"字不仅代表了公司名称的首字母，更象征着电力发动机和电动机的核心部件，传递出特斯拉对电动汽车技术的专注和创新精神。同时，车标的简洁设计和现代感也体现了特斯拉对简约、高效的追求。此外，特斯拉还通过车标向消费者传达了安全驾驶的理念和对未来出行的美好愿景。

4. 经典车型

特斯拉以其高性能、长续航里程和完善的充电网络赢得了消费者的喜爱，其经典车型包括：

（1）Model S：一款中大型轿车，以其卓越的性能和豪华的内饰而闻名，如图 1-3-72 所示。

（2）Model 3：一款中型轿车，以其实用的空间和较高的性价比而受到消费者的青睐，如图 1-3-73 所示。

图 1-3-72　Model S 汽车

图 1-3-73　Model 3 汽车

（3）Model X：一款中大型 SUV，以其独特的鸥翼门设计和宽敞的内部空间而备受关注，如图 1-3-74 所示。

（4）Model Y：一款中型 SUV，结合了 Model 3 的实用性和 Model X 的设计元素，成为特斯拉的新宠，如图 1-3-75 所示。

图 1-3-74　Model X 汽车　　　　　　　　　图 1-3-75　Model Y 汽车

三、亚洲部分汽车品牌车标的文化解读

（一）丰田汽车公司的可靠品质与全球影响力标志

丰田汽车公司，作为世界知名的汽车制造商，其车标不仅是一个简单的视觉符号，更蕴含着丰富的文化深意和设计理念。

1. 车标设计理念

丰田车标由三个椭圆组成，这一设计体现了丰田公司的核心价值观和愿景。具体而言：

（1）全球视野：大椭圆代表地球，象征着丰田立足全球，以领先技术不断拓展，走向未来。

（2）公司形象：中间两个垂直组合的椭圆形成独特的程式化 T 字，代表丰田公司（Toyota），展现其对未来的信心和雄心。

（3）客户至上：两个垂直椭圆重叠在一起，代表客户和公司之间的互利关系和信任，象征着用户的心和汽车厂家的心是连在一起的。

（4）核心价值观：三个椭圆相互连接，还体现了丰田的三个核心价值观，即品质第一、顾客至上和持续创新。

此外，丰田车标的颜色也有重要意义。红色象征激情和力量，代表着丰田对汽车行业的热情与开拓精神；银灰色象征科技和可靠性，体现对汽车质量和可靠性的执着追求。

2. 车标演变

丰田的车标经历了多次变革，如图 1-3-76 所示，每一次变革都反映了公司的发展和市场的变化。早期丰田的标志内部写有日文"丰田"的变形字样，突出了"速度的感觉"。后来的标志简化为"TOYOTA"字样，展现了公司成熟与年轻的前卫风格。而现行的三个椭圆组成的车标，则自 20 世纪 90 年代初开始使用，并逐渐成为丰田的象征。

3. 车标文化

丰田车标不仅是公司的象征，更是其企业文化的体现。丰田公司注重品质、创新和客户服务，这些理念都通过车标得以传达。车标中的每一个元素都承载着丰田对未来的信心和雄心，以及对客户的承诺和关怀。同时，车标也见证了丰田从一个小型独立公司发展成为全球知名汽车制造商的历程。

4. 经典车型

丰田汽车以其卓越的品质和性能赢得了全球消费者的喜爱。以下是丰田旗下的几款经典

图 1-3-76　丰田车标的演变

车型：

（1）卡罗拉：以其耐用可靠的品质和节约省油的性能而获得了广泛认可，是世界上最畅销的轿车车型之一，如图 1-3-77 所示。

（2）凯美瑞：作为中型轿车的先驱之作，凯美瑞以其卓越的性能、舒适的驾乘感受和优秀的安全性能闻名于世，如图 1-3-78 所示。

图 1-3-77　丰田卡罗拉汽车

图 1-3-78　丰田凯美瑞汽车

（3）汉兰达：一款定位非常独特的全领域 SUV，集合了 SUV、轿车和 MPV 三者的优点，如图 1-3-79 所示。

（4）埃尔法：一款既实用又豪华的大型 MPV 车型，非常适合中高端消费者购买使用，如图 1-3-80 所示。

图 1-3-79　丰田汉兰达汽车

图 1-3-80　丰田埃尔法汽车

5. 旗下品牌

丰田汽车公司旗下还拥有多个子品牌和企业，共同构成了丰田汽车集团的庞大体系。如图 1-3-81 所示。

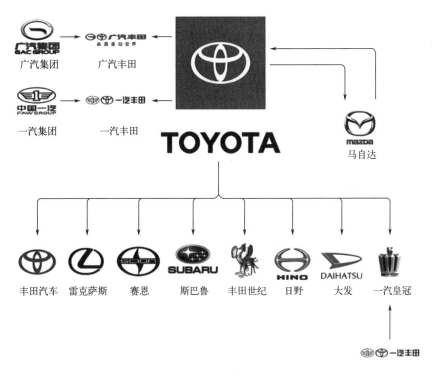

图 1-3-81　丰田汽车旗下品牌

（1）雷克萨斯：丰田汽车集团旗下豪华汽车品牌，销量在北美市场表现出色，车型如图 1-3-82 所示。

（2）日野：专注于柴油卡车、公共汽车等车辆生产的企业。

（3）大发：全球领先的小型车制造企业，专门生产低油耗、省资源、省空间的小型车。

（4）斯巴鲁：独立运营的品牌，生产包括汽车在内的多种产品，如图 1-3-83 所示。

图 1-3-82　雷克萨斯 LS500 汽车

图 1-3-83　斯巴鲁森林人汽车

（二）本田技术工业股份有限公司的环保理念与卓越性能标志

本田技术工业股份有限公司（Honda）作为世界知名的汽车制造商，其车标不仅是一个简单的视觉符号，更蕴含着丰富的文化深意和设计理念。

1. 车标设计理念

本田车标的设计理念主要体现在以下几个方面：

（1）技术创新：本田车标中的"H"不仅是 Honda 英文首字母的体现，更代表着本田对技术创新的执着追求。本田公司一直致力于研发出澎湃动力、低油耗、低污染的发动机，以满足用户对汽车性能和环保的需求。

（2）员工卓越：本田车标的设计也体现了本田对员工卓越技艺的认可。本田公司注重员工的培养和发展，以高素质的职工团队来保障产品的品质和服务。

（3）稳健管理：本田车标的简洁设计，体现了本田公司稳健的管理理念。本田公司秉持经营坚实的原则，通过先进实用的设计、优良的制造质量和相对低廉的价格，吸引更多的客户，为企业的长远发展奠定基础。

此外，本田车标中的"H"还象征着人与车、车与环境的协调，代表着本田汽车和摩托车的图形商标。这个标志不仅易于识别和记忆，更传达出本田公司对未来出行的美好愿景。

2. 车标演变

本田的车标经历了多次演变，每一次都反映了本田公司的发展和市场的变化，如图 1-3-84 所示。以下是本田车标的主要演变历程：

（1）1961～1969 年：本田在曼岛 TT 摩托车赛夺冠后，首次在 T360 微型皮卡上使用了"H"标志。这个标志的设计较为低矮宽阔，直到 1969 年才随 N600 微型车登陆美国市场。

（2）1969～1981 年：在这个阶段，本田使用了瘦高的"H"标志，最初出现在 Honda 1300 车型上。由于市场反馈不佳，这个设计在 1972 年随着初代思域的推出而得到改进。思域采用 CVCC 发动机技术，在石油危机中表现出色，奠定了本田在环保技术领域的先驱地位。

（3）1981～2000 年：1981 年问世的第三代"H"标志设计达到了一个设计分水岭。这个标志在初代宽度与二代高度间取得了完美平衡，梯形轮廓与圆角设计沿用至今。代表车型 CRX 和 Type-R 车型进一步巩固了这一标志的知名度。

（4）2000 年至今：在这个阶段，本田对"H"标志进行了多次调整。2000 年，标志增加了镀铬效果，代表车型如 S2000 以其高性能和独特设计成为这一时期的代表。

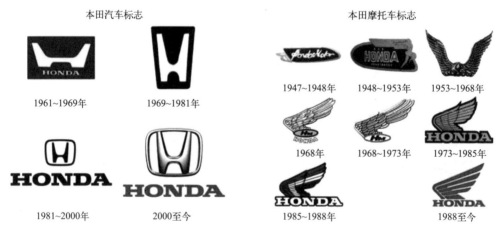

图 1-3-84　本田车标与摩托车标志的演变

3. 车标文化

本田车标不仅是公司的象征，更是其企业文化的体现。本田公司注重品质、创新和客户服务，这些理念都通过车标得以传达。车标中的"H"不仅代表了本田的品牌名称，更象征着本田对自身技术和品质的自信。同时，本田车标也体现了本田公司对环保和可持续发展的承诺，致力于研发更加环保、节能的汽车产品。

4. 经典车型

本田汽车以其卓越的品质和性能赢得了全球消费者的喜爱。以下是本田旗下的几款经典车型：

（1）本田 S600：一款诞生于 1963 年的双座跑车，以其流线形的车身设计和优雅的比例，展现了早期本田在设计上的大胆尝试，如图 1-3-85 所示。

（2）本田 NSX：1990 年初推出的 NSX，不仅是一款超级跑车，更是本田向世界展示其在高性能发动机和轻量化材料应用方面实力的标志，如图 1-3-86 所示。

图 1-3-85　本田 S600 汽车　　　　　　　　图 1-3-86　本田 NSX 汽车

（3）本田 Civic Type R：自 1997 年首次亮相以来，Type R 系列一直是本田性能车的象征。其激进的空气动力学设计、醒目的红色涂装以及卓越的操控性能，使其在全球范围内赢得了无数赞誉，如图 1-3-87 所示。

（4）本田 Prelude：作为一款前置后驱的双门轿跑车，Prelude 以其独特的鸥翼式车门设计和优雅的线条，成为 20 世纪 80 年代末至 90 年代初的经典车型之一。

（5）本田 CR-V：作为全球最受欢迎的紧凑型 SUV 之一，CR-V 自 1995 年上市以来，凭借其时尚的外观、宽敞的内部空间和出色的燃油经济性，成为家庭用户的首选，如图 1-3-88 所示。

图 1-3-87　本田 Civic 汽车　　　　　　　　图 1-3-88　本田 CR-V 汽车

5. 旗下品牌

本田技术工业股份有限公司旗下还拥有多个子品牌和企业，共同构成了本田集团的庞大体系。如图 1-3-89 所示。

（1）本田：本田公司的核心品牌，涵盖了从摩托车到汽车的各类产品。

（2）讴歌：本田汽车公司旗下高端品牌，成立于 1986 年，总部设在日本。讴歌品牌以其卓越的性能和豪华的内饰而闻名，为消费者提供高品质的驾驶体验，车型如图 1-3-90 所示。

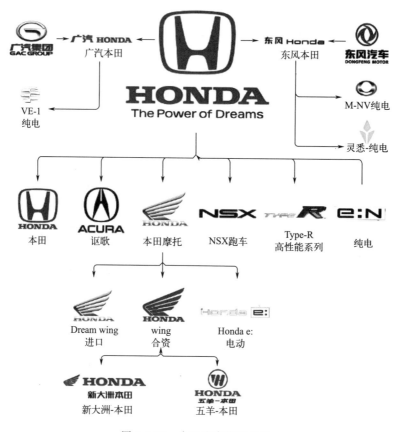

图 1-3-89　本田汽车旗下品牌

（三）现代-起亚汽车集团的年轻活力与全球战略标志

1. 车标设计理念

（1）现代汽车车标设计理念。现代汽车的车标以椭圆为底，内嵌斜向的字母"H"，这一设计不仅简洁大方，而且寓意深远。椭圆形状象征着全球舞台，代表着现代汽车致力于企业的全球化经营管理。而斜向的字母"H"则是现代汽车英文名称"Hyundai"的首字母，同时也是"Humanity（人性）、Harmony（和谐）、Harmony of Future（未来和谐）"的象征，体现了现代汽车以人为本、追求和谐发展的企业理念，如图 1-3-91 所示。

图 1-3-90　本田讴歌汽车

图 1-3-91　现代汽车车标

（2）起亚汽车车标设计理念。起亚汽车的车标则采用了椭圆形的外框，内部包含红色的

"KIA"字样，底色为白色。这一设计不仅给人以鲜活、年轻、富有活力的感觉，而且蕴含着起亚汽车的品牌愿景和企业文化。椭圆代表地球，强调起亚汽车作为世界汽车工业主要参与者的地位；而"KIA"字样则形似一只雄鹰，象征公司如腾飞之鹰，充满活力和进取精神。同时，"KIA"也是起亚汽车英文名称的缩写，易于识别和记忆。

2. 车标演变

（1）现代汽车车标演变。现代汽车的车标在历史演变中保持了相对稳定的设计元素，即椭圆形状和字母"H"。早期的现代汽车车标可能更加复杂，但随着时间的推移，逐渐简化为现在的简洁风格。这种演变体现了现代汽车对品牌形象的持续优化和提升。

（2）起亚汽车车标演变。起亚汽车的车标演变则更加丰富多彩。从最初的复杂几何构图到绿色粗体圆，再到后来的暗红色椭圆形"KIA"字样，起亚汽车的车标经历了多次变革。每一次变革都反映了起亚汽车在不同历史时期的市场定位和品牌愿景。如今，起亚汽车采用了更加简洁前卫的黑色标志，将"k""I""A"三个字母连接在一起，彰显出现代主义和雄心壮志，如图1-3-92所示。

 起亚汽车 1953-1964
 起亚汽车 1964-1986
 起亚汽车 1986-1994
 起亚汽车 1994-2012
 起亚汽车 2012-2020
 起亚汽车 2021至今

图1-3-92　起亚汽车车标演变

3. 车标文化

现代-起亚汽车集团的车标不仅是品牌的象征，更是企业文化的体现。现代汽车的车标体现了其以人为本、追求和谐发展的企业理念，以及致力于全球化经营管理的战略愿景。而起亚汽车的车标则彰显了其作为世界汽车工业主要参与者的地位，以及充满活力和进取精神的企业文化。这些车标文化不仅增强了消费者对品牌的认知度和忠诚度，也为企业的发展提供了强大的精神动力。

4. 经典车型

现代-起亚汽车集团旗下的经典车型众多，如图1-3-93所示，以下是一些具有代表性的车型：

（1）伊兰特：以其优异的性能和品质赢得了市场的广泛认可，是现代汽车的一款重要车型。

（2）悦动：展现了现代汽车在轿车领域的深厚实力和创新精神。

（3）捷恩斯：作为现代汽车旗下的豪华运动品牌，以其出色的性能和豪华的配置赢得了消费者的青睐，如图1-3-94所示。

（4）K3：以其时尚的外观和卓越的性能，深受年轻消费者的喜爱。

（5）K5：作为起亚汽车的一款中高端车型，以其优雅的设计和出色的性能赢得了消费者的好评，如图1-3-95所示。

（6）智跑：作为起亚汽车的一款SUV车型，以其硬朗的外观和实用的空间受到了消费者的喜爱。

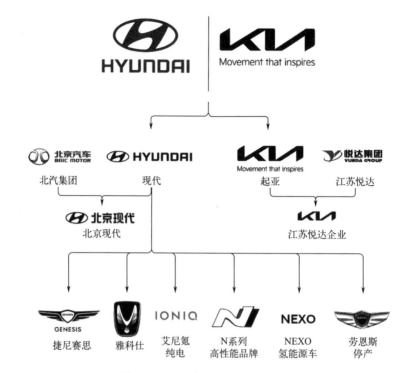

图 1-3-93　现代-起亚汽车旗下品牌

图 1-3-94　现代捷恩斯汽车

图 1-3-95　起亚 K5 汽车

案例讨论

1. 讨论案例：宝马与特斯拉的对比。

2. 背景介绍：

在全球汽车文化的巡游中，德系汽车以其精湛的工艺、严谨的设计理念和卓越的性能闻名于世，而特斯拉则作为新能源汽车领域的佼佼者，以其科技创新和颠覆性设计引领着全球汽车行业的变革。虽然特斯拉并非传统意义上的韩系品牌，但其在科技创新方面的卓越表现，使其成为与各国汽车文化特色相媲美的独特存在。

（1）德系精工严谨代表：宝马（BMW）。

设计理念：宝马汽车以其"纯粹驾驶乐趣"为核心设计理念，强调车辆的动力性能、操控性和驾驶体验。从车身线条到内饰布局，无不透露出德国工程师对细节的极致追求和精工细作的精神。

技术创新：宝马在发动机技术、底盘调校、智能驾驶辅助系统等方面持续创新，如 iDrive 智能人机交互系统、xDrive 智能四驱技术等，不断提升驾驶的便捷性和安全性。

文化传承：作为德系汽车的代表，宝马承载着德国汽车文化的深厚底蕴，体现了德国人对于品质、效率和技术的无限追求。

（2）科技创新引领者：特斯拉（Tesla）。

技术创新：特斯拉以电动汽车和自动驾驶技术为核心，彻底改变了汽车行业的传统格局。其电池技术、电机驱动系统以及 Autopilot 自动驾驶辅助系统均处于行业领先地位，展现了强大的科技创新能力。

设计理念：特斯拉汽车设计简约而不失未来感，强调环保和可持续性，符合全球汽车行业向绿色转型的趋势。其直营销售模式和软件更新策略也颠覆了传统汽车行业的销售和服务模式。

文化影响：特斯拉不仅是一家汽车制造商，更是一个推动全球汽车行业向电动化、智能化转型的先锋。其成功吸引了众多科技爱好者和环保倡导者的关注和支持，形成了独特的品牌文化和粉丝群体。

3. 讨论点：

（1）技术创新的驱动力：宝马和特斯拉都致力于技术创新，但侧重点不同。宝马更注重在传统汽车技术上的精进，而特斯拉则专注于新能源汽车和自动驾驶技术的突破。这两种不同的创新路径对各自品牌的发展有何影响？

（2）文化传承与突破：宝马作为德系汽车的代表，承载着深厚的文化底蕴；而特斯拉则代表了新兴科技企业的创新精神。在全球汽车文化日益多元化的今天，如何平衡文化传承与技术创新的关系？

（3）市场接受度与未来趋势：随着全球对环保和可持续发展的重视，新能源汽车逐渐成为市场主流。宝马等传统汽车制造商如何在保持品牌特色的同时，适应这一市场趋势？特斯拉的成功能否被其他汽车制造商复制或超越？

任务实施

1. 任务要求：深度探索××国家汽车工业发展。

2. 任务描述：选择一个国家作为探索对象，深入研究其汽车工业的发展历程、主要成就、文化特色以及未来发展趋势。通过资料收集、数据分析、案例研究等方法，撰写一份关于××国家汽车工业发展的详细报告。

3. 设计报告

作品名称		评分	
		小组评分	教师评分
历史沿革	（概述××国家汽车工业的起步阶段，重要事件和里程碑。分析推动××国家汽车工业发展的关键时期和因素。介绍××国家汽车工业中的代表性企业及其发展历程。）		
文化特色	（分析××国家在安全技术、清洁能源、智能驾驶等领域的技术创新成果。探讨××国家汽车品牌所展现的独特风格和市场定位。）		
主要成就	（评估××国家汽车品牌在全球市场的竞争力和市场份额。分析××国家汽车工业对全球汽车行业技术进步、产业升级等方面的贡献。介绍几款具有代表性的××国家汽车及其背后的故事和影响力。）		
未来发展趋势	（预测××国家汽车工业在新能源、智能网联、自动驾驶等领域的未来发展方向。分析××国家汽车品牌如何适应全球汽车市场的新变化和新需求。探讨××国家汽车工业在环保、社会责任等方面的可持续发展目标和行动计划。）		
总结反思			

模块2

见证中国"汽车梦"的辉煌历程

话题 1　破茧成蝶：新中国汽车工业的崛起之路

 **教学引入**

在历史的长河中，总有一些时刻，如同星辰般璀璨，照亮了前行的道路。1900 年至 1949 年，这是中国近现代史上的一个动荡时期，尽管风雨飘摇，却孕育着中国汽车工业的希望。当世界汽车工业已初具规模，中国大地上的先驱者们，也怀揣着造车的梦想，踏上了探索与创造的征途。从最初的木炭车，那微弱却坚定的光芒，预示着中国汽车工业的曙光初现；到"民生牌 75 型"载货汽车的勇敢尝试，它不仅是一辆车，更是中华民族自强不息精神的象征。

随着新中国成立的礼炮声响起，中国汽车工业也迎来了破茧成蝶的崭新篇章。1950 年至 1965 年，这是一段激情燃烧的岁月，新中国汽车工业在废墟中崛起，书写着属于自己的辉煌。从"一大四小"的宏伟布局奠定坚实基础，到解放 CA10 的轰鸣声响彻大地，它不仅是我国第一辆自主生产的载重汽车，更是民族工业自强的有力证明。随后，上海 58-I 型轿车优雅亮相，东风 CA71 紧随其后，它们如同一颗颗璀璨的新星，照亮了新中国汽车工业的天空。这一时期，每一次技术的突破，每一款车型的问世，都是对"自力更生、艰苦奋斗"精神的生动诠释。让我们共同走进这段历史，感受新中国汽车工业如何在逆境中崛起，如何在探索中前行，最终绽放出属于自己的光芒。

教学目标

素质目标	知识目标	技能目标
1. 激发爱国情怀和民族自豪感。 2. 激励在未来的学习和工作中勇于探索未知领域，敢于创新。 3. 培养艰苦奋斗精神和团结协作精神。	1. 了解 1901 年至 1949 年与 1949 年至 1965 年间，发展汽车工业决策的历史意义。 2. 了解"一大四小"汽车制造厂对中国汽车工业初期发展的重要性及其历史地位。 3. 了解解放 CA10、上海 58-I 型、东风 CA71 等车型的诞生背景、技术特点、生产历程及市场影响。	1. 具备搜集、整理和分析关于中国汽车工业早期发展的历史资料的能力。 2. 具备构建出新中国汽车工业早期发展的时间线、历史事件串联能力。 3. 运用批判性思维，分析新中国汽车工业早期发展过程中的成功经验和不足之处，培养独立思考和判断的能力。

📚 知识链接

一、1900—1915 年

1. 汽车初现中国

（1）时间节点：1901 年，汽车开始进入中国。一个叫李恩思的匈牙利人将两辆美国生产的奥兹莫比尔汽车从香港运到上海，这是中国大地上首次出现汽车的身影。

（2）历史意义：这两辆汽车的到来，标志着中国汽车历史的开端，也预示着中国汽车工业未来发展的可能性。

2. 慈禧太后的"中华第一车"

（1）时间节点：1902 年，袁世凯为讨好慈禧太后，从香港购入一辆德国本茨公司生产的第二代奔驰轿车作为礼物。

（2）车辆特点：这辆车设有 4 个座位，发动机在前排底座下方，通过链条驱动后轮。汽车采用开式车身，6 根垂直的杆子支起一个精美的顶篷，车头还挂着两盏精美的黄铜煤油灯。更为出色的是，它采用了钢板弹簧悬架和 4 只充满气体的轮胎，大大提高了汽车的平顺性。

（3）历史地位：这辆车被誉为中国最古老的汽车，并被冠以"中华第一车"的美名，如图 2-1-1 所示，现保存在颐和园中。

3. 汽车进口与销售

（1）进口情况：自 1903 年以来，上海陆续出现了从事汽车或零部件销售和汽车租赁的外国公司。到 1929 年，汽车进口量已达到 8781 辆，世界各地的汽车蜂拥而至。

（2）市场需求：随着汽车在中国的逐渐普及，市场需求也在不断增加。然而，由于当时中国尚未具备汽车生产能力，因此汽车市场主要依赖进口。

图 2-1-1　中华第一车

在 1900 年至 1915 年期间，中国汽车行业处于起步阶段。汽车开始进入中国并逐渐普及，市场需求不断增加。然而，由于当时中国尚未具备汽车生产能力，因此汽车市场主要依赖进口。尽管在这一时期中国已经开始尝试制造国产汽车，但由于各种历史原因，这些尝试并未能取得成功。这一时期的中国汽车行业虽然起步艰难，但为后续中国汽车工业的发展奠定了基础。

二、1916—1930 年

1. 背景与发展概况

（1）基础设施发展：1912 年，原中华民国经济发展部成立，督导公路建设，并拨款支持地方修路，鼓励民办汽车运输。1917 年，中国第一条汽车运输线路——张库公路（张家口至库伦，今蒙古国乌兰巴托）通车。到 1927 年，全国公路总长已达 29170 千米，民用汽车保有量由 1912 年的 294 辆增长到 18677 辆。

（2）政策与规划：1919 年，孙中山先生在他的著作《建国方略》一书中提出了建立汽车工业的构想，这是中国第一次提出建立汽车工业的蓝图。然而，由于种种原因，这一构想在当时并未能实现。

2. 国产汽车的尝试与失败

(1) 张学良与民生牌汽车：1928 年，张学良在东北设立民用工业制造处（后更名为辽宁民生厂），试行汽车制造。1929 年 3 月，民生工厂进口一辆美国"雷瑞"牌汽车进行组装实验，于 1931 年试制成功了一辆命名为"民生牌 75 型"汽车，如图 2-1-2 所示。这是中国人试制汽车的先河，是中国最早生产的汽车。然而，由于九一八事变的爆发，东北三省被日本占领，民生牌汽车的量产计划未能实现。

(2) 其他国产汽车尝试：继民生牌汽车之后，20 世纪 30 年代中国多地进行了国产车的试制，如太原的"山西牌"、长沙的"衡岳牌"、上海的"中国牌"、云南的"资源牌"、天津的"飞鹰牌"等，但均以失败告终。这些尝试虽然未能成功量产汽车，但为中国汽车工业的后续发展积累了一定的经验和教训。

图 2-1-2　"民生牌 75 型"汽车

3. 汽车运输业的繁荣与挑战

(1) 汽车运输业的发展：到抗日战争爆发之前的这一时期，中国汽车运输业日趋繁荣。每年平均进口汽车数量逐渐增加，全国公路总长不断延伸，民用汽车保有量也大幅增长。同时，出现了一批官办的和民营的出租汽车公司和公共汽车公司。

(2) 技术与管理挑战：尽管汽车运输业在这一时期取得了显著发展，但中国汽车工业仍面临诸多挑战。技术落后、资金短缺、工业基础薄弱等问题限制了汽车工业的发展。此外，时局动荡也对中国汽车工业的发展产生了不利影响。

1916 年至 1930 年期间，中国汽车行业处于起步阶段，经历了从汽车首次引入中国到国产汽车尝试与失败的历程。尽管面临诸多挑战和困难，但中国汽车工业仍在这一时期取得了初步发展，为后续的汽车工业发展奠定了基础。

三、1930—1949 年

1930—1949 年，中国汽车行业的发展经历了诸多波折与挑战，同时也为后来的汽车工业奠定了基础。

1. 国产汽车的初步尝试与挫折

(1) 民生牌汽车的诞生：1929 年，民生工厂从美国购进了一辆名为瑞雷（Relay）SIIB 型汽车，进行拆装测绘并重制。

1931 年 5 月 31 日，民生工厂制造出了当时国产的第一辆汽车——民生牌 75 型载货汽车。该车载重量 1.82t，长头、棕色，采用六缸水冷汽油发动机，65 马力（1 马力 = 735.5W），前后轮距 4.7m，前后四轮为单胎，最高车速为 40km/h。

(2) 其他国产汽车的尝试：1932 年，山西汽车修理厂试制成山西牌 1.5t 汽油载货汽车。

1933 年，实业部中央工业试制所试制成功一辆三轮微型汽车，成为中国最早试制的微型车。

1936 年，湖南的一家机械厂用自制的汽油机装成一辆载重 2t 的"衡岳牌"25 座客车。

此外，还有上海仲明机器股份有限公司试制的煤气汽车等。然而，这些国产汽车的尝试大多因为技术、资金或时局等原因未能实现量产。

2. 抗日战争期间的汽车工业停滞与艰难求存

（1）汽车工业遭受重创。抗日战争的爆发导致中国汽车工业遭受了严重打击。许多汽车制造厂被迫停产或迁移，生产设备和原材料也遭受了严重损失。

（2）代用燃料的研发。由于缺乏汽油等燃料，中国开始研发代用燃料，如植物油和木炭等。这些代用燃料在一定程度上缓解了燃料短缺的问题，但也带来了动力性能下降和排放污染等问题。

（3）汽车维修与保养的艰难维持。在抗日战争期间，汽车维修与保养工作也变得异常艰难。零部件供应短缺和维修人员匮乏，许多汽车无法得到及时维修和保养，导致车辆性能下降和使用寿命缩短。

3. 解放战争期间的汽车工业复苏与准备

（1）汽车工业开始复苏。随着解放战争的胜利和新中国的成立，中国汽车工业开始逐渐复苏。政府开始加大对汽车工业的投入和支持力度，推动汽车产业的发展。

（2）技术引进与人才培养。为了加快汽车产业的发展速度和提高技术水平，中国开始积极引进国外先进技术和设备，并培养了一批专业的汽车技术人才。这些人才为后来的汽车工业发展奠定了坚实的基础。

（3）汽车生产计划的制订。在解放战争期间和新中国成立后初期，政府开始制订汽车生产计划，并着手进行汽车生产的准备工作。这些计划为后来的汽车工业发展提供了重要的指导和支持。

1930年至1949年期间，中国汽车行业的发展经历了从国产汽车的初步尝试与挫折到抗日战争期间的停滞与艰难求存再到解放战争期间的复苏与准备的历程。尽管面临诸多困难和挑战，但中国汽车工业仍在这一时期取得了初步发展并为后来的汽车工业奠定了基础。

四、"一大四小"汽车制造厂

在1950年至1965年期间，中国汽车工业处于初创阶段，建起了像一汽这样的现代化汽车企业，汽车生产实现了零的突破，并为后续发展奠定了基础。在此期间，形成了"一大四小"五个汽车制造厂，即第一汽车制造厂（一汽）以及南京汽车制造厂（南汽）、上海汽车制造厂（上汽）、济南汽车制造厂（济汽）和北京汽车制造厂（北汽），这些汽车制造厂在中国汽车工业初期发展中占据了举足轻重的地位。

（一）第一汽车制造厂

第一汽车制造厂，即中国第一汽车集团有限公司（简称"中国一汽"），是国有特大型汽车企业集团。

1. 历史背景与奠基

第一汽车制造厂是国家"一五"计划的重点项目之一，于1953年奠基。毛泽东主席为一汽题写了"第一汽车制造厂奠基纪念"的奠基题词。

1956年，第一汽车制造厂建成投产，并成功制造出新中国第一辆卡车——解放牌卡车。

2. 发展历程

（1）1958年，第一汽车制造厂又制造出新中国第一辆小轿车——东风牌轿车，如图2-1-3所示；第一辆高级轿车——红旗牌轿车，如图2-1-4所示。

（2）历经多年的发展与壮大，中国一汽已构建起全球化的研发网络，并在东北、华北、华东、华南、西南等地设立了五大生产基地。

图 2-1-3　第一辆东风牌轿车

图 2-1-4　第一辆红旗牌轿车

（3）中国一汽的业务布局广泛，涵盖红旗、解放、奔腾等多个自主品牌，以及与大众、奥迪、丰田等知名品牌进行合资合作。

3. 研发实力与创新

（1）中国一汽研发总院的历史可追溯至 1950 年的北京南池子汽车实验室，现已形成包括五个研究院、八个部门以及一个国家重点实验室在内的全球化研发布局。

（2）中国一汽在德国慕尼黑、北京和南京等地设立了专门的研发中心，专注于造型设计、整车研发、新能源与智能网联技术的创新。

（3）中国一汽积极推进数字化战略转型，并提出了"飞刃计划"作为其战略行动，致力于实现整车多域功能的物理区域集成和智能网联技术的创新。

4. 产品与品牌

（1）中国一汽拥有红旗、解放、奔腾等自主品牌，以及与大众、奥迪、丰田等品牌进行合资合作。

（2）红旗品牌已成为国家领导人和国家重大活动的国事用车，并致力于成为"中国第一、世界著名"的"新高尚品牌"，车型如图 2-1-5 所示。

（3）解放品牌坚持"永求第一"的定位，践行"做最值得骄傲的商用车企业"的核心价值观。

（4）奔腾品牌自 2006 年创立以来，不断推出高品质、高性能的自主品牌中高级轿车，致力于进入自主品牌第一阵营。

图 2-1-5　红旗 L9 汽车

5. 社会责任与荣誉

中国一汽秉持"以爱促进社会和谐发展"的理念，全力推进公益事业可持续发展。

中国一汽入选十大"国之重器"品牌，展现了其在中国汽车工业中的重要地位。

第一汽车制造厂（中国一汽）是中国汽车工业的重要支柱之一，历经多年的发展与壮大，已构建起全球化的研发网络和生产基地，拥有强大的研发实力和丰富的产品线。同时，中国一汽也积极履行社会责任，致力于推动中国汽车工业的持续发展和创新，如图 2-1-6 所示。

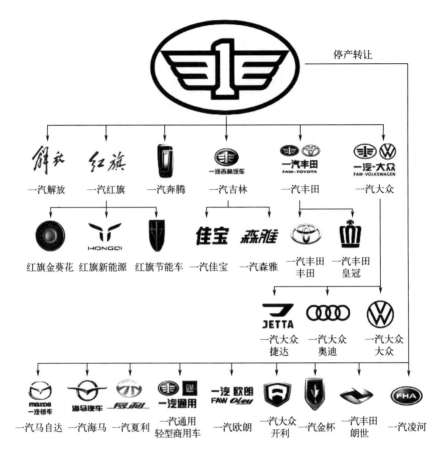

停产转让

一汽解放　一汽红旗　一汽奔腾　一汽吉林　一汽丰田　一汽大众

红旗金葵花　红旗新能源　红旗节能车　一汽佳宝　一汽森雅　一汽丰田　一汽丰田
丰田　皇冠

一汽大众　一汽大众　一汽大众
捷达　奥迪　大众

一汽马自达　一汽海马　一汽夏利　一汽通用　一汽欧朗　一汽大众　一汽金杯　一汽丰田　一汽凌河
轻型商用车　　　　　　开利　　　　朗世

图 2-1-6　一汽旗下品牌

（二）南京汽车制造厂

南京汽车制造厂，现主体为南京汽车集团有限公司（简称南汽集团），其历史和发展可以追溯至 1947 年。

1. 历史沿革

（1）初创时期：1947 年，华东野战军成立特种纵队修理厂，即南汽集团的前身。1949年，随军迁宁并接收原国民党汽车修理厂，后更名为南京汽车修配厂。

（2）发展时期：1958 年 3 月 10 日，南京汽车制配厂成功制造出中国第一辆轻型载货汽车，被命名为"跃进"牌，如图 2-1-7 所示。此后，南汽不断发展壮大，成为国内重要的汽车生产企业。

（3）重组与转型：2003 年，南京汽车集团有限公司经过资产重组后正式揭牌，成为江苏省管理的企业。2007 年，南汽集团与上海汽车集团股份有限公司（上汽集团）合作，成功签约，成为上汽集团的全资子公司。

图 2-1-7　跃进 NJ130 型轻型卡车

2. 企业概况

(1) 基本信息：南京汽车集团有限公司总部位于江苏省南京市，是一家特大型汽车骨干生产企业。公司类型为有限责任公司（非自然人投资或控股的法人独资），注册资本高达 76 亿元。

(2) 生产能力：南汽集团拥有多个整车生产公司，包括南汽跃进、南京依维柯等，生产跃进、依维柯、MG 名爵等多个品牌系列的汽车，年综合生产能力达到数十万辆。

(3) 研发与技术创新：南汽集团拥有国家级汽车工程研究院和博士后科研工作站，与多所高校联合组建研发平台，具备较完善的科研和生产经营体系。

3. 旗下品牌与产品

(1) 名爵（MG）：源自英国的汽车品牌，于 2007 年加入南汽集团。涵盖轿车、SUV 以及跑车等车型，如 MG 3、MG 6、MG GS 等。

(2) 罗孚（Rover）：同样为历史悠久的英国汽车品牌，南汽集团在 2005 年将其收购。提供轿车、SUV 以及 MPV 等车型，如 Rover 75 和 Rover Sport。

(3) 南汽英格尔（NAC Ingol）：南汽集团的自主品牌，涵盖轿车、SUV 和 MPV 等多种车型。

(4) 南汽依维柯（NAC Iveco）：南汽集团与意大利依维柯公司共同打造的商用车品牌，产品包括轻型、中型以及重型卡车等。

4. 社会责任与荣誉

(1) 社会责任：南汽集团始终积极履行社会责任，在抗震救灾、抗洪抢险等危急时刻，总是冲锋在前，为人们的美好生活与安全健康全力以赴。

(2) 荣誉奖项：南汽集团及旗下品牌多次荣获中国机械工业名牌产品、全国用户满意产品及江苏省重点名牌产品称号。此外，还获得江苏省、南京市文明单位称号等多项荣誉。

南京汽车集团有限公司是一家历史悠久、实力雄厚的汽车生产企业。通过不断地创新与发展，南汽集团已成为国内汽车行业的佼佼者，并为国民经济的发展和繁荣作出了积极的贡献。

（三）上海汽车制造厂

上海汽车制造厂，目前主要是指上海汽车集团股份有限公司（简称"上汽集团"）。

1. 发展历程

(1) 初创与起步：20 世纪 50 年代，上海汽车工业开始起步，主要进行汽车零配件的生产。1958 年 9 月 28 日，第一辆凤凰牌轿车试制成功，后改名为上海牌轿车。

(2) 整车制造与合资合作：20 世纪 60 年代至 70 年代，上海汽车工业进入整车制造阶段。80 年代，上汽与德国大众集团签订协议，1985 年成立上海大众汽车有限公司，开始批量生产桑塔纳，如图 2-1-8 所示。90 年代，上汽建立了自己的供应链体系，产品质量和生产效率大幅提高，国产化进程加速。

图 2-1-8　上海大众桑塔纳汽车

(3) 重组与快速发展：2006 年，经过重组，上海汽车成为目前国内 A 股市场最大的整车上市公司。此后，上汽集团不断发展壮大，成为国内领先的乘用车制造商和销量最大的汽车制造商。

（4）新能源与智能驾驶：本世纪初，上汽决定打造自主品牌，并布局新能源赛道。近年来，上汽集团在新能源汽车、互联网汽车、智能驾驶等领域进行了大量的创新和转型，取得了显著的成果。

2. 主要业务与品牌

（1）主要业务：上汽集团的主要业务包括汽车整车（包括乘用车、商用车）和与整车开发紧密相关的零部件（包括动力传动、底盘、电子电器等）的研发、生产和销售。此外，还涉及与汽车业务密切相关的汽车服务贸易业务、汽车金融业务等。

（2）旗下品牌：上汽集团拥有多个知名品牌，包括上汽大众、上汽通用、上汽通用五菱、上汽依维柯红岩等整车企业，以及汽车齿轮总厂、联合汽车电子等与整车开发紧密相关的零部件企业。此外，上汽集团还推出了多个自主品牌，如荣威、名爵等。

3. 市场地位与荣誉

（1）市场地位：上汽集团是中国汽车行业的龙头企业之一，其整车销量连续多年保持全国第一。同时，上汽集团也是全球最大的汽车制造商之一，在海外市场也具有较高的知名度和影响力。

（2）荣誉奖项：上汽集团及旗下品牌多次荣获国内外各种奖项和荣誉，如《财富》世界500强、中国品牌500强等。

上汽集团是一家历史悠久、实力雄厚的汽车制造企业。通过不断的创新和发展，上汽集团已成为国内外汽车行业的重要力量，并为全球汽车产业的发展做出了积极的贡献，如图2-1-9所示。

图 2-1-9　上汽集团旗下品牌

（四）济南汽车制造厂

1. 历史沿革

（1）初创时期：济南汽车制造厂前身为 1935 年山东省政府开办的汽车修理厂，当时规模较小，主要制造汽车发动机配件并修理客车车身。

（2）发展时期：1948 年济南解放后，该厂先后归属华东军区兵站部、山东交通器材燃料公司、原山东省人民政府交通厅管理，后转归原中央人民政府交通部领导。1953 年，改称济南汽车配件制造厂，开始生产万向节、转向节、后桥半轴等汽车配件。

（3）转型与壮大：1958 年 4 月，济南汽车配件厂制造出第一辆黄河牌 JN220 型吉普车，此后又相继研制出黄河牌 JN130 型 2.5t 和红旗牌 5t 载重汽车。同年 8 月，该厂改称济南汽车制造厂，划归原中华人民共和国第一机械工业部领导。1960 年，试制成功黄河牌 JN150 型 8t 载重汽车，并于 1963 年通过国家鉴定，批准为定型产品，填补了中国重型汽车工业的空白。

（4）现代化发展：进入 20 世纪 80 年代，济南汽车制造厂进行了多次技术改造，形成了年产数千辆黄河牌重型汽车的生产能力。1983 年，以济南汽车制造总厂为主体，成立了中国重型汽车工业联营公司，同年引进奥地利斯太尔重型汽车项目，进行国产化生产。1985 年，第一辆斯太尔汽车在重汽下线。1990 年，联营公司更名为中国重型汽车集团公司（简称中国重汽），如图 2-1-10 所示。

2. 主要成就与贡献

（1）黄河牌汽车：济南汽车制造厂生产的黄河牌汽车，特别是黄河 JN150 型 8t 载重汽车，填补了中国重型汽车工业的空白，成为中国重型卡车的奠基者。黄河 JN150 采用 4X2 驱动形式，搭载了一台 6135Q 9.5L 柴油发动机，最大功率 103kW，最高速度 60km/h。其投产后的二十年里，一直是中国重型载货汽车的主导产品，如图 2-1-11 所示。

图 2-1-10　中国重汽车标

图 2-1-11　黄河 JN150

（2）技术引进与创新：济南汽车制造厂是国内第一家全面引进国外重型汽车整车制造技术的企业。通过引进奥地利斯太尔重型汽车项目，济南汽车制造厂在重型汽车制造领域取得了显著的进步，为中国的汽车工业发展做出了重要贡献。

（3）系列车型发展：在生产基本型的同时，济南汽车制造厂先后发展了系列车型和变形车，包括 JN350 型 7t 自卸汽车、JN150B 型起重汽车、JN650 和 JN651 型大客车和客车底盘等。此外，还生产了 JN250、JN253 军用越野车以及多种变形车和专用车。

3. 现状与发展

目前，济南汽车制造厂已成为中国重汽的一部分，中国重汽旗下拥有汕德卡（SI-TRAK）、豪沃（HOWO）、斯太尔（STR）、豪瀚（HOHAN）等多个子品牌，产品涵盖重卡、中卡、轻卡、矿用自卸、特种车、客车等多种车型。济南汽车制造厂的历史和成就，为中国汽车工业的发展奠定了坚实的基础，也为未来的汽车制造提供了宝贵的经验。

（五）北京汽车制造厂

北京汽车制造厂即北京汽车集团有限公司（简称"北汽集团"）。

1. 公司概况

（1）成立时间：北汽集团的前身可以追溯到 1958 年成立的北京汽车制造厂，而现代意义上的北汽集团则成立于 1994 年 6 月 30 日。

（2）经营范围：制造汽车（含轻型越野汽车、轻、微型客货汽车、多功能车、专用车、轿车）、农用机械、农用运输车、摩托车、内燃机及汽车配件等。同时，北汽集团还涉足汽车服务贸易、综合出行服务、金融与投资等业务。

（3）公司地位：北汽集团是中国五大汽车集团之一，是中国汽车行业的骨干企业。

2. 发展历程

1958 年北京汽车制造厂生产出第一辆自主研发汽车——"井冈山"牌轿车（图 2-1-12），自此，北汽集团先后自主研制生产了中国第一代轻型越野车 BJ212 和第一代轻型载货车 BJ130。

图 2-1-12　"井冈山"牌轿车

北汽集团建立了中国汽车工业第一家整车制造合资企业——北京吉普汽车有限公司，以及中国加入 WTO 以后第一家整车制造合资企业——北京现代汽车有限公司。

此外，北汽集团还成立了全面深化战略合资合作的典范——北京奔驰汽车有限公司。

3. 子公司与品牌

（1）北京奔驰：中德合资企业，集研发、发动机与整车生产、销售和售后服务为一体。

（2）福建奔驰：原名福建戴姆勒汽车工业有限公司，2016 年北汽集团完成了对福汽集团所持福建奔驰汽车工业有限公司 35% 的股权收购。

（3）北汽福田：中国大型商用车企业，生产多种类型的商用车和新能源汽车。

（4）北汽银翔：由北京汽车集团与重庆银翔实业集团合资组建，生产多用途乘用车、商用车及新能源车型。

（5）北汽昌河：北汽集团第二自主品牌、南方基地，生产节能环保车型和新能源汽车。

（6）北汽越野：打造中国专业化军车和越野车，主要产品包括北京（BJ）40（图 2-1-13）等高端越野车。

4. 市场与研发

（1）市场布局：北汽集团的研发体系布局全球五国七地，在 30 多个国家和地区建立了整车及 KD 工厂，市场遍布全球 80 余个国家和地区。

图 2-1-13　北京（BJ）40 汽车

（2）研发实力：北汽集团拥有强大的研发实力，致力于整车及零部件的研发与制造，不断推出符合市场需求的新产品。

5. 荣誉与成就

（1）北汽集团位列 2024 年《财富》世界 500 强第 192 位，显示出其强大的综合实力和全球影响力，北汽集团旗下品牌如图 2-1-14 所示。

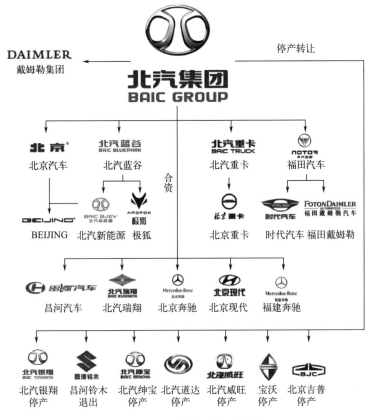

图 2-1-14 北汽集团旗下品牌

(2) 北汽集团在中国汽车工业发展中做出了积极贡献，成为对外开放、转换机制、吸收外资、引进技术和运用社会资本方面的典范。

五、1950 年至 1965 年期间主要生产车型

1. 解放 CA10

(1) 诞生背景：1950 年 3 月，原中央人民政府重工业部成立汽车工业筹备组，开展建设第一汽车制造厂的前期准备工作。随后，第一汽车制造厂被列入 1953 年开始的第一个五年建设计划重点项目。

(2) 技术特点：解放 CA10（图 2-1-15）源自苏联斯大林汽车厂吉斯 150 型，装载 4t，最高速度 65km/h，装 6 缸水冷 5.5L 汽油机，最大功率 71kW。该车坚固耐用、自重偏大、功率、车速及加速性偏低，结构简单，使用维修方便，比较适合当时中国的道路条件和石油、钢铁等相关工业基础薄弱及社会配套供给能力欠缺的实际状况。

图 2-1-15 解放 CA10 汽车

(3) 生产历程：1953 年 7 月 15 日，第一汽车制造厂正式奠基。经过全国各界的不懈努力，原计划四年建成的一汽提前一年，在

1956 年正式竣工投产。1956 年 7 月 14 日，总装线开出第一批 12 辆解放牌汽车。

（4）市场影响：解放 CA10 的诞生结束了中国不能造车的历史，开创了中国汽车的"解放时代"。此后，解放牌汽车成为中国汽车工业的重要代表之一，广泛应用于各个领域。

2. 上海 58-I 型

（1）诞生背景：1957 年上海组织几方面力量设计三轮 1t 载货车，参照日本大发 SDF-8 三轮车并做多项改进。

（2）技术特点：上海 58-I 型三轮 1t 载货车（图 2-1-16）具有结构简单、操作方便等特点。

（3）生产历程：1958 年由上海汽车制造厂投产。

（4）市场影响：上海 58-I 型三轮 1t 载货车的出现填补了国内三轮载货车的空白，为当时的货物运输提供了有力支持。

3. 东风 CA71

（1）诞生背景：1958 年 4 月，中国第一汽车制造厂开始尝试制造国产轿车。

图 2-1-16　上海 58-I 型三轮车

（2）技术特点：东风 CA71 型小轿车为流线形车身，上部银灰色，下部紫红色，6 座，装有冷热风车灯是具有民族风格的宫灯，发动机罩前上方有一个小金龙装饰。发动机最大功率达 70 马力，最高车速可达 128km/h，耗油量为百公里 9～10L，如图 2-1-17 所示。

（3）生产历程：1958 年 5 月 5 日，东风 CA71 小轿车在机修车间试制成功并正式下线。虽然在设计最初以仿造方针为主，但样车还是保留了很多独特的风格。然而，东风牌轿车实际意义上仅生产了一辆，现存于一汽轿车博物馆内。

（4）市场影响：东风 CA71 作为中国历史上第一辆国产轿车，具有重要的历史意义。它的诞生标志着中国汽车工业在轿车制造领域取得了零的突破，为后续轿车制造技术的发展奠定了基础。

4. 其他车型

（1）红旗牌高级轿车：1958 年 8 月，在"东风"牌轿车的基础上，经过努力，第一台正式编号红旗 CA72 高级轿车试制成功。这是中国第一辆真正的高级轿车，其车身完全自行设计，配备的 62kW 的 V 型 8 缸液冷发动机和液力无级变速器具有当时国际先进水平，如图 2-1-18 所示。

图 2-1-17　东风 CA71 汽车

图 2-1-18　红旗 CA72 汽车

（2）跃进牌轻型货车：南京汽车厂（南汽）在 1958 年仿造苏制嘎斯 51 载货车，定名跃进牌 2.5t 货车。

（3）上海牌轿车：上汽在 1958 年 9 月试制出凤凰牌轿车（图 2-1-19），翌年 9 月又参照奔驰220S试制出样车，1965年通过鉴定投产，改名上海牌。该车排量2.2L，最高速度130km/h，是中级轿车，成为公务和外事接待用车。

（4）长江牌吉普车：1958年5月，新中国第一辆吉普车——长江牌46型4X4吉普车正式下线，开创了我国自行生产轻型越野车的历史，如图2-1-20所示。

图2-1-19　凤凰牌轿车　　　　图2-1-20　长江牌46型4X4吉普车

（5）济南汽车制造厂车型：济南汽车制造厂（济汽）参照捷克斯柯达706RT设计生产了黄河牌8t重型货车，如图2-1-21所示。

（6）北京汽车生产基地车型：北京汽车制造厂和清华大学合作，参照德国大众汽车公司甲壳虫小轿车设计，试制井冈山牌轿车，后又利用苏制伏尔加轿车图纸，试制东方红牌中级轿车。1961年发展吉普车，1966年定型，车名北京牌212吉普车，如图2-1-22所示。

图2-1-21　黄河牌JN62汽车　　　　图2-1-22　北京牌212吉普车

🗣 案例讨论

1. 讨论案例：红旗CA72的研制与新中国汽车工业的崛起。

2. 案例背景：在新中国汽车工业的崛起之路中，红旗CA72的研制是中国汽车工业发展史上的一个重要里程碑。这一时期（1950—1965年），中国汽车工业经历了从无到有、从小到大的艰难历程，红旗CA72的成功研制不仅展示了中国工程师的智慧和勇气，也标志着中国汽车工业在高级轿车领域取得了重大突破。

红旗CA72是新中国第一辆自主设计并制造的高级轿车，于1958年8月试制成功。该车以克莱斯勒帝国为模板，搭载V8发动机，采用了许多具有中国特色的设计元素，如宽大的折扇形进气口、宫灯式尾灯等，成为当时中国汽车工业的一张亮丽名片。红旗CA72的研制过程充满了挑战和艰辛，但中国工程师们凭借坚韧不拔的精神和不懈的努力，最终克服了技术难题，实现了从仿制到自主创新的跨越。

（1）技术特点与设计理念：

自主创新：红旗 CA72 在设计和制造过程中，虽然借鉴了国外车型的一些元素，但更多的是依靠中国工程师的自主创新。V8 发动机的研制成功，标志着中国汽车工业在发动机技术方面取得了重大进展。

中国特色：红旗 CA72 在外观设计上融入了许多中国元素，如中国传统的宫灯式尾灯、司南形轮罩等，体现了中国文化的独特魅力。

豪华配置：作为高级轿车，红旗 CA72 在配置上也非常豪华，如纯金打造的向日葵造型方向盘中央及后尾标、福建大漆"赤宝砂"涂装的仪表板等，展现了当时中国汽车工业的最高水平。

（2）历史意义：

技术突破：红旗 CA72 的成功研制，标志着中国汽车工业在高级轿车领域取得了重大技术突破，为中国汽车工业后续的发展奠定了坚实基础。

民族自豪：红旗 CA72 的诞生极大地提升了国人的民族自豪感和自信心，展示了中国人自主制造高级轿车的能力。

政治象征：红旗 CA72 不仅是一款汽车产品，也是新中国政治、外交活动中的重要政治象征，频繁出现在国务活动和外事活动中。

3. 讨论点：

（1）自主创新与引进技术：在红旗 CA72 的研制过程中，如何在自主创新与技术引进之间找到平衡点？这对当前中国汽车工业的发展有何启示？

（2）市场需求与产品定位：红旗 CA72 作为高级轿车，其市场需求和产品定位是如何确定的？在当时的社会经济背景下，这款汽车如何满足特定用户群体的需求？

（3）文化传承与现代设计：红旗 CA72 在设计中融入了许多中国元素，这些元素如何与现代设计相结合？在当前全球化的背景下，中国汽车品牌应如何传承和发扬民族文化？

任务实施

1. 任务要求：深入分析新中国汽车工业崛起之路中的"一大四小"布局及其影响。

2. 任务描述：在新中国汽车工业的崛起之路上，"一大四小"布局是至关重要的一步，它不仅奠定了新中国汽车工业的基础，也为后续的发展指明了方向。本任务要求你深入分析"一大四小"布局的形成背景、具体内容、实施过程以及对中国汽车工业发展的深远影响。通过查阅历史文献、分析政策文件、访谈行业专家等方法，撰写一篇报告，全面展现"一大四小"布局的历史地位和作用。

3. 设计报告

作品名称		评分	
		小组评分	教师评分
布局形成	（介绍"一大四小"布局的提出过程、决策依据、目标设定、建设进度、投资规模、技术引进等。）		
实施过程	（分析各汽车制造厂在技术研发、产品设计、生产制造等方面的突破和创新。探讨"一大四小"布局下生产的汽车产品在市场上的表现和用户反馈。）		
影响分析	（评估"一大四小"布局对新中国汽车工业产业基础建立的贡献。分析该布局对中国汽车工业技术积累和创新能力的提升作用。）		
挑战与反思	（分析"一大四小"布局在实施过程中遇到的挑战和困难。总结该布局的成功经验和不足之处，为后续发展提供借鉴。）	•	
总结反思			

话题 2 蓝图绘就：规划汽车工业的未来格局

 **教学引入**

1966 年至 1980 年是中国汽车工业发展的重要阶段，这一时期中国汽车工业不仅绘就了未来发展的蓝图，还夯实了产业基础。随着国家经济建设的稳步推进，汽车工业作为国民经济的重要支柱，迎来了前所未有的发展机遇。第二汽车制造厂（二汽）、四川汽车制造厂（川汽）、陕西汽车制造总厂（陕汽）等企业的相继崛起，如同雨后春笋般茁壮成长，它们不仅丰富了中国汽车工业的版图，更为后续的发展奠定了坚实基础。BJ130、TJ620 等车型的涌现，不仅满足了当时社会对多样化、高质量汽车产品的需求，更标志着中国汽车工业在设计、制造能力上的显著提升。这一时期，中国汽车工业在探索中前行，在挑战中突破，逐步构建起了自己独特的发展框架和竞争优势。今天，当我们回望这段历史，无不感叹于那个时代中国汽车人的智慧与勇气，以及他们为中国汽车工业未来所绘就的宏伟蓝图。

教学目标

素质目标	知识目标	技能目标
1. 培养历史观和责任感，激发爱国情怀和民族自豪感。 2. 激励学生在未来的学习和工作中勇于探索未知领域，敢于创新。 3. 培养团队合作和协作能力，为未来的职业生涯打下基础。	1. 了解 1966—1980 年中国汽车工业的发展历程。 2. 了解主要汽车制造厂的成立时间、地理位置、主要生产车型。 3. 了解经典车型的技术特点、市场表现及对后续车型开发的影响。	1. 具备查阅和分析历史资料的能力。 2. 具备时间线构建与事件串联能力。 3. 具备对比不同汽车制造厂、不同车型之间的异同点的能力。

知识链接

1966—1980 年，中国汽车工业经历了重要的成长阶段。这一时期的汽车工业发展主要受到国家政策和经济环境的影响，同时也面临着技术引进和自主创新的挑战。

一、发展历程

1. 政策驱动与三线建设

1966 年至 1980 年，中国汽车工业主要贯彻中央的精神建设三线汽车厂。这些汽车厂主要分布在中西部地区，以生产中、重型载货汽车和越野汽车为主，同时发展矿用自卸车。这一时期的汽车工业建设，不仅满足了国防和经济发展的需要，也调整了汽车工业的总体布局。

2. 技术引进与自主创新

虽然这一时期中国汽车工业与世界先进水平的交流受到一定限制，但汽车工业仍努力通过引进技术和自主创新来提升自身实力。一些汽车制造厂开始仿制国产车型，并进行技术改造和扩大生产能力。

3. 市场需求与产品调整

随着国民经济的发展和国防建设的需要，汽车产品供不应求的矛盾日益突出。为了满足市场需求，汽车工业开始调整产品结构，增加汽车品种和生产能力。同时，也注重提升汽车产品的质量和性能。

二、主要汽车制造厂介绍

(一) 第二汽车制造厂

现在的名称为东风汽车集团有限公司(简称东风集团,如图 2-2-1),是一家中央直管的特大型汽车企业。

1. 历史背景与沿革

(1) 成立时间:二汽始建于 1969 年,是中国汽车工业发展的重要里程碑。

(2) 名称变更:1992 年 9 月 4 日,原第二汽车制造厂更名为东风汽车公司。2017 年 11 月 4 日,原国家工商行政管理总局公告,原东风汽车公司名称变更为东风汽车集团有限公司。

2. 地理位置与布局

(1) 总部位置:二汽(东风集团)总部位于湖北省武汉市。

图 2-2-1　东风汽车标志

(2) 生产基地:已陆续建成了十堰(主要以中、重型商用车、零部件、汽车装备事业为主)、襄阳(以轻型商用车、乘用车为主)、武汉(以乘用车为主)、广州(以乘用车为主)四大基地。此外,还在上海、广西柳州、江苏盐城、四川南充、河南郑州、新疆乌鲁木齐、辽宁朝阳、浙江杭州、云南昆明等地设有分支企业。

3. 产品种类与品牌

(1) 主要产品:二汽的产品种类繁多,涵盖了乘用车、商用车和特种车辆等多个领域,充分满足了市场对不同类型交通工具的需求。作为一家具有重要市场地位的汽车制造企业,二汽旗下拥有多个知名品牌,包括东风风行(图 2-2-2)、东风风神和东风小康等。

(2) 优势产品:重型卡车是二汽的优势产品之一,在市场占有率方面处于领先地位。此

图 2-2-2　东风风行汽车

外,二汽在新能源汽车领域也取得了显著成果,推出了多款电动汽车和混合动力汽车。

4. 技术创新与研发

(1) 动力系统:从早期的 EQ6100 发动机到最新的龙擎动力 2.0,二汽在动力系统方面取得了显著进步。

(2) 新能源技术:二汽在新能源领域实现了"纯电、混动、氢燃料"技术路线的完整布局,并成功研发了氨柴发动机和氨氢发动机等先进技术。

(3) 品牌建设:二汽通过坚持自主创新与引进消化吸收相结合,形成了以自主研发为主、国际化合作为辅的科技创新体系。

5. 市场地位与荣誉

(1) 市场地位:二汽是中国四大汽车集团之一,是中国品牌 500 强。近年来,二汽的销售业绩持续增长,产品销往全球 100 多个国家,旗下品牌如图 2-2-3 所示。

(2) 荣誉奖项:二汽多次入选《财富》世界 500 强排行榜,并在国内外汽车行业中享有较高声誉。

NISSAN	HONDA		KIA	SEULUX	
东风日产	东风本田	东风mini	东风起亚	东风风神	东风奕派
东风启辰	东风英菲尼迪	东风雪铁龙	东风雷诺	东风纳米	东风风行
东风汽车 DONGFENG MOTOR	东风标志	东风猛士	东风富康	东风思明
	东风岚图	赛力斯问界	东风风光	东风灵悉

图 2-2-3　东风汽车旗下品牌

（二）川汽

川汽，即四川汽车工业集团公司及其后续发展形成的四川汽车工业股份有限公司，是中国汽车工业的重要组成部分。

1. 公司背景与历程

（1）成立与重组：四川汽车工业集团公司成立于 1994 年 3 月，是四川富临实业集团有限公司旗下专业从事客车、越野车生产的集团公司。2002 年 9 月，四川富临集团对原四川汽车工业集团公司实施整体收购，使其成为富临集团旗下全资子公司。2011 年 1 月，成立"四川汽车工业股份有限公司"。

（2）历史沿革：川汽的前身可以追溯到 20 世纪 80 年代末，曾生产"金顶"牌客车，"野马""白鹿"牌越野车和客货两用车。1994 年 5 月，由原成都轻型汽车总厂等三家成都市属汽车企业合并，成立四川汽车工业集团公司。

2. 生产基地与规模

（1）总部与分公司：川汽总部位于国家级经济技术开发区——成都经济技术开发区，下辖成都分公司、成都客车公司、新能源汽车分公司、绵阳汽车制造有限公司和绵阳川汽动力总成有限公司 5 个子（分）公司。

（2）生产能力：川汽具备年产 5000 辆客车、3 万辆乘用车及 5 万台发动机总成的生产能力。拥有完整的客车和乘用车冲压、焊装、涂装、总装四大整车工艺生产线和自动化终端检测线，以及完备的发动机试验和总装、分装、热试生产线。

3. 产品种类与品牌

（1）主要产品：川汽"野马牌"（图 2-2-4）汽车涵盖乘用车、客车、新能源汽车 8 大系列（乘用车、公路客车、公交客车、柴油客车、天然气客车、旅游客车、纯电

野马汽车 YEMA AUTO

图 2-2-4　野马牌汽车车标

动乘用车、纯电动客车）40 余个车型 60 余个产品。

（2）品牌荣誉：野马汽车曾分别荣获"交通部优质产品"和"四川省优质产品"称号。从 1990 年起，在历年国家汽车产品质量监督抽查中均获得一等品。

4. 技术研发与创新

（1）自主研发：川汽是四川省内唯一一家具有自主研发能力的企业。现有研发及技术人员 400 余人，坚持自主开发的同时与国内外高校、知名公司建立了长期的合作关系，形成了以川汽技术中心为核心的产学研、国内外战略伙伴相结合的创新体系。

（2）技术实力：具备研发传统乘用车、纯电动乘用车、汽柴油、纯电动和混合动力客车及 0.8～2.0L 发动机能力。拥有 4 款英国罗孚底盘技术和模具以及一款法国马特拉公司小型乘用车的底盘技术；掌握新能源汽车整车控制器研发技术及电动客车匹配技术。

（三）陕汽

陕汽，全称陕西汽车控股集团有限公司（简称陕汽控股），是一家具有深厚历史底蕴和强大实力的汽车企业集团，如图 2-2-5 所示。

图 2-2-5　陕汽重卡车标

1. 公司概况

（1）成立时间：陕汽始建于 1968 年，总部位于陕西省西安市经开区泾渭工业园陕汽大道 1 号。

（2）公司类型：陕汽是一家有限责任公司（国有控股），主要从事商用车和汽车零部件的开发、生产、销售及相关的汽车服务贸易和金融业务。

（3）规模与实力：公司占地面积 450 万平方米，拥有资产总额数百亿元（具体数字随时间变化，如 2021 年资产总额为 890.78 亿元，2024 年总资产达到 590 亿元），从业人员 2.8 万人。

2. 产品范围与品牌

（1）产品范围：陕汽的产品范围广泛，覆盖重型越野车、重型卡车、大中型客车（底盘）、中轻型卡车、重型车桥、康明斯发动机及汽车零部件等领域。

（2）自主品牌：公司拥有延安、德龙、奥龙、欧舒特、华山、通家等自主品牌，形成了多品种、宽系列的产品格局。

（3）特色产品：陕汽在重型军用越野汽车、大吨位商用车和高档大客车（底盘）制造领域具有独特的优势，是国家选型对比试验后保留的唯一指定装备我军的重型军用越野车生产基地。此外，公司还成功开发出 CNG、LNG 大马力天然气重卡、CNG、LNG 客车底盘、双燃料、混合动力、电动微型车和低速纯电动车型等新能源汽车产品。

3. 技术研发与创新

（1）研发能力：陕汽拥有强大的技术研发能力和自主创新能力，不断推进技术创新和产学研合作。

（2）创新成果：公司形成了重型越野车、重卡、中卡、大中型客车、中轻型卡车、微型车、新能源汽车、重型车桥、微型车桥、康明斯发动机及汽车零部件等多品种、宽系列的产品格局，并拥有多项自主知识产权和专利技术。

4. 企业文化与社会责任

（1）企业文化：陕汽秉承"为社会创造更多财富，为用户生产更好汽车"的企业使命，致力于成为具有国际竞争力的汽车企业集团。

（2）社会责任：公司积极参与社会公益事业，履行企业社会责任，为经济社会发展做出了积极贡献。

三、主要生产车型介绍

在 1966 年至 1980 年间，中国汽车工业主要生产了多种类型的汽车，以下是对这一时期主要汽车车型的详细介绍：

1. 一汽的产品

（1）解放牌汽车。1964 年 12 月 5 日，第一辆解放牌汽车的改进型 CA-140 汽车诞生，载重量增至 5t，功率为 115～130 马力，如图 2-2-6 所示。

图 2-2-6　CA-140 汽车

（2）红旗轿车　1966 年 4 月 21 日，第二代"红旗"CA-770 型三排座高级轿车试制成功，适用于中央领导和从事外事接待工作，被誉为"国车""礼宾车"，如图 2-2-7 所示。1971 年，红旗轿车产量达到了 102 辆，创历史新高。此外，还有翻转式 CA770 型检阅车等车型。

2. 二汽的产品

（1）EQ240 越野车：为了满足作战需要，二汽最初的任务是打造一款 2t 载荷军用越野车（代号 20Y）。后来由于牵引重量提高，军方要求二汽重新设计一款 2.5t 载荷军用越野车（代号 25Y），即 EQ240，如图 2-2-8 所示。1975 年，东风牌 EQ240 越野车正式定型并投入量产，次年进入我军装备体系服役。

图 2-2-7　"红旗"CA-770

图 2-2-8　EQ240 越野车

（2）EQ140 载货车：该车由一汽开发，原计划作为 CA10 的换型产品，后经过适当改进，将技术成果无偿转让给了二汽。1978 年，EQ140 经过五轮试制试验正式投入批量生产。

3. 其他汽车制造厂的产品

（1）上海汽车制造厂：SH380 型 32t 矿用自卸车，1969 年试制成功，这是以上海货车制造厂为主，全国 169 家工厂大协作的成果。

（2）洛阳第一拖拉机制造厂：东方红 LT665 重型军用越野车，该车于 1966 年 8 月 16 日试制成功，1967 年 10 月投产，1970 年正式批量生产，并实现了出口。它是我国第一辆重型军用越野汽车，也是第一辆装备国产风冷柴油发动机的军用车辆，如图 2-2-9 所示。

（3）四川汽车制造厂：红岩 CQ260/CQ261 重型越野汽车，1966 年 6 月，红岩 CQ260 型重型越野汽车在綦江齿轮厂试制成功。1968 年改型为 CQ261，1971 年 7 月投入批量生产，如图 2-2-10 所示。

图 2-2-9　东方红 LT665 重型军用越野车　　　　图 2-2-10　红岩 CQ260 型重型越野汽车

（4）陕西汽车制造厂：延安 SX250 重型军用越野车，1968 年试制成功，1974 年投产。它是历史上第一款开入中南海的重型军用越野车，如图 2-2-11 所示。

（5）济南汽车制造总厂：黄河 JN252 重型军用越野车，8×8 高机动性重型军用越野车，1970 年试制成功，1977 年正式定型，如图 2-2-12 所示。

图 2-2-11　延安 SX250 重型军用越野车　　　　图 2-2-12　黄河 JN252 重型军用越野车

（6）天津动力机厂：1969 年，国产转子发动机研制成功，并成功应用到 TJ140 货车上。但由于一些历史原因和技术难题，TJ140 最终只生产了 40 辆。

（7）北京汽车制造厂：BJ750 型中级轿车，1974 年试制成功，装备 2.7L 的 6 缸发动机，前后轮独立悬挂，如图 2-2-13 所示。从 1974 年至 1981 年，累计生产 134 辆。

此外，还有上海牌轿车的换代产品、第一辆重型越野车（北汽试制）等车型也在这一时期相继问世。这些车型不仅填补了中国汽车工业在多个领域的空白，也为中国汽车工业的发展奠定了坚实的基础。1966 年至 1980 年间中国汽车工业经历了重

图 2-2-13　BJ750 型中级轿车

要的成长阶段，主要汽车制造厂在这一时期得到了快速发展和壮大，同时生产出了多种类型的汽车产品，为中国汽车工业的发展奠定了坚实基础。

案例讨论

1. 具体案例：二汽（东风汽车）的崛起。

2. 案例概述：从 1966 年至 1980 年间，中国汽车工业经历了一个重要的成长阶段。在

此期间，第二汽车制造厂（简称二汽）的建设与崛起成为了这一阶段的标志性事件。二汽的建设始于 1953 年毛泽东主席提出的"要建设第二汽车厂"的指示，并在 1964 年正式纳入国家"三五"计划。经过多次调整，1969 年 9 月 28 日，二汽在湖北十堰的大规模施工建设正式拉开序幕。

3. 讨论点：

（1）二汽的建设与发展是中国汽车工业自主创新的典型案例，其成功经验对后续汽车工业发展具有重要启示。从完全自主设计、建设到独立研发车型，二汽如何克服技术难题，实现自主创新？在 EQ240 和 EQ140 等车型的研发过程中，二汽采取了哪些技术创新和质量控制措施，以确保产品的可靠性和经济性？

（2）国家政策对二汽的建设与发展起到了哪些关键作用？例如，"三线建设"政策、国家"三五"计划等。市场需求对二汽的产品定位和产量有何影响？EQ240 作为军用越野车和 EQ140 作为民用载货车的市场需求是如何变化的？

（3）二汽的崛起如何影响了中国汽车工业的产业布局？例如，与一汽、南汽等老厂的协同发展，以及对川汽、陕汽等三线汽车厂的支援。在二汽的建设过程中，如何协调各地资源，实现汽车产业的协同发展？这对当前中国汽车产业的区域布局有何启示？

（4）从二汽的崛起中，我们可以汲取哪些历史经验？例如，自主创新、市场需求导向、政策引导等。这些历史经验对当前中国汽车工业的未来发展有何启示？例如，在新能源汽车、智能网联汽车等新兴领域，中国汽车工业应如何规划未来格局？

任务实施

1. 任务要求：探索中国汽车工业未来格局的规划与展望。

2. 任务描述：基于 1966 年至 1980 年间中国汽车工业的重要发展阶段，即二汽、川汽、陕汽等企业的崛起以及 BJ130、TJ620 等车型的涌现，该拓展任务要求你深入研究当前中国汽车工业的现状，结合全球汽车工业的发展趋势，规划并展望中国汽车工业的未来格局。你需要分析影响汽车工业发展的关键因素，如技术创新、政策环境、市场需求、国际合作等，并提出具体的战略建议和发展方向。

3. 设计报告

作品名称		评分	
		小组评分	教师评分
中国汽车工业现状分析	（介绍中国汽车工业的总体规模、企业分布、产品结构等。分析中国汽车工业在新能源、智能网联、自动驾驶等领域的技术进展和研发投入。探讨国内汽车市场的消费特点、需求变化及未来趋势。梳理影响中国汽车工业发展的主要政策法规及其实施效果。）		
全球汽车工业发展趋势	（分析全球汽车工业在新能源、智能网联、轻量化、电动化等方面的技术发展趋势。探讨全球汽车市场的竞争格局、新兴市场崛起及跨国公司的战略调整。分析全球对汽车工业环保和可持续发展的要求及其实施路径。）		
中国汽车工业未来格局规划	（提出中国汽车工业在新能源、智能网联等领域的技术创新方向和目标。分析如何优化汽车产业结构，促进产业链上下游协同发展。探讨如何满足国内汽车市场多样化、个性化的需求。分析中国汽车工业在国际合作中的机遇与挑战，提出加强国际合作、提升国际竞争力的策略。）		
面临的挑战与对策	（分析中国汽车工业在技术创新过程中可能遇到的技术瓶颈及应对策略。探讨国内外市场竞争态势及中国汽车工业如何应对竞争压力。分析政策变化对中国汽车工业的影响及企业应对措施。）		
总结反思			

话题 3　合作共赢：合资浪潮下的技术创新

 **教学引入**

　　随着改革开放的春风拂遍大地，中国汽车工业迎来了前所未有的发展机遇。1981 年至 1997 年间，合资浪潮汹涌澎湃，不仅为中国汽车工业注入了新的活力，更开启了技术创新的新篇章。东风汽车、北京吉普、上海大众等合资企业的相继诞生，标志着中国汽车工业正式迈入国际合作的新时代。这些合资企业，不仅是中外资本与技术的深度融合，更是中国汽车人"师夷长技以自强"的生动实践。一汽大众更是以"市场换技术"的远见卓识，成功推动了我国汽车产业的转型升级。在这场合作共赢的浪潮中，中国汽车工业不仅学到了国际先进的技术与管理经验，更在激烈的市场竞争中锤炼了自身的实力与竞争力。今天，当我们回顾这段历史，不禁为那些勇于开放、敢于创新的决策者与建设者们点赞，是他们用智慧和汗水，为中国汽车工业书写了辉煌的一页。

教学目标

素质目标	知识目标	技能目标
1. 认识开放合作对于推动技术进步和产业发展的重要性，培养开放包容、合作共赢的精神。 2. 激发承担起推动产业进步、实现技术自主的历史责任。	1. 了解 20 世纪 80 年代初至 90 年代中期，中国汽车行业面临的国际环境、国内需求及政策导向。 2. 了解上海大众、一汽大众等标志性合资企业在中国汽车工业发展史上的作用。	1. 具备搜集、整理和分析历史资料的能力。 2. 具备分析合资企业兴起的历史背景和发展过程的能力。 3. 具有对"市场换技术"策略进行批判性思考、评估其成效与不足的能力。

知识链接

　　1981 年至 1997 年间，中国汽车工业经历了从停滞不前到逐步开放、合资合作的重要转变。

话题 3　合作共赢：
合资浪潮下的技术创新 1

一、中国汽车工业的整体发展

　　(1) 早期停滞：改革开放初期，中国汽车工业发展缓慢，多数汽车制造厂生产效率低下，技术落后，产品质量差。

　　(2) 政策调整：1982 年，中国汽车工业甚至出现倒退现象，国内资源、资金相对短缺，相关经济决策部门提出限制汽车工业发展。但随后，随着改革开放的深入，中国汽车工业开始逐步走向开放。

　　(3) 市场转型：1989 年，中国汽车工业开始从计划经济体制向市场经济体制转变，国家开始提倡私人汽车消费，鼓励私人购买轿车，并大力支持国内汽车制造商发展。

二、合资企业介绍

(一) 北京吉普汽车有限公司

　　1. 公司背景与简介

　　(1) 成立时间：北京吉普汽车有限公司成立于 1984 年 1 月 15 日，是中国汽车行业第一家中外合资企业。

（2）合资方：北京吉普是由北京汽车工业控股有限责任公司（BAIC）与戴姆勒·克莱斯勒公司（DCC）、戴姆勒·克莱斯勒（中国）投资有限公司（DCCL）共同合资经营的。这三家公司分别来自中国、美国和德国，形成了中、美、德三方合资的经营模式。

（3）历史地位：作为中国第一家汽车合资企业，北京吉普的成立标志着中国汽车工业对外开放的重要一步，同时也为后续外资车企来华建立合资公司提供了示范和借鉴。

2. 主要产品

（1）Jeep 系列。Jeep 4700/4000（Jeep Grand Cherokee）：作为一款豪华 SUV，Jeep Grand Cherokee 以其卓越的越野性能和舒适的驾乘体验赢得了市场的广泛认可，如图 2-3-1 所示。

Jeep 2500：这款车型以其坚固耐用的设计和出色的越野能力，完美满足了消费者对越野车的多重需求。Jeep 2500 展现出了卓越的通过性和稳定性，能够轻松应对各种复杂的地形，如图 2-3-2 所示。

图 2-3-1　Jeep 4700 汽车　　　　　　　图 2-3-2　Jeep 2500 汽车

（2）Mitsubishi Motors 系列。MITSUBISHI 帕杰罗 SPORT（Mitsubishi Pajero Sport）：作为 Mitsubishi Motors 旗下的一款运动型 SUV，帕杰罗 SPORT 以其时尚的外观和优秀的越野性能受到了消费者的喜爱，如图 2-3-3 所示。

MITSUBISHI 欧蓝德（Mitsubishi Outlander）：欧蓝德是 Mitsubishi Motors 推出的一款中型 SUV，以其宽敞的内部空间、舒适的驾乘体验和全面的安全性能在市场上取得了良好的口碑，如图 2-3-4 所示。

图 2-3-3　MITSUBISHI 帕杰罗汽车　　　　图 2-3-4　MITSUBISHI 欧蓝德汽车

（3）BJ 系列。BJ2020/BJ2021：这两个系列车型是北京吉普早期推出的经典越野车型，凭借其卓越的越野性能和可靠的品质，在国内市场上享有极高的声誉。作为中国越野车的先驱之一，BJ2020 和 BJ2021 无论是在设计上还是在功能性上都体现了坚固耐用的特点，如图 2-3-5 所示。

BJ30：作为越野车家族的一员，BJ30 承继了这一系列车型的经典设计理念，展现出强烈的越野气息和现代感。其前脸设计的独特性令人印象深刻，巨大的镀铬五孔前格栅不仅赋予了车辆更高的辨识度，还增添了几分霸气与豪华感，成为了整车外观的标志性元素。

BJ40：自主研发的 SUV 车型，车身线条平直硬朗，呈现出方正的造型，给人一种粗犷的感觉。其前格栅设计为五方孔，这是北汽越野车家族的标志性符号。BJ40 还推出了多个衍生版本，如城市猎人版、雨林穿越版等，以满足不同消费者的需求。

BJ60：前脸设计吸引人，进气格栅采用了窄条辐式设计，内部加入了家族化的 U 型五孔元素，并通过 LED 光带将五孔式格栅点亮。搭配 U 型四点式大灯组和下方 LED 日间行车灯，使得车辆整体辨识度大幅提升。

BJ80：这款车型以其新潮的前脸设计而著称，整体造型充满了活力与现代感，令人一眼就能识别。前脸的巧妙构造结合了流线型与棱角的鲜明对比，营造出一种动感十足的效果，彰显了其灵动而不失力量感的个性。

BJ90：基于老款奔驰 GLS 打造的 SUV，拥有霸气车身。五孔式的前中网和宽边车身设计使其显得非常有中国风，而方正的车身造型则与老款 GLS 几乎一致。贯穿式镀铬装饰条上的北京车标更是彰显出其独特的风格，如图 2-3-6 所示。

图 2-3-5　BJ2020 汽车　　　　　　　　图 2-3-6　BJ90 汽车

除了以上车型，北京吉普历史上还生产过一些其他车型，如 Jeep 4700、Jeep 2500、Jeep 212 和 Jeep 2700 等，这些车型在各自的时代都具有一定的市场影响力。然而，随着市场环境的变化和消费者需求的多样化，这些车型可能已经不再生产或销售。

3. 市场表现与贡献

北京吉普自成立以来，不仅为消费者提供了多款优质的越野车型，还推动了中国汽车工业的技术进步和产业升级。作为国内最大的轻型越野汽车生产厂家，北京吉普在越野车型领域积累了丰富的技术经验和制造能力。

然而，随着市场环境的变化和消费者需求的多样化，北京吉普也面临着一定的挑战。为了应对这些挑战，北京吉普需要不断加强技术研发和创新，提升产品品质和竞争力，以满足消费者的不断变化的需求。

（二）上海大众汽车有限公司

上海大众汽车有限公司（现已更名为上汽大众汽车有限公司）是一家中国与德国合资企业。

1. 公司背景与简介

（1）成立时间：上汽大众汽车有限公司于 1984 年 10 月签约奠基，是中德合资经营的企业。

（2）投资比例：中德双方投资比例各为 50%。

（3）总部位置：总部位于中国上海。

（4）产销规模：公司累计产销超过 2800 万辆，是国内保有量最大的轿车企业之一。

上汽大众秉承德国工艺，致力于引领驾控风尚，拥有完善的生产、销售和售后服务体系。同时，公司还开展了振兴中国轿车零部件工业的桑塔纳轿车国产化工作，带动了一大批配套工业的技术进步，为形成符合国际水准的零部件生产打下了扎实的基础，为国内轿车工业的蓬勃发展发挥了无可替代的奠基石作用。

2. 主要产品

上汽大众目前生产与销售大众、奥迪和斯柯达三个品牌的系列产品，覆盖 A0 级、A 级、B 级、C 级、SUV、MPV 等细分市场。以下是部分主要产品的介绍：

（1）大众品牌。

Polo：作为小型车市场的经典车型，Polo 凭借其时尚的外观设计和卓越的操控性能，在众多同类车型中脱颖而出。它的外观流线型车身在现代设计理念的加持下，更显动感与活力，如图 2-3-7 所示。

朗逸：作为上汽大众自主研发的 A 级车，朗逸凭借其均衡的性能和较高的性价比，在竞争激烈的市场中赢得了广泛的认可和好评。这款车型自推出以来，不仅迅速占领了家庭用车市场，也成为众多年轻消费者的首选，如图 2-3-8 所示。

图 2-3-7　大众 Polo 汽车

图 2-3-8　大众朗逸汽车

凌渡 L：一款充满运动风格的紧凑型轿车，凭借其动感的外观设计和舒适的内饰布局，在市场上引起了广泛关注和喜爱。凌渡 L 的设计理念旨在结合现代审美与实用性，为年轻消费者提供一种激动人心的驾驶体验，如图 2-3-9 所示。

帕萨特家族：包括帕萨特、帕萨特 Pro 等车型，是上汽大众在中高级轿车市场的代表作，凭借其出色的设计、卓越的性能和丰富的配置，赢得了广泛的市场认可和消费者青睐，如图 2-3-10 所示。

图 2-3-9　凌渡 L 汽车

图 2-3-10　大众帕萨特汽车

途观家族：涵盖了途观 L、途观 L Pro、途观 X 等多款车型，凭借其出色的设计、卓越的性能和丰富的配置，成为了消费者心目中的热门选择。该家族不仅在市场中占据了强大的竞争地位，更是展示了上汽大众在 SUV 领域的创新与实力，如图 2-3-11 所示。

途昂家族：作为上汽大众在中大型 SUV 市场的旗舰产品，途昂家族包括了途昂和途昂 X 等车型。这一系列 SUV 以其超凡的空间、卓越的性能以及豪华的配置，在市场中树立了强大的竞争优势，深受消费者的喜爱，如图 2-3-12 所示。

图 2-3-11　途观 L 汽车

图 2-3-12　大众途昂汽车

ID. 纯电家族：作为上汽大众在新能源汽车市场的重要布局，ID. 纯电家族包括了 ID. 3、ID. 4 X、ID. 6 X 等多款电动车型。这一系列车型以其先进的电动技术、创新设计和卓越的性能，代表了大众对未来出行方式的前瞻性思考，致力于为消费者提供更加环保、高效的出行选择，如图 2-3-13 所示。

（2）奥迪品牌。

上汽奥迪：作为上汽大众与奥迪品牌合作推出的高端车型，上汽奥迪家族包括了 A7L（图 2-3-14）、Q5 e-tron、Q6（图 2-3-15）等一系列豪华 SUV 和轿车。这些车型不仅融合了奥迪品牌一贯的豪华品质和卓越科技，更是在设计和性能上体现了现代消费者对于高端出行的不断追求。

（3）斯柯达品牌。

明锐 Pro：作为斯柯达品牌下的一款紧凑型轿车，明锐 Pro（图 2-3-16）以其时尚的设计和出色的实用空间，赢得了许多消费者的青睐。这款车型不仅继承了斯柯达一贯的高性价比优势，更在自主设计和技术创新上表现出了不容小觑的实力。

图 2-3-13　ID. 6 X 汽车

图 2-3-14　奥迪 A7L 汽车

图 2-3-15　奥迪 Q6 汽车

图 2-3-16　斯柯达明锐 Pro 汽车

速派：作为一款中型轿车，速派以其出色的舒适性和卓越的驾驶性能在市场中占据了一席之地，吸引了大量追求品质与驾驶乐趣的消费者。它不仅继承了斯柯达一贯的设计哲学，还融入了现代科技与豪华元素，为用户提供了令人满意的驾驶体验。

柯迪亚克家族：作为斯柯达在SUV市场的代表作，柯迪亚克家族囊括了多款颇具竞争力的SUV车型，包括柯迪亚克和柯迪亚克GT。这一系列车型以其时尚的外观设计、宽敞的内部空间、多样的动力配置和出色的性价比，赢得了广大消费者的青睐，成为家庭出行和城市冒险的理想选择，如图2-3-17所示。

柯珞克、柯米克家族：作为斯柯达品牌下的重要车型，柯珞克和柯米克分别在紧凑型SUV和小型SUV市场中占据了重要地位。这两款车型不仅延续了斯柯达的优良传统，也以其独特的设计理念和实用性满足了当今消费者对SUV的多样化需求，如图2-3-18所示。

图2-3-17　斯柯达柯迪亚克汽车　　　　图2-3-18　斯柯达柯珞克汽车

3. 市场地位与贡献

上汽大众作为国内历史最悠久的汽车合资企业之一，在中国汽车市场上具有重要的地位。公司不仅为消费者提供了多款优质的汽车产品，还推动了中国汽车工业的技术进步和产业升级。同时，上汽大众还积极参与社会公益活动，履行企业社会责任，为社会的可持续发展做出了积极贡献。

上汽大众汽车有限公司凭借其丰富的产品线、先进的技术实力和卓越的市场表现，在中国汽车市场上树立了良好的品牌形象。未来，随着新能源汽车市场的不断发展，上汽大众将继续加大在新能源汽车领域的投入和研发力度，为消费者提供更多优质的汽车产品。

（三）广州标致汽车有限公司

1. 公司背景与简介

（1）成立时间：广州标致汽车有限公司成立于1985年3月，是中国汽车工业的重要合资项目之一。

（2）合资方：由广州汽车厂、中国国际信托投资公司与法国标致汽车公司、巴黎银行、国际金融公司等5家合作经营。

（3）公司地点：位于广州市黄埔区。

（4）发展历程：广州标致在成立初期，依靠CKD组装方式，每年的组装量逐步上升。到了1988年，组装量超过了8000辆，并保持了供不应求的热销局面。然而，随着市场环境的变化和消费者需求的多样化，广州标致逐渐暴露出合资企业的问题，最终在1997年走向了衰败。同年，本田汽车以象征性的价格买断了广州标致的所有股份和债务，广州标致也变成了后来的广州本田。

2. 主要产品

（1）标致504：标致504首次亮相于1968年的巴黎车展上，是标致公司当年的旗舰轿车。除了常规 4 门轿车外，还提供了 2 门和 4 门皮卡版本、2 门 Coupe 轿跑车、2 门敞篷车和 5 门旅行车等款式。搭载 1.6L、1.8L、2.0L 直列四缸发动机和 2.7L 排量的 V6 发动机，匹配 4 速、5 速手动变速箱和 3 速自动变速箱，如图 2-3-19 所示。

作为广州标致的首款车型，标致 504 在国内市场上具有一定的知名度，但并非其主要销售车型。

（2）标致 505 SW8：标致 505 SW8 是广州标致推出的第一款旅行车，也是当时国内的第一款旅行车。它拥有前中置的 2.0L 直列四缸发动机加后驱系统，可以爆发出最大 96kW 的功率。车辆长宽高尺寸分别为 4900mm、1540mm 和 1370mm，最高速度可达 200km/h。此外，它还配备了法式的豪华配置和旅行车的超大储物功能，如图 2-3-20 所示。

图 2-3-19　标致 504 汽车

图 2-3-20　标致 505 SW8 汽车

标致 505 SW8 凭借其出色的驾驶体验和豪华配置，在国内市场上赢得了良好的口碑。它被认为是当时的豪华车之一，与现在的奔驰、宝马等车型相提并论。

（3）标致 505 SX：标致 505 SX 是一款具有浓郁拉丁风格的轿车，外观优雅且内饰豪华，如图 2-3-21 所示。它提供了比桑塔纳更好的驾驶体验，并在当时以超过 20 万元的价格销售了近 2000 台。

标致 505 SX 的推出进一步巩固了广州标致在国内市场上的地位。它成为了当时政府单位的首选用车之一，并因其优雅的外观和豪华的内饰而备受青睐。

图 2-3-21　标致 505 SX 汽车

3. 衰败原因

广州标致在成立初期取得了显著的市场成绩，但随着市场环境的变化和消费者需求的多样化，公司逐渐暴露出以下问题：

（1）高昂的配件价格：由于法国人占据公司的领导地位，同时掌控财务、采购、配件国产化等相关部门，而高额的进口配件差额利润让法国人并不愿意实行配件大量国产化。当时一辆 505 SW8 的车上进口配件达到了 40% 以上，"买得起修不起"成了当时广州标致车主调侃的话题。

（2）设计问题：相比于德系和日系汽车，法系车的设计还存在着诸多天马行空的设计，比如方向盘、座椅、喇叭按钮放在转向灯的拨杆上，仪表盘在中控台上方等等，甚至有一款汽车连空调都不带。

（3）产业政策要求：1994 年中国汽车产业政策的出台要求合资车型国产化率必须要达到 40%，这对国产化率只有 27% 的广州标致来说无疑是雪上加霜。

最终，在多种因素的共同作用下，广州标致在 1997 年走向了衰败。本田汽车以象征性的价格买断了广州标致的所有股份和债务，广州标致也变成了后来的广州本田。

(四) 一汽-大众汽车有限公司

一汽-大众汽车有限公司是由第一汽车集团公司、德国大众汽车股份公司和德国奥迪汽车股份公司三方共同出资建设的大型轿车合资企业。

1. 公司背景与简介

(1) 成立时间：1991年2月6日，公司在长春成立，同年9月1日正式开业。

(2) 发展里程碑：

1996年12月，公司全面建成投产。

1997年8月19日，15万辆轿车工程项目通过国家正式验收。

1998年4月30日，公司正式通过ISO9001质量体系认证。

截至2022年，一汽-大众已具有捷达、奥迪两种车型的五十多个品种，是国内一家既能生产普及型中档车，又能生产豪华型高档车的轿车企业。

2024年11月28日，一汽-大众大众品牌第2000万辆整车——全新探岳L在一汽-大众天津工厂下线。

2. 主要产品

(1) 捷达系列：作为一汽-大众的经典车型之一，捷达系列以其皮实耐用、经济实惠的特点赢得了广泛的市场认可如图2-3-22、图2-3-23所示。

图 2-3-22　2019年款全新捷达汽车　　　　　图 2-3-23　捷达 VS7 汽车

(2) 奥迪系列：作为一汽-大众的高端品牌，奥迪系列车型以其豪华的品质、卓越的性能和先进的技术配置赢得了消费者的喜爱。主要车型包括奥迪A6L（图2-3-24）、奥迪A7、奥迪A8L（图2-3-25）等。

图 2-3-24　奥迪 A6L 汽车　　　　　　　图 2-3-25　奥迪 A8L 汽车

(3) 大众系列：

SUV车型：包括全新探岳L、揽巡（图2-3-26）、揽境、全新探歌、探岳、探岳X、探影等，这些车型以其时尚的外观、宽敞的空间和强大的性能赢得了消费者的青睐。

　　轿车车型：包括全新一代迈腾（图 2-3-27）、迈腾 200 万辆众享款、速腾、宝来、CC（图 2-3-28）、CC 猎装车等，这些车型以其出色的操控性能、舒适的乘坐体验和丰富的配置满足了消费者的多样化需求。

　　此外，一汽-大众还推出了 ID. 系列电动车型，包括 ID.7 VIZZION（图 2-3-29）、ID.6 CROZZ、ID.4 CROZZ 等，致力于为消费者提供更加环保、节能的出行选择。

图 2-3-26　大众揽巡汽车

图 2-3-27　大众迈腾汽车

图 2-3-28　大众 CC 汽车

图 2-3-29　大众 ID.7 VIZZION 汽车

　　综上所述，一汽-大众汽车有限公司凭借其丰富的产品线、卓越的品质和先进的技术配置，在国内外市场上赢得了广泛的认可和赞誉。未来，随着汽车市场的不断变化和消费者需求的多样化，一汽-大众将继续秉承"造价值经典汽车，促人、车、社会和谐"的企业使命，为消费者提供更加优质的汽车产品和服务。

（五）神龙汽车有限公司

　　1. 公司背景与简介

　　（1）成立时间：神龙汽车有限公司成立于 1992 年 5 月 18 日，是中国东风汽车公司与法国 PSA 集团（标致雪铁龙集团）合资兴建的乘用车生产经营企业。2021 年 1 月 16 日，PSA 集团和 FCA 集团完成合并，新集团名称为"Stellantis"，神龙汽车有限公司的合资方也随之变更为东风汽车集团股份有限公司与 Stellantis 集团。

　　（2）投资比例：东风汽车集团股份有限公司与 Stellantis 集团各出资 50%。

　　（3）生产工艺：公司具有国内先进的冲压、焊装、涂装、总装及发动机、车桥、变速箱生产工艺，生产设备达到国际先进水平。

　　（4）生产能力：具备年产 39 万辆整车、40 万台发动机和 40 万变速箱的生产能力。

　　2. 主要产品

　　（1）东风雪铁龙：作为雪铁龙品牌在中国的重要合作伙伴，东风雪铁龙致力于为消费者提供高品质的汽车产品。主要车型：天逸（图 2-3-30）、凡尔赛 C5X 等 SUV 车型，以及 C6（图 2-3-31）、C3-XR 等轿车车型。这些车型凭借时尚的外观设计、出色的性能表现和丰富的配置，赢得了广大消费者的喜爱，成为市场中的佼佼者。

图 2-3-30 雪铁龙天逸汽车 　　　　　　　　图 2-3-31 雪铁龙 C6 汽车

（2）东风标致：作为标致品牌在中国的主要合资企业，东风标致致力于为消费者提供高品质的汽车产品，其主要车型包括 408X、新 408（图 2-3-32）、新 4008、新 5008（图 2-3-33）和 508L 等轿车与 SUV 车型。这些车型凭借卓越的品质、精湛的工艺和舒适的驾乘体验，获得了市场的广泛认可与喜爱，成为众多消费者的优选座驾。

图 2-3-32 新 408 汽车 　　　　　　　　　图 2-3-33 新 5008 汽车

（3）东风富康：东风富康在新能源汽车领域的布局稳健且具有前瞻性，着力于为中国市场提供高效、环保的出行选择。主要车型：ES600（图 2-3-34）、e 爱丽舍（图 2-3-35）等新能源车型。这些车型是神龙汽车在新能源汽车领域的重要布局，致力于为消费者提供更加环保、节能的出行选择。

图 2-3-34 东风富康 ES600 汽车 　　　　　图 2-3-35 e 爱丽舍汽车

3. 市场表现与发展战略

神龙汽车有限公司在国内市场上具有一定的知名度和影响力。公司始终坚持"关怀每一个人，关爱每一部车"的经营理念，致力于为消费者提供优质的汽车产品和服务。同时，公司还积极实施全球化发展战略，推动"神龙造，全球销"的模式，为公司的未来发展注入了新的活力。

（六）上海通用汽车有限公司

上海通用汽车有限公司（现已更名为上汽通用汽车有限公司）是一家中外合资企业。

1. 公司背景与简介

(1) 成立时间：1997 年 6 月 12 日。

(2) 合资双方：由上海汽车集团股份有限公司（上汽集团）和通用汽车公司共同出资组建。

(3) 公司规模：拥有浦东金桥、烟台东岳、沈阳北盛和武汉分公司四大生产基地，共 4 个整车生产厂、2 个动力总成厂，是中国汽车工业的重要企业之一。

(4) 经营理念：坚持"以客户为中心、以市场为导向"的经营理念，致力于提供优质的产品和服务。

(5) 名称变更：自 2015 年 7 月 1 日起，公司名称由"上海通用汽车有限公司"变更为"上汽通用汽车有限公司"。

2. 主要产品

上汽通用汽车有限公司旗下拥有三大知名汽车品牌，每个品牌都涵盖了多个细分市场，满足了不同消费者的多样化需求。

(1) 别克（Buick）：

产品系列：别克品牌涵盖了轿车、SUV、MPV 等多个细分市场。

主要车型：包括君威、君越（图 2-3-36）、英朗等轿车车型，以及昂科威、昂科拉（图 2-3-37）等 SUV 车型，还有 GL6、GL8（图 2-3-38）等 MPV 车型。特别是别克 GL8，以其卓越的品质和口碑，成为了 MPV 市场的标杆车型。

图 2-3-36　别克君越汽车

图 2-3-37　别克昂科拉汽车

图 2-3-38　别克 GL8 汽车

(2) 雪佛兰（Chevrolet）：

产品系列：雪佛兰品牌同样涵盖了轿车、SUV 和 MPV 等多个细分市场。

主要车型：包括科鲁兹（图 2-3-39）、迈锐宝等轿车车型，以及创酷、科帕奇、开拓者（图 2-3-40）等 SUV 车型。雪佛兰以其动感设计和卓越性能，深受年轻消费者的喜爱。

图 2-3-39　雪佛兰科鲁兹汽车

图 2-3-40　雪佛兰开拓者汽车

（3）凯迪拉克（Cadillac）：

品牌定位：作为上汽通用的豪华品牌，凯迪拉克以其尊贵、精致和创新技术著称。

产品系列：凯迪拉克的产品线覆盖了豪华轿车和SUV领域。

主要车型：包括CT4、CT5、CT6（图2-3-41）等轿车车型，以及XT4、XT5、XT6（图2-3-42）等SUV车型。其中，CT6作为旗舰车型，展现了凯迪拉克的豪华与科技完美融合。

图2-3-41　凯迪拉克CT6汽车　　　　图2-3-42　凯迪拉克XT6汽车

此外，上汽通用汽车有限公司还积极推动新能源汽车的发展，推出了多款混合动力和纯电动车型，以满足消费者对环保、节能出行的需求。

3．市场表现与发展战略

上汽通用汽车有限公司凭借其丰富的产品线、卓越的品质和先进的技术配置，在国内外市场上赢得了广泛的认可和赞誉。公司始终坚持创新、务实、高效的企业精神，致力于为消费者提供更加优质的汽车产品和服务。同时，公司还积极实施全球化发展战略，加强与国际汽车企业的合作与交流，不断提升自身的核心竞争力和品牌影响力。

（七）广州本田汽车有限公司

广州本田汽车有限公司（现已更名为广汽本田汽车有限公司）是一家中外合资的汽车制造企业。

1．公司背景与简介

（1）成立时间：1998年7月1日。

（2）合资双方：由广州汽车集团公司和日本本田技研工业株式会社合资经营，双方各占50％股份。

（3）公司名称变更：2009年7月1日，公司正式更名为广汽本田汽车有限公司。

（4）公司宗旨：竭尽全力提供超越顾客期待的商品，赢得顾客与社会信赖。

2．主要产品

广汽本田的产品线丰富，涵盖了多个车型系列，满足了不同消费者的需求。其主要产品包括：

（1）冠道系列SUV：作为广汽本田的SUV车型代表，凭借其宽敞的空间设计、豪华的内饰和卓越的性能，赢得了众多消费者的青睐。冠道的外观设计时尚大气，流线型车身与动感的前脸相结合，充分展现出一种现代豪华感，如图2-3-43所示。

（2）雅阁系列轿车：雅阁是广汽本田的经典车型之一，以其稳定的品质、出色的操控性能和舒适的驾乘体验而闻名。外观设计优雅大方，车身线条流畅，展现出一种成熟的商务气质。车内则注重人性化设计，空间宽敞，座椅舒适，适合长途驾驶，如图2-3-44所示。

图 2-3-43　本田冠道汽车

图 2-3-44　本田雅阁汽车

（3）奥德赛多功能系列轿车：奥德赛以其多功能性、舒适性和豪华感，成为了家庭出行和商务用车的首选。外观设计时尚且实用，车身高大，提供了良好的视野和空间感。其内部空间设计灵活，座椅布局可根据需求进行调整，如图 2-3-45 所示。

（4）凌派系列轿车：凌派是广汽本田的一款紧凑级轿车，以其经济实惠的价格和良好的燃油经济性受到了消费者的青睐。外观设计现代，车身线条流畅，整体造型动感十足，适合年轻消费者的审美需求，如图 2-3-46 所示。

图 2-3-45　本田奥德赛汽车

图 2-3-46　本田凌派汽车

（5）锋范系列轿车：锋范是一款精致的小型轿车，以其时尚的外观和实用的配置赢得了年轻消费者的喜爱。设计风格动感时尚，车身小巧，适合城市驾驶。车内空间虽然紧凑，但设计巧妙，提供了良好的空间利用率，如图 2-3-47 所示。

（6）飞度系列轿车：飞度是广汽本田的一款两厢轿车，以其小巧的车身、灵活的操控和经济的油耗成为了城市代步车的热门选择。外观设计时尚活泼，车身紧凑，适合在城市中穿梭，如图 2-3-48 所示。

图 2-3-47　本田锋范汽车

图 2-3-48　本田飞度汽车

（7）自主品牌理念系列轿车：理念系列是广汽本田的自主品牌车型，以其创新的设计和实用的功能满足了消费者的多样化需求。外观设计独特，展现出一种前卫的风格，吸引了众多年轻消费者的关注，如图 2-3-49 所示。

图 2-3-49　理念汽车

此外，广汽本田还推出了多款新能源车型，如 e：NP2 极湃 2、e：NP1 极湃 1 等，致力于为消费者提供更加环保、节能的出行选择。

3. 市场表现与发展战略

广汽本田自成立以来，产销量实现一年上一个新台阶。公司凭借其优良的品质、极佳的燃油经济性以及与国际接轨的价格，受到了广大中国顾客的喜爱。同时，广汽本田还积极实施全球化发展战略，加强与国际汽车企业的合作与交流，不断提升自身的核心竞争力和品牌影响力。

广汽本田汽车有限公司凭借其丰富的产品线、卓越的品质和先进的技术配置，在国内外市场上赢得了广泛的认可和赞誉。未来，随着汽车市场的不断变化和消费者需求的日益多样化，广汽本田将继续加大研发投入和市场营销力度，推出更多符合市场需求的优质车型和服务，为消费者带来更加美好的出行体验。

三、一汽大众"市场换技术"策略

一汽大众的"市场换技术"策略是中国汽车工业在特定历史时期的一种重要发展模式。

话题 3　合作共赢：合资浪潮下的技术创新 2（市场换技术）

1. 策略背景

在中国汽车工业发展的早期阶段，国内汽车制造商在技术、管理、品牌等方面与国际先进水平存在较大差距。为了快速提升国内汽车工业的竞争力，中国政府采取了开放市场的策略，吸引外国汽车制造商来华投资建厂，并通过合资合作的方式引进先进技术和管理经验。一汽大众作为这一时期的代表性合资企业，其"市场换技术"策略应运而生。

2. 策略实施

（1）合资合作：一汽大众是由中国第一汽车集团有限公司和德国大众汽车股份公司、奥迪汽车股份公司及大众汽车（中国）投资有限公司合资经营的大型乘用车生产企业。通过合资合作，一汽大众获得了德国大众和奥迪的最新车型、先进技术和管理经验。

（2）市场开放：一汽大众通过向德国大众开放中国市场，换取了德国大众提供的最新车型、技术支持和人才培训。这种市场开放不仅促进了德国大众在中国市场的销售增长，也为一汽大众带来了先进的技术和管理经验。

（3）技术引进与消化吸收：一汽大众在引进德国大众先进技术的同时，注重技术的消化吸收和再创新。通过引进、消化、吸收、再创新的过程，一汽大众逐步形成了具有自主知识产权的核心技术体系。

（4）人才培养与团队建设：一汽大众在合资合作过程中，注重人才培养和团队建设。通过引进国外专家、派遣国内员工到国外培训等方式，一汽大众培养了一批具有国际视野和专业技能的人才队伍。

3. 策略影响

（1）技术提升：通过"市场换技术"策略，一汽大众成功引进了德国大众的先进技术和管理经验，提升了自身的研发能力和市场竞争力。一汽大众在产品质量、性能、安全性等方面取得了显著进步，并成功推出了多款畅销车型。

（2）市场拓展：一汽大众凭借先进的技术和优质的产品，在中国市场取得了巨大的成功。其市场份额不断扩大，销量持续增长，成为中国汽车市场的领军企业之一。

（3）产业升级：一汽大众的"市场换技术"策略也推动了中国汽车产业的升级和转型。通过引进先进技术和管理经验，中国汽车产业逐步实现了从低端制造向高端制造的转变，提高了整体竞争力。

4. 未来展望

随着中国汽车市场的不断发展和竞争的加剧，一汽大众需要继续深化"市场换技术"策略，加强与国际先进企业的合作与交流。同时，一汽大众也需要注重自主研发和创新能力的提升，以应对未来市场的挑战和机遇。通过不断创新和变革，一汽大众有望在中国汽车市场中保持领先地位，并为全球汽车产业的发展做出更大的贡献。

一汽大众的"市场换技术"策略是中国汽车工业在特定历史时期的一种重要发展模式。通过合资合作、市场开放、技术引进与消化吸收以及人才培养与团队建设等措施，一汽大众成功提升了自身的技术水平和市场竞争力，并推动了中国汽车产业的升级和转型。

案例讨论

1. 具体案例：一汽-大众与"市场换技术"策略下的技术创新。

2. 背景概述：在1981年至1997年的合资浪潮中，一汽-大众的成立是其中的标志性事件之一。一汽-大众作为中国汽车工业的领军企业之一，不仅推动了国内汽车产业的发展，还在"市场换技术"策略下实现了技术创新和产业升级。通过与国际汽车巨头德国大众的合作，一汽-大众在引进先进技术、提升生产能力和管理水平方面取得了显著成效。

3. 讨论点：

"市场换技术"策略的成效与反思。

任务实施

1. 任务要求：研究合资企业技术创新路径与成效分析。

2. 任务描述：在1981年至1997年间，中国迎来了合资企业的浪潮，东风汽车、北京吉普、上海大众及一汽大众等合资企业相继成立。这些合资企业不仅为中国市场带来了先进的汽车产品，更通过"市场换技术"的策略促进了中国汽车工业的技术升级和产业升级。本拓展任务要求深入研究一家合资企业（教材中未提及的）在技术创新方面的路径、策略、成效以及对中国汽车工业的影响，并提出对未来合资合作和技术创新方向的思考。

3. 设计报告

作品名称		评分	
		小组评分	教师评分
合资企业概况	（介绍合资企业的成立背景、发展历程及主要产品）		
合资企业技术创新路径分析	（技术引进与消化吸收、自主研发与创新能力培养、人才培养与团队建设）		
技术创新成效评估	（产品升级与市场推广、产业链带动效应、经济效益与社会效益和社会效益）		
面临的挑战与问题	（技术依赖与自主创新能力不足、市场竞争与品牌挑战、政策调整与法规变化）		
未来展望与建议	（合资企业技术创新方向、加强自主创新能力、促进国际合作与竞争）		
总结反思			

话题4 迈向辉煌：中国汽车工业的高质发展

 **教学引入**

步入新时代的门槛，中国汽车工业以惊人的速度迈向了辉煌的篇章。自1998年起，吉利、奇瑞、比亚迪等自主品牌如雨后春笋般崛起，它们以卓越的品质、创新的技术和敏锐的市场洞察力，赢得了国内外消费者的广泛认可。与此同时，新能源汽车的浪潮席卷全国，比亚迪、特斯拉等领军企业以卓越的性能和前瞻的布局，引领着全球汽车行业的绿色转型。吉利收购沃尔沃、长城海外建厂等战略举措，更是彰显了中国汽车企业"走出去"的决心与实力。而跨界巨头华为、小米的入局，则为中国汽车工业注入了新的活力与可能，它们以科技赋能，推动汽车产业向智能化、网联化方向加速迈进。这一时期，中国汽车工业不仅实现了从"跟跑"到"并跑"乃至"领跑"的历史性跨越，更为全球汽车产业的未来发展贡献了中国智慧与中国方案。

教学目标

素质目标	知识目标	技能目标
1. 培养对中国汽车工业发展的自豪感和责任感。 2. 提升对全球汽车产业未来发展趋势的敏锐洞察力和创新能力。	1. 了解中国汽车工业自1998年以来自主品牌的发展历程及主要成就。 2. 掌握新能源汽车浪潮中领军企业及其卓越性能和前瞻布局的基本知识。 3. 认识中国汽车企业"走出去"的战略举措及其重要意义。 4. 理解跨界巨头华为、小米入局对汽车工业的影响及科技赋能的作用。	1. 能够分析中国汽车工业从"跟跑"到"并跑"再到"领跑"的转型过程。 2. 具备评估新能源汽车市场趋势及企业战略布局的能力。 3. 能够探讨中国汽车工业智能化、网联化发展的路径与前景。

 **知识链接**

话题4 迈向辉煌：中国汽车工业的高质发展1

一、合资企业持续发力

1. 东风日产乘用车公司

成立时间：2003年6月16日。

主要产品：轩逸（图2-4-1）、天籁、奇骏（图2-4-2）、逍客、蓝鸟、劲客、楼兰、西玛、玛驰、阳光等车型。

图2-4-1 轩逸汽车

图2-4-2 奇骏汽车

2. 北京现代汽车有限公司

成立时间：2002 年 10 月 18 日。

主要产品：瑞纳、瑞奕、悦动、悦纳、领动（图 2-4-3）、ix25、ix35、胜达（图 2-4-4）、名图等车型。

图 2-4-3 领动汽车

图 2-4-4 胜达汽车

3. 东风本田汽车有限公司

成立时间：2003 年 7 月 16 日。

主要产品：思域、CR-V（图 2-4-5）、XR-V、艾力绅、INSPIRE、享域、UR-V 等车型。

4. 上汽通用五菱汽车股份有限公司

成立时间：2002 年 11 月 18 日。

主要产品：宝骏 510（图 2-4-6）、宝骏 530、宝骏 310、宝骏 730、宝骏 RS-5 等车型。

图 2-4-5 CR-V 汽车

图 2-4-6 宝骏 510 汽车

5. 广汽三菱汽车有限公司

成立时间：2012 年 5 月 10 日。

主要产品：欧蓝德、劲炫 ASX、奕歌（图 2-4-7）等车型。

6. 长安福特汽车有限公司

成立时间：2001 年 4 月 25 日。

主要产品：福克斯、蒙迪欧、锐界、翼虎、翼搏、金牛座、领界（图 2-4-8）等车型。

图 2-4-7 奕歌汽车

图 2-4-8 领界汽车

7. 天津一汽丰田汽车有限公司

该公司是一家中日合资企业，总部位于中国天津，并在天津、长春和成都设有生产基地。一汽丰田的前身是成立于 2000 年 6 月的天津丰田汽车有限公司，后来在 2002 年，一汽集团正式加入，成立了天津一汽丰田汽车有限公司。

主要产品：丰田威驰、丰田皇冠（图 2-4-9）、丰田锐志（图 2-4-10）等。

图 2-4-9　丰田皇冠汽车

图 2-4-10　丰田锐志汽车

8. 广汽丰田汽车有限公司

成立时间：2004 年 9 月 1 日。

主要产品：汉兰达、威兰达、C-HR、凯美瑞、雷凌、赛那（图 2-4-11）等。

图 2-4-11　赛那汽车

二、自主品牌崛起

（一）奇瑞汽车

1. 公司概况

（1）品牌名称：奇瑞。

（2）英文名：Chery。

（3）创建时间：1997 年。

（4）所属集团：奇瑞汽车股份有限公司。

（5）控股子公司：星途、捷途、开瑞、凯翼、iCAR。

奇瑞汽车始终坚持自主创新，致力于为全球消费者带来高品质汽车产品和服务体验，是国内最早突破百万销量的汽车自主品牌。奇瑞汽车以用户为中心，业务遍布全球 80 多个国家和地区，连续 21 年位居中国品牌乘用车出口第一。

2. 主要产品

奇瑞汽车的产品阵容庞大，覆盖 A00 级到 B 级轿车、SUV 等各细分市场，包含燃油、插电混动、纯电动等不同动力系统，全面满足不同城市用户的多样化需求。以下是一些主要产品系列：

（1）瑞虎系列：

瑞虎 9 系：奇瑞推出的一款高品质、大空间的 SUV，旨在满足消费者对豪华与舒适的双重需求。该系列车型以其宽敞的车内空间和精致的内饰设计而闻名，适合家庭出行和长途旅行，外观上展现出强烈的运动感和现代感，其先进的科技配置和安全系统也使得驾驶体验更加安心和愉悦，如图 2-4-12 所示。

图 2-4-12　瑞虎 9 汽车

瑞虎8系：包括瑞虎8、瑞虎8 PLUS、瑞虎8 PRO等车型，主打中型SUV市场，提供5、6、7座车型选择。以其先进的配置和强劲的动力系统而受到广泛欢迎，配备了高效的发动机和智能驾驶辅助系统，确保在各种路况下都能提供卓越的性能和安全性，如图2-4-13所示。

瑞虎7系：是一款紧凑型SUV，凭借其适中的价格和丰富的配置，成为了市场上的热门选择。外观设计时尚动感，内饰则注重实用性与舒适性的结合，提供了良好的乘坐体验，如图2-4-14所示。

图2-4-13 瑞虎8汽车　　　　　　　　　图2-4-14 瑞虎7汽车

瑞虎5x系：专注于小型SUV市场，以其时尚的外观和精致的内饰吸引了许多年轻消费者，设计灵活多变，车身小巧，适合城市驾驶和停车。车内配置丰富，配备了现代化的娱乐系统和安全配置，确保驾驶的便利性和安全性，如图2-4-15所示。

瑞虎3x系：入门级小型SUV，价格亲民，适合城市通勤。外观设计简洁大方，车内空间虽小，但布局合理，满足日常使用需求。动力系统方面，搭载了高效的发动机，提供了经济的油耗，适合年轻人和初次购车者的预算，如图2-4-16所示。

图2-4-15 瑞虎5x汽车　　　　　　　　图2-4-16 瑞虎3x汽车

（2）艾瑞泽系列：

艾瑞泽8系：提供高品质、大空间的轿车选择，配置豪华，动力充沛。该系列车型的内饰设计精致，配置豪华，配备了先进的多媒体系统和安全技术，确保行车的舒适与安全，如图2-4-17所示。

艾瑞泽5系：包括艾瑞泽5、艾瑞泽5 PLUS、全新艾瑞泽5 GT等车型，主打紧凑型轿车市场，价格适中，性价比高。外观设计时尚动感，车内空间宽敞，配置丰富，满足了年轻消费者对经济实用和时尚的双重需求，如图2-4-18所示。

（3）新能源系列：

奇瑞在新能源领域也有丰富的产品线，包括瑞虎8新能源、瑞虎7新能源等插电混动和纯电动车型，满足消费者对环保、节能的需求。这些车型不仅在动力系统上进行了创新，采用了先进的电池技术和能量管理系统，还在设计上注重空气动力学，提升了续航能力和整体性能。

图 2-4-17　艾瑞泽 8 汽车

图 2-4-18　艾瑞泽 5 汽车

（4）其他系列：

探索系列：包括探索 06 等车型，主打年轻、时尚的市场定位。这些车型以其独特的外观设计和丰富的配置，吸引了众多年轻消费者的关注。探索系列注重个性化和实用性，适合追求时尚和生活品质的年轻人群体，如图 2-4-19 所示。

欧萌达：一款小型 SUV，外观独特，配置丰富。设计灵活多变，适合城市驾驶，车内空间虽小但功能齐全，提供了良好的储物空间和舒适的乘坐体验。其高性价比使得欧萌达成为年轻消费者的理想选择，如图 2-4-20 所示。

图 2-4-19　探索 06 汽车

图 2-4-20　欧萌达汽车

捷途系列：主打家用 SUV 市场，提供 6、7 座车型选择，如捷途 X70、捷途 X90 等。捷途系列车型以其宽敞的空间和舒适的驾乘体验而受到家庭用户的喜爱，车内配置丰富，注重安全性和实用性，适合家庭出行和长途旅行，如图 2-4-21 所示。

星途系列：定位中高端 SUV 市场，如星途 TXL 等车型，配置豪华，动力强劲。星途系列车型在设计上注重豪华感与科技感的结合，车内配备了先进的智能互联系统和高端音响，确保驾驶者与乘客的舒适体验，如图 2-4-22 所示。

图 2-4-21　X90 汽车

图 2-4-22　星途 TXL 汽车

3.技术实力

奇瑞汽车经过 27 年的不断努力，乘用车业务已形成混动、增程、纯电、氢能等多条技术路线并举的发展策略。公司累计申请专利 29000 余个，授权专利 18000 余个，位居行业前列。同时，奇瑞还承担国家"863 计划"、科技支撑计划、重点研发计划等，多次获得"国家科技进步一、二等奖"，三次被授予国家级"创新型企业"。

4.市场表现

奇瑞汽车在国内市场表现强劲，连续多年蝉联中国自主品牌销量冠军。同时，奇瑞也是中国最大的乘用车出口企业，产品远销全球多个国家和地区。2023 年，奇瑞销售汽车 188.1 万辆，其中出口超过 93.7 万辆，旗下品牌如图 2-4-23 所示。

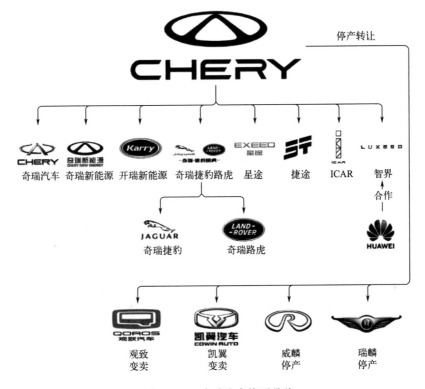

图 2-4-23 奇瑞汽车旗下品牌

（二）吉利汽车

1.公司概况

（1）品牌名称：吉利。

（2）英文名：GEELY。

（3）总部：中国浙江杭州。

（4）成立时间：1997 年。

（5）旗下品牌：吉利汽车、领克、睿蓝、几何、宝腾（拥有 49.9％股份及全部经营管理权）、路特斯（拥有 51％股份）、沃尔沃轿车业务。

（6）制造基地：在浙江台州/宁波、陕西西安、湖南湘潭、四川成都、陕西宝鸡、山西晋中等地建有汽车整车和动力总成制造基地，在白俄罗斯等国家和地区建有海外工厂。

吉利汽车集团有限公司隶属于浙江吉利控股集团，是中国领先的汽车制造商，立志成为最具竞争力和受人尊敬的中国汽车品牌。

2. 发展历程

（1）初创阶段：

1986年：吉利汽车正式成立，起初专注于摩托车零部件的制造。

1993年：吉利进军摩托车制造领域，推出了中国第一辆豪华型踏板式摩托车。

1996年：吉利集团有限公司成立，标志着吉利走上规模化发展的道路。

1997年：吉利正式进军汽车产业，推出了第一款轿车吉利美日（也有说法为"豪情"），成为中国第一家自主品牌汽车生产厂家之一。

（2）发展壮大阶段：

2000年：吉利汽车的销量大幅增长，标志着其在汽车行业的崛起。同年，吉利成功研发出自己的发动机，开始向整车制造领域全面进军。

2002年：吉利进行了股份制企业改革，并收购了上海杰士达汽车公司，进一步巩固了其在汽车行业的地位。

2003年：吉利推出了自主品牌海格商务车，开始向商用车领域发展。同年，吉利-美人豹跑车下线，实现了轿车出口的零突破。浙江吉利控股集团成立，并剥离了非汽车产业，为汽车业务的集中发展提供了便利。

2005年：吉利与韩国大宇合作开发了"吉利自由舰"，如图2-4-24所示，并在香港成功上市。同年，吉利汽车参加第61届法兰克福车展，实现了中国汽车参加世界顶级车展零的突破。

2006年：吉利将一款吉利自由舰轿车开到美国底特律车展，启动了亚洲吉利方程式国际公开赛，并与英国锰铜控股公司合作，为国际化战略迈出了重要一步。

2007年：吉利发布宁波宣言，宣布战略转型，并创办了浙江汽车工程学院，为汽车人才的培养提供了有力支持。同年，吉利推出了自主品牌帝豪GL汽车，并开始向高端汽车市场进军。

图2-4-24 吉利自由舰汽车

2008年：吉利自主研发了涡轮增压发动机，展现了其在技术方面的实力。

2009年：吉利成为中国第一家在海外上市的汽车企业，在瑞典上市，进一步提升了公司的国际影响力。同年，吉利收购了澳大利亚DSI，帝豪EC7车型上市，进一步丰富了产品线。

（3）国际化与高端品牌阶段：

2010年：吉利收购了沃尔沃汽车的汽车业务，成为中国第一家收购欧洲顶级豪华汽车品牌的企业，实现了由自主品牌向高端品牌的转型。

2012年：吉利汽车开始实施"三步走"战略，即"做大做强吉利，打造全球品牌，成为全球领先的智能汽车公司"。同年，吉利汽车推出了自主品牌博越汽车，并开始向智能汽车领域进军。

2015年：吉利汽车收购了英国豪华汽车品牌伦敦电动车公司（LEVC），进一步扩大了公司在欧洲的影响力。

2016年：吉利宣布成立全球研发中心，加强公司在智能汽车领域的研发实力。同年，吉利成立了新能源商用车公司，并推出博越和帝豪GL车型，进一步巩固了其在新能源汽车市场的地位。

2017 年：吉利推出了自主品牌星越汽车，并加强了在新能源汽车领域的研发投入。同年，吉利收购了马来西亚国家汽车公司 Proton 和英国跑车品牌路特斯，以及飞行汽车公司，不断拓展其业务领域。吉利正式进入美国市场。

2018 年：吉利推出了新能源汽车品牌"几何"，并购入了奔驰母公司戴姆勒股份公司股份，成为戴姆勒的战略合作伙伴。同年，吉利成立了全球智能驾驶技术公司，并开始加强在智能化领域的研发和应用。

（4）智能网联与全面发展阶段：

2019 年：吉利推出了自主品牌几何汽车，并开始加强在智能化、电动化等领域的布局。

2020 年：吉利布局商业卫星领域，并推出了电动汽车开源架构平台，进一步推动了智能网联汽车的发展。

2021 年：吉利与百度等组建了合资公司，并推出了极氪汽车。吉利成为 IATF 成员，并与欣旺达等企业合作。

2022 年：吉利组建睿蓝汽车，进军手机行业，并认购雷诺韩国汽车股份，进一步拓展了其业务范围。

3. 主要产品

吉利汽车的产品阵容丰富，涵盖轿车、SUV、MPV 等多个细分市场，以及传统燃油、油电混动、插电混动、纯电动等各动力系统。以下是一些主要产品系列：

（1）吉利品牌系列：

星愿：A0 级纯电轿车，于 2024 年 9 月 3 日正式发布，10 月 9 日正式上市。车身长宽高尺寸为 4135mm×1805mm×1570mm，轴距 2650mm；搭载吉利银河专属的神盾电池安全系统，采用吉利 11 合 1 电驱，搭载宁德时代磷酸铁锂电池，CLTC 续航里程为 310km 与 410km，如图 2-4-25 所示。

星瑞：CMA 超级架构下的首款轿车，拉开了"科技吉利 4.0 时代"的序章。2020 年 9 月 26 日在北京车展中正式亮相，2020 年 10 月 10 日正式发布设计师推荐款。后续又推出了扶摇版、青云版、霄汉版、龙腾版等车型，如图 2-4-26 所示。

图 2-4-25　星愿汽车

图 2-4-26　星瑞 L 汽车

帝豪：吉利母品牌之下构建的一个子品牌。2014 年 7 月 26 日吉利新帝豪上市，全新配备 1.3T GeTec DVVT 涡轮增压发动机，采用前轮驱动。帝豪 EC718 和 EC718-RV 是吉利首款 B 级轿车的三厢和两厢版，也是按照欧标设计的吉利第一个全球车平台，如图 2-4-27 所示。

博越：外型上融合了中国文化元素与国际时尚

图 2-4-27　EC718 汽车

潮流，智能化方面也引领着 SUV 新潮流。2016 年 3 月 26 日上市，2023 年 4 月 26 日，吉利博越 COOL 正式上市。2024 年 6 月 20 日，中国吉利博越全驱跨界车在俄罗斯起售，如图 2-4-28 所示。

图 2-4-28　博越汽车

博瑞：吉利旗下首款引入沃尔沃安全技术理念的车型。2015 年 4 月 9 日正式上市，被誉为"大美中国车"。后续又推出了尊雅型、G20 行政版、新博瑞等车型，如图 2-4-29 所示。

缤越：基于 BMA 架构打造，搭载 G-Power 260T（1.5TD）高效能发动机，与沃尔沃联合开发，具备强大的动力输出和优异的燃油经济性；设计风格时尚动感，车身线条流畅，展现出一种年轻、活力的气息，如图 2-4-30 所示。

图 2-4-29　博瑞汽车　　　　　　　　图 2-4-30　缤越汽车

缤瑞：吉利汽车官方首款运动风轿车 A06，正式定名为"吉利缤瑞"，针对青年族群推出的一款车型。2018 年 8 月 30 日正式上市。凭借其动感的外观和运动化的配置，迅速吸引了众多年轻消费者的关注，如图 2-4-31 所示。

星越 L：是一款高动力智享 SUV，专为追求性能与智能科技的消费者打造。该车型不仅在动力系统上进行了优化，搭载了强劲的发动机，确保在各种路况下都能提供卓越的驾驶性能，如图 2-4-32 所示。

图 2-4-31　缤瑞汽车　　　　　　　　图 2-4-32　星越 L 汽车

嘉际：是一款大空间舒享休旅车，专为家庭出行和长途旅行设计。该车型的外观设计时尚大方，车身宽敞，提供了充足的乘坐空间，确保每位乘客都能享受到舒适的旅程，如图2-4-33所示。

ICON：吉利汽车旗下的一款紧凑型SUV。凭借其独特的外观设计和丰富的配置，迅速成为市场上的热门车型。ICON的设计灵感源于未来科技，外观造型前卫，车身线条流畅，展现出一种年轻、时尚的气息，如图2-4-34所示。

图 2-4-33　嘉际汽车　　　　　　　　图 2-4-34　ICON 汽车

（2）领克品牌系列：领克是由吉利汽车集团与沃尔沃汽车集团合资成立的新时代高端品牌，集欧洲技术、欧洲设计、全球制造、全球销售为一体。主要生产基地有河北张家口工厂、四川成都工厂、浙江余姚工厂等。领克已推出多款车型，包括领克01（图2-4-35）、领克02、领克03、领克05、领克06、领克07、领克08、领克09（图2-4-36）等，涵盖了SUV、轿车等多个细分市场。

图 2-4-35　领克 01 汽车　　　　　　　图 2-4-36　领克 09 汽车

（3）极氪品牌系列：极氪是吉利汽车集团旗下的一个高端电动品牌。2024年推出极氪7X、极氪MIX等全新车型。极氪001（图2-4-37）和极氪009（图2-4-38）等车型在细分市场中表现优异，屡屡斩获销量冠军，充分展示了极氪在电动汽车领域的实力与潜力。

图 2-4-37　极氪 001 汽车　　　　　　　图 2-4-38　极氪 009 汽车

（4）睿蓝品牌系列：睿蓝汽车是吉利汽车集团旗下的换电汽车品牌，致力于换电出行市场的拓展。睿蓝致力于提供便捷的换电服务，解决电动车用户在充电过程中的时间成本问题。通过建立广泛的换电网络，睿蓝希望为消费者提供更高效、环保的出行解决方案，如图 2-4-39 所示。

（5）其他：吉利汽车集团还推出了如"银河 E5＋星愿"等爆款双子星车型，以及全新一代超级电混系统雷神 EM-i 等先进技术产品。其中，银河 E5 搭载 FlymeAuto 车机系统和国产 7nm 车机芯片"龙鹰一号"，车机交互体验优秀，如图 2-4-40 所示。

图 2-4-39　睿蓝汽车汽车　　　　　　　　图 2-4-40　银河 E5 汽车

4. 主要收购外资企业

吉利作为一家积极进行全球化布局的汽车企业，近年来收购了多家外资企业，以下是吉利收购的部分外资企业：

（1）沃尔沃：

收购时间：2010 年。

收购详情：吉利以 18 亿美元收购了沃尔沃 100％的股权。此次收购使吉利获得了沃尔沃的先进技术和管理经验，而沃尔沃也借助吉利的资源实现了连续几年的正营收和销售纪录的突破。

（2）宝腾汽车（PROTON）：

收购时间：2017 年 6 月。

收购详情：吉利与马来西亚 DRB-HICOM 集团签署协议，收购了 DRB-HICOM 旗下宝腾汽车 49.9％的股份。此次收购使吉利成为宝腾汽车的独家外资战略合作伙伴，双方在技术、产品、市场等方面展开深入合作。

（3）路特斯（Lotus）：

收购时间：2017 年 6 月（与宝腾汽车同时收购）。

收购详情：吉利还收购了豪华跑车品牌路特斯 51％的股份。路特斯与法拉利、保时捷齐名，是英国著名的运动汽车生产厂家。

（4）阿斯顿·马丁：

收购时间：2022 年。

收购详情：吉利完成了对英国超豪华性能品牌阿斯顿·马丁 7.6％的股份收购。此次收购进一步提升了吉利在全球汽车市场的地位和影响力。

（5）雷诺韩国汽车：

收购时间：2022 年 5 月。

收购详情：吉利与雷诺韩国的合作取得了实质性进展，吉利汽车通过其子公司 Centurion Industries Limited，持有雷诺韩国汽车 34.02％的股份。双方将在韩国市场推出混动车型。

此外，吉利还持有德国汽车集团戴姆勒的股份，并在 2018 年成为戴姆勒最大的单一股东。双方还组建了合资公司，在全球范围内联合运营和推动 smart 品牌转型。

通过这一系列的海外收购，吉利不仅获得了先进的技术和管理经验，还进一步拓展了全球市场布局。目前，吉利已经构建起一个全球化的汽车商业版图，覆盖了中低端品牌、豪华品牌以及传统燃油车和电动车的完整产品谱系。

5. 技术创新

吉利汽车在技术创新方面取得了显著成果，涵盖了电池技术、电混技术、新能源架构、车身安全、底盘技术以及智能座舱系统等多个领域。

(1) 电池技术：神盾短刀电池是吉利汽车自研自产的最新一代"刀片式"磷酸铁锂电池。该电池在长度差、能量密度、体积利用率等方面表现优异，因此成组排布更加灵活，适配性也更为广泛。神盾短刀电池在安全、寿命、快充、低温放电等方面都全面优于长刀电池，并荣获"中国年度出行技术大奖"。其电芯通过了中汽中心的"8 针同刺"试验，超过国标 8 倍，还通过了 6 大"魔鬼"串行试验，展现出超高的安全性。此外，神盾短刀电池在物理结构上解决了长刀电池的高内阻问题，实现了超快充，SOC 10%～80% 只需要 17 分钟。同时，在低温乃至极寒环境下的放电容量保持率也居高不下，平均领先竞品 8.7%。

(2) 电混技术：雷神 EM-i 超级电混是吉利在全球新一代超级电混技术上的重要创新。该技术汇集了全球动力和 AI 科技，实现了极致节能和超长续航。雷神 EM-i 超级电混采用了全新一代驭风火龙卷超高效燃烧系统，使混动专用发动机的最高热效率达到了 46.5%，并通过独特的燃烧系统设计与精准的冷却技术，实现了燃油的高效利用。搭载了雷神 EM-i 超级电混的测试车辆，续航达到了 2390.5km，实测百公里油耗仅 2.62L。此外，吉利还研发出了热效率达到 48.15% 的更高效率发动机，并且获得了权威机构的认证。

(3) 新能源架构：GEA 全球智能新能源架构是吉利推出的全球首个"硬件、系统、生态、AI"四位一体的全球智能新能源架构。该架构具有全面的能源兼容性，涵盖纯电、混动、增程、醇电等多种形式，并可适配不同类型的神盾电池与驱动形式。其高度模块化的设计加速了产品研发与生产效率，能快速响应市场需求推出多样化车型。同时，GEA 全球智能新能源架构还传承了吉利架构世家的"安全基因"，构建了九大安全系统，为用户打造全域安全的驾乘环境。

(4) 车身安全技术：安全白车身技术通过应用高强度钢、铝合金等材料，并采用合理的结构设计，如优化力传递路径与溃缩吸能区域，配合先进的激光焊接、热成型等制造工艺，构建起坚固且轻量化的车身框架。全面的安全防护设计包括多气囊配置等，从各个角度降低碰撞对乘员的伤害。

(5) 底盘技术：AI 数字底盘技术借助 AI 的高速计算、理解和决策能力，对车身 X、Y、Z 三个方向进行一体化融合控制。在各种路况下保证稳定的车身姿态，实现更短的制动距离、高速过弯无侧倾等，提升车辆的操控极限和乘坐舒适性。

(6) 智能座舱系统：银河 Flyme Auto 智能座舱系统将手机端的简洁、流畅与智能带入座舱，拥有直观的界面设计与便捷的操作逻辑。可实现多屏互联、智能语音控制等功能，为用户提供了更加便捷、智能的出行体验。

6. 一张沙发四个轮子

李书福与"一张沙发四个轮子"的故事，是他创业历程中的一段佳话，也体现了他对汽车制造的独特见解和坚定信念。

(1) 故事背景：在吉利汽车成立之初，中国汽车市场主要由合资品牌和国有企业占据，民营汽车企业面临诸多困难和挑战。李书福作为吉利集团的创始人，凭借对汽车行业的敏锐洞察和坚定信念，决定进入这一领域。他相信，汽车制造并不神秘，只要有决心和勇气，就能够打破技术壁垒，造出老百姓买得起的汽车。

（2）故事核心：在一次全球汽车 CEO 高层论坛上，面对跨国汽车公司的 CEO 们对中国汽车市场的看法，李书福勇敢地站出来，表达了自己的观点。他认为，汽车无非就是"一张沙发四个轮子"，言外之意是汽车的基本构造并不复杂，关键在于如何降低成本、提高质量，让更多人能够享受到汽车带来的便利。这句话不仅震惊了在场的跨国汽车公司 CEO 们，也引起了媒体和公众的广泛关注。

（3）故事影响：品牌知名度提升：李书福的这番言论让吉利汽车一夜之间名声大噪，成为了媒体和公众关注的焦点。这不仅提高了吉利汽车的知名度，也为后续的市场推广和销售打下了坚实的基础。

坚定造车信念：李书福的言论不仅是对外界的一种宣言，更是对自己和团队的一种激励。它坚定了吉利团队造车的信念和决心，让他们在面对困难和挑战时更加坚定和勇敢。

推动行业变革：李书福的言论也引发了行业内的广泛讨论和反思。它让人们意识到，汽车制造并不是跨国汽车公司的专利，民营企业同样可以参与其中并有所作为。这在一定程度上推动了中国汽车行业的变革和发展。

（4）后续发展：如今，吉利汽车已经成为中国汽车行业的重要力量之一，不仅在国内市场占据了一席之地，还在国际市场上展现出了强大的竞争力。吉利汽车公司凭借其丰富的产品线和技术实力，在国内外市场上均取得了显著的成就。未来，随着新能源汽车市场的不断扩大和技术的不断进步，吉利汽车有望继续保持其领先地位，并为消费者带来更多高品质的汽车产品和服务，吉利汽车旗下部分品牌如图 2-4-41 所示。

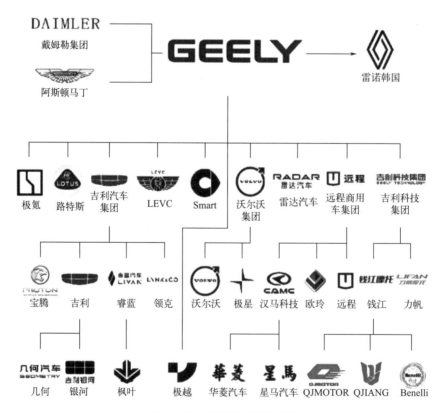

图 2-4-41　吉利汽车旗下品牌

（三）长城汽车

1. 公司概况

（1）品牌名称：长城。

（2）英文名：Great Wall Motor。

（3）总部：中国河北省保定市莲池区朝阳南大街 2266 号。

（4）成立时间：1984 年。

（5）旗下品牌：长城汽车旗下拥有五个整车品牌，分别为哈弗、WEY（魏牌）、欧拉、坦克和长城皮卡。

长城汽车股份有限公司是一家全球化智能科技公司，总部位于河北省保定市。公司成立于 1984 年，经过多年的发展，已成为中国汽车行业的领军企业之一。长城汽车业务涵盖汽车及零部件设计、研发、生产、销售和服务，并在智能网联、智能驾驶、芯片等前瞻科技领域进行重点研发和应用。同时，长城汽车还在动力电池、氢能、太阳能等清洁能源领域进行全产业链布局，加速向全球化智能科技公司转型。

2. 主要产品

长城汽车旗下拥有多个整车品牌，包括哈弗、魏牌、欧拉、坦克及长城皮卡等，如图 2-4-42 所示，每个品牌都有其独特的产品定位和特点。

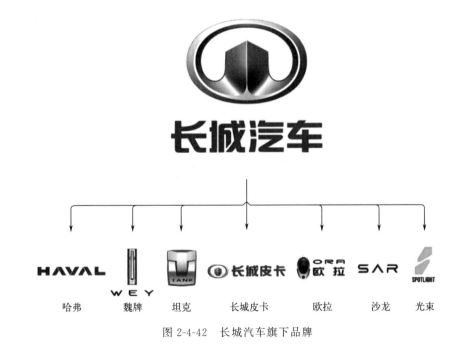

图 2-4-42　长城汽车旗下品牌

（1）哈弗品牌：哈弗是长城汽车旗下的 SUV 品牌，以其坚固耐用和出色的越野性能而受到消费者的青睐。哈弗品牌的产品线非常丰富，包括哈弗 H6（图 2-4-43）、哈弗 H9（图 2-4-44）、哈弗大狗（图 2-4-45）、哈弗酷狗以及哈弗枭龙系列等车型。这些车型不仅在国内市场表现出色，还远销海外多个国家和地区。

（2）魏牌：魏牌是长城汽车旗下的高端 SUV 品牌，专注于提供高端的驾驶体验。魏牌的产品线包括魏牌摩卡（图 2-4-46）、魏牌拿铁、魏牌蓝山等车型。这些车型在设计、配置和动力方面都表现出色，满足了消费者对高品质汽车的需求。

图 2-4-43　哈弗 H6 汽车

图 2-4-44　哈弗 H9 汽车

图 2-4-45　哈弗大狗汽车

图 2-4-46　魏牌摩卡汽车

（3）欧拉品牌：欧拉是长城汽车旗下的电动车品牌，专为女性消费者设计。欧拉品牌的产品线包括欧拉好猫（图 2-4-47）、欧拉芭蕾猫、欧拉闪电猫（图 2-4-48）等车型。这些车型以时尚的外观、实用的配置和出色的性能而受到女性消费者的喜爱。

图 2-4-47　欧拉好猫汽车

图 2-4-48　欧拉闪电猫汽车

（4）坦克品牌：坦克是长城汽车旗下的越野 SUV 品牌，为越野爱好者打造。坦克品牌的产品线包括坦克 300（图 2-4-49）、坦克 400、坦克 500（图 2-4-50）以及坦克 700（图 2-4-51）等车型。这些车型在越野性能、配置和舒适性方面都表现出色，满足了越野爱好者的需求。

图 2-4-49　坦克 300 汽车

图 2-4-50　坦克 500 汽车

（5）长城皮卡：长城皮卡是长城汽车旗下的皮卡品牌，以其出色的耐用性和越野性能而闻名。长城皮卡的产品线包括长城炮等车型，这些车型在皮卡市场上具有很高的知名度和竞争力，如图 2-4-52 所示。

图 2-4-51　坦克 700 汽车　　　　　　　　　图 2-4-52　长城炮汽车

3. 技术实力与创新

长城汽车在技术研发和创新方面投入巨大，拥有"柠檬、坦克、咖啡智能"三大技术品牌。这些技术品牌为长城汽车打造了汽车研发、设计、生产以及汽车生活的全产业链价值创新技术体系。同时，长城汽车还积极推进新能源和智能网联技术的发展，为消费者提供更加智能、环保的汽车产品。

4. 全球化布局

长城汽车已经搭建起全球化生产、研发、销售体系，旗下产品已出口到 170 多个国家和地区，海外销售网络超过 700 家，海外累计销售汽车超过 100 万辆。这标志着长城汽车在全球化布局方面取得了显著的成就。

5. 海外建厂

长城汽车在全球范围内建立了多个海外工厂，形成了独特的全球生产布局。这些工厂包括整车制造工厂和 KD（散件组装）工厂，以满足不同市场的需求。

（1）整车制造工厂：

泰国工厂：年产能达到 8 万辆，未来计划增至 12 万辆。主要生产哈弗 H6 和初恋等车型，产品辐射东盟地区。

俄罗斯工厂：位于俄罗斯图拉州，年产能为 15 万辆，生产哈弗 F7、F7x、H5、H9 和初恋等车型。该工厂是长城汽车在海外独资建设的首个四大工艺整车制造工厂，对长城汽车全球化战略具有极其重要的意义。

巴西工厂：这是长城汽车在巴西的首座新能源工厂，产品主要服务于拉丁美洲的新能源市场。

（2）KD 工厂：长城汽车还在越南、马来西亚、巴基斯坦、厄瓜多尔、保加利亚和突尼斯等国家设有 KD 工厂。这些工厂通过散件组装的方式生产长城汽车的产品，以满足当地市场的需求。

（3）海外工厂建设进展：长城汽车在海外工厂的建设上取得了积极的进展。例如，在东盟地区，长城汽车计划在 2024 年和 2025 年在马来西亚、印尼和越南分别建立新的工厂。这些工厂的建设是长城汽车全球化战略的一部分，旨在提升东盟市场的竞争力。

（4）海外工厂的战略意义：

满足市场需求：通过在海外建立工厂，长城汽车能够更好地满足当地市场的需求，提高产品的供应能力和市场竞争力。

降低生产成本：海外工厂的建设有助于长城汽车降低生产成本，提高盈利能力。

提升品牌影响力：通过在海外建立生产基地和销售网络，长城汽车能够提升品牌在国际市场上的知名度和影响力。

（四）长安汽车

1. 公司概况

（1）历史背景：长安汽车拥有 162 年历史底蕴、40 年造车积累，是中国四大汽车集团之一。公司全称为中国长安汽车集团有限公司，隶属于中国兵器装备集团有限公司，是一家特大型汽车企业。

（2）企业规模：长安汽车在全球范围内拥有 14 个生产基地和 33 个整车、发动机及变速器工厂。公司截至 2023 年 8 月的中国品牌汽车销量已累计突破 2473.96 万辆。

（3）研发实力：长安汽车拥有来自全球 30 个国家的工程技术人员 1.7 万余人，建立了"六国十地"的全球协同研发格局。公司拥有专业的汽车研发流程体系和试验验证体系，确保每一款产品满足用户使用 10 年或 26 万公里的需求。

2. 主要产品

长安汽车的产品线丰富，涵盖了多个细分领域，主要包括自主品牌和合资品牌两大类。如图 2-4-53 所示。

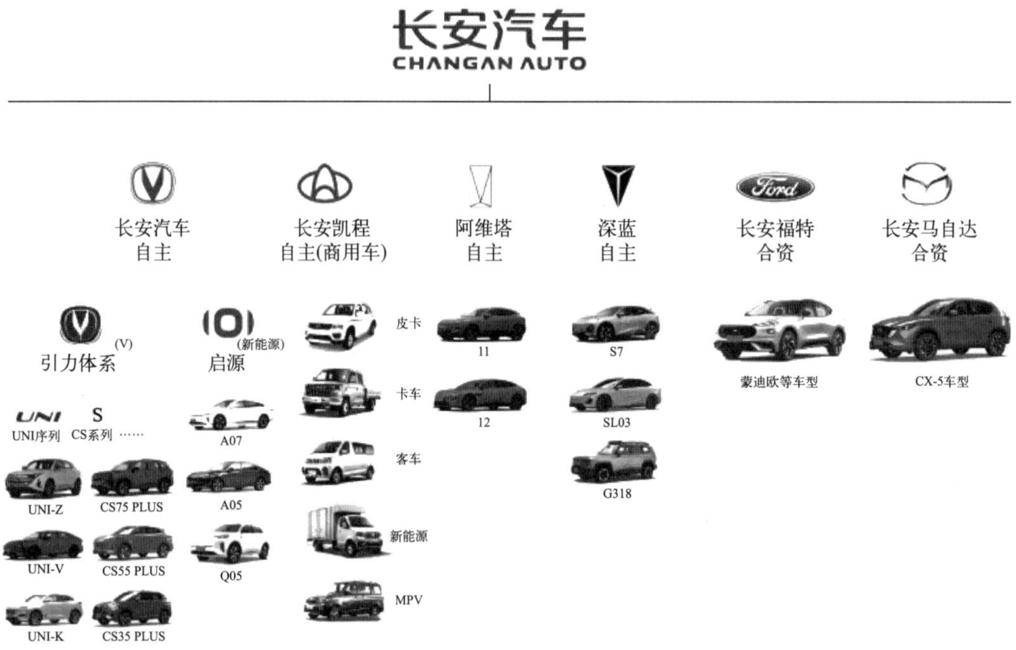

图 2-4-53　长安汽车旗下品牌

（1）自主品牌：

长安汽车：作为核心品牌，在售车型涵盖轿车、SUV、电动微型车等多个细分领域。其中，长安 CS75 PLUS（图 2-4-54）、长安逸动、长安 Lumin、长安 UNIZ（图 2-4-55）、长安 UNIV（图 2-4-56）等车型在市场上销量较高，主要面向中低端汽车市场，具有不错的竞争力。

图 2-4-54　长安 CS75 PLUS 汽车　　　　　　图 2-4-55　长安 UNIZ 汽车

图 2-4-56　长安 UNIV 汽车

长安启源：专注于打造新能源产品，目前在售车型有长安启源 A07（图 2-4-57）、长安启源 A05、长安启源 Q05 等，后续还会推出更多新能源车型。这些车型不仅在设计上注重现代感与科技感，还在动力系统上采用了先进的电动技术，确保了卓越的续航能力和灵活的操控体验。

深蓝汽车：成立于 2022 年的全新新能源车品牌，在售车型有深蓝 SL03、深蓝 S7 等，后续还将推出增程式"方盒子"SUV 深蓝 G318（图 2-4-58）等车型。深蓝汽车的产品不仅注重性能和续航，还在科技配置上不断创新，提升用户的驾驶体验。

图 2-4-57　长安启源 A07 汽车　　　　　　图 2-4-58　深蓝 G318 汽车

阿维塔：是长安联合华为、宁德时代共同打造的高端新能源汽车品牌，代表了长安在电动汽车领域的创新与合作精神。目前，已推出阿维塔 11、阿维塔 12（图 2-4-59）两款车型，这些车型融合了先进的电动技术和智能化配置，旨在为消费者提供豪华、舒适的驾乘体验。

长安凯程：商用车品牌，与长安跨越定位相似，除微面、微卡车型外，还有多款轻型客车在售。车型包括长安星卡、长安睿行 M60、长安之星 5（图 2-4-60）等。这些车型在设计上注重实用性和经济性，适合城市配送和日常运输，帮助商用客户提升运营效率。

图 2-4-59　阿维塔 12 汽车　　　　　　图 2-4-60　长安之星汽车

长安跨越：商用车品牌，主要生产微型面包车或微型卡车。在售车型有跨越星 V5、新豹 T3、跨越王 X5（图 2-4-61）等，还推出有纯电版的微面、微卡。这些车型以其可靠的性能和经济的运营成本，成为了商用车市场的热门选择。

长安欧尚：乘用车品牌，目前在售车型有奔奔 EStar、长安欧尚 X5 PLUS、长安欧尚 Z6（图 2-4-62）等。长安欧尚的目标是为消费者提供更多选择，满足不同家庭的出行需求。

图 2-4-61　跨越王 X5 汽车　　　　　　图 2-4-62　长安欧尚 Z6 汽车

（2）合资品牌：

长安福特：长安汽车与福特汽车的合资品牌，生产和销售福特品牌的汽车。该品牌结合了福特的全球技术和长安的本地化优势，提供多款受欢迎的车型，满足消费者对性能、科技和安全的高要求。

长安马自达：长安汽车与马自达汽车的合资品牌，生产和销售马自达品牌的汽车。通过结合马自达的创新技术和长安的市场经验，该品牌致力于为消费者提供高性能的轿车和 SUV，满足对驾驶乐趣与舒适性的追求。

江铃：长安汽车与江铃汽车的合资品牌，生产和销售相关汽车产品。铃品牌以其在商用车领域的优势而闻名，涵盖了多款轻型卡车、客车和电动车型，满足了市场对多样化运输需求的追求。

三、新能源汽车浪潮

（一）比亚迪汽车

比亚迪股份有限公司（简称"比亚迪"）成立于 1995 年 2 月，总部位于广东省深圳市。公司现有员工近百万人，业务横跨汽车、轨道交通、新能源和电子四大产业，并在全球范围内设立了多个工业园和生产基地，实现了全球六大洲的战略布局。

话题 4　迈向辉煌：
中国汽车工业的
高质发展 2

1. 比亚迪汽车概况

比亚迪汽车以生产二次充电电池起步，逐渐发展成为全球领先的新能源汽车制造商。公司掌握电池、电机、电控等新能源汽车全产业链核心技术，致力于提供更安全、高效、智能的新能源汽车产品和服务。比亚迪的新能源汽车已遍及全球多个国家和地区，赢得了广泛的认可和赞誉。

2. 发展历程

（1）初创阶段（1995年至2002年）。1995年2月，比亚迪股份有限公司成立，由王传福和吕向阳共同创立，公司业务最初专注于二次充电电池的研发和生产。

1997年，比亚迪进入锂离子电池行业，成为诺基亚的第一个中国锂离子电池供应商。

（2）快速发展阶段（2002年至2010年）。2002年7月31日，比亚迪在香港证券交易所上市，标志着公司进入快速发展阶段。

2003年，比亚迪收购秦川汽车，正式跨界进入汽车行业。

随后几年，比亚迪在电池和汽车领域均取得了显著进展，成为国内外知名的新能源汽车制造商。

（3）新能源汽车转型阶段（2011年至今）。2011年，比亚迪在深圳证券交易所上市，进一步拓宽了融资渠道。

2015年，比亚迪发布新能源车"全产业链＋全市场"战略，标志着公司全面向新能源汽车领域转型。

2020年，比亚迪停止燃油汽车整车生产，专注于新能源汽车的研发和生产。

2021年，比亚迪发布DM-i超级混动技术和纯电专属平台e平台3.0，进一步提升了新能源汽车的性能和用户体验。

2022年，比亚迪发布CTB电池车身一体化技术，并入选《财富》世界500强排行榜，位列第436位。

（4）国际化布局。比亚迪在全球范围内设立了多个工业园和生产基地，实现了全球六大洲的战略布局。

截至2024年7月，比亚迪品牌的新能源汽车已遍及全球88个国家和地区，400多个城市。

（5）品牌升级与荣誉。2022年2月17日，比亚迪集团宣布对其品牌进行焕新升级，发布新标识。

2024年，英国品牌评估咨询公司"品牌金融"发布"2024年全球品牌价值500强"榜单，比亚迪品牌位列第172位，成为唯一一个进入该榜单的中国汽车品牌。同年6月，比亚迪荣获2023年度国家科学技术进步奖二等奖。

3. 主要车型

（1）王朝系列：王朝系列是比亚迪主要打造的一个系列，其汽车命名以中国古代王朝为主，包含了汉、唐、秦、宋、元五个车型。

汉：定位高端级别轿车，外观简洁大气，内饰高端豪华。包含汉DM-i、汉EV等车型。汉系列的设计理念强调豪华与舒适，车内配备了先进的智能科技和高品质材料，致力于为消费者提供一种尊贵的驾乘体验，适合商务出行和家庭使用，如图2-4-63所示。

唐：定位高端SUV，最大的优势是省油。包含唐DM、唐EV等车型。唐系列的外观设计豪华大气，内饰则注重舒适与科技感，适合家庭出行和长途旅行，满足消费者对高端SUV的多重需求，如图2-4-64所示。

图 2-4-63 比亚迪汉汽车

图 2-4-64 比亚迪唐汽车

秦：定位紧凑型轿车，主打性价比。包含秦 L、秦 pro、秦 plus 等车型。秦系列的外观设计现代时尚，内饰则注重实用与舒适，配备了多种智能科技配置，提升了驾驶的便捷性和安全性，如图 2-4-65 所示。

宋：定位紧凑型 SUV，主打性价比。包含宋 L、宋 pro 等车型。宋系列的外观设计时尚动感，内饰则注重舒适性和科技感，配备了多种智能配置，确保驾驶的便捷与安全。宋系列凭借其高性价比和实用性，成为了众多家庭用户的热门选择，如图 2-4-66 所示。

图 2-4-65 比亚迪秦汽车

图 2-4-66 比亚迪宋汽车

元：定位小型 SUV，车身小动力强，非常适合城市代步。包含元 UP、元 pro、元 plus 等车型。元系列的设计灵活便捷，车身尺寸小巧，便于在城市中穿梭，同时动力系统强劲，确保了良好的驾驶乐趣，如图 2-4-67 所示。

（2）海洋系列：海洋系列主打科技与年轻，主要包含海豹、海狮 07EV、海鸥、护卫舰、驱逐舰、海豚等车型。

海豹：定位中型轿车，主打科技感和年轻化。包含海豹 06、海豹 07、2025 款海豹等车型。外观设计前卫，内饰则融入了大量智

图 2-4-67 比亚迪元汽车

能科技，提供了丰富的车载娱乐和安全配置。海豹系列的动力系统高效且环保，确保了卓越的驾驶性能与舒适体验，如图 2-4-68 所示。

海狮 07EV：是一款中型都市智电 SUV，外观上融合了现代设计元素，车身线条流畅，展现出一种时尚感。海狮 07EV 搭载了高效的电动动力系统，提供了出色的续航能力和灵活的操控体验，非常适合城市日常出行，如图 2-4-69 所示。

图 2-4-68 比亚迪海豹汽车

图 2-4-69 比亚迪海狮汽车

海鸥：是一款纯电小型车，适合上班代步。该车型设计紧凑，车身小巧，方便在城市中穿梭。海鸥的电动动力系统提供了良好的续航表现，适合日常通勤和短途出行，如图 2-4-70 所示。

护卫舰：是一款大五座超混车型，省电省油，内饰豪华。该车型结合了电动与燃油动力，提供了出色的燃油经济性，同时内饰采用高档材料和先进的科技配置，确保了乘坐的舒适性和豪华感，如图 2-4-71 所示。

图 2-4-70 比亚迪海鸥汽车

图 2-4-71 比亚迪护卫舰汽车

驱逐舰 05：比亚迪海洋网旗下的 A＋级轿车，军舰系列首款车型。采用"海洋美学"设计，搭载 DM-i 超级混动技术，拥有超长续航与低油耗。外观设计现代动感，内饰则注重科技感与舒适性，提供了丰富的智能配置，提升了驾驶的乐趣与便捷性，如图 2-4-72 所示。

海豚：海豚汽车是比亚迪旗下的小型纯电动车，拥有时尚圆润的外观和丰富的配色。其内饰设计精致，搭载可旋转中控大屏，提供舒适驾乘体验。海豚拥有多种续航版本可选，并配备智能驾驶辅助系统，适合城市通勤及家庭使用，如图 2-4-73 所示。

图 2-4-72 比亚迪驱逐舰 05 汽车

图 2-4-73 比亚迪海豚汽车

（3）其他品牌：

腾势：是比亚迪与梅赛德斯共同设立的合资企业，主打豪华出行。包含 N7、N8 和 D9（图 2-4-74）等车型，旨在为消费者提供高端的电动出行体验。腾势的车型设计注重豪华与舒适，配备了先进的智能科技和高品质材料，确保了卓越的驾乘体验。

图 2-4-74　腾势 D9 汽车

仰望：是比亚迪旗下的高端品牌，定位为豪华硬派越野车型。包含仰望 U7、仰望 U8（图 2-4-75）、仰望 U9（图 2-4-76）等车型。其中，预售价高达 109.8 万的 U8 主打高端豪华市场，无论是越野还是性能超跑，都彰显了比亚迪的技术实力。

图 2-4-75　仰望 U8 汽车

图 2-4-76　仰望 U9 汽车

方程豹：是比亚迪旗下的专业个性化品牌，主打中高端越野车型。目前大家所熟悉的豹 5（图 2-4-77）即属于该品牌。方程豹系列车型结合了越野性能与个性化设计，旨在满足热爱冒险和探索的消费者需求。

4. 技术创新

比亚迪汽车在技术创新方面取得了显著成果，这些创新不仅推动了比亚迪汽车产品的升级，也引领了新能源汽车行业的发展。

（1）电池技术：刀片电池采用了 CTP（Cell to Pack）无模组结构设计，省去了中间模组环节，使得电池的空间利用率大幅度提升，从而能够排布更多的电池，获取更高的能量密度和续航里程，如图 2-4-78 所示。

图 2-4-77　豹 5 汽车

图 2-4-78　比亚迪刀片电池

在安全性、成本和寿命等方面也更具优势，是比亚迪在新能源汽车领域的一项重要技术创新。

（2）混动技术：DM（Dual Mode）混动技术已进化到第五代，搭载到比亚迪秦 LDM-i 和海豹 06DM-i 等多款车型之上。

采用了先进的插混专用发动机、EHS 电驱系统等，实现了高效、节能的混动性能。

（3）智能驾驶技术：高阶智能驾驶辅助系统"天神之眼"，基于更加先进的无图 NOA 技术，使用了端到端大模型架构，集合了多传感的加持，可以实时、快速且准确地处理周围道路的情况。

已实现无图城市领航（CNOA）功能，在复杂路口通行、红绿灯通行、自主超车、避障绕行、自主并线和环岛通行等多种驾驶行为上，都可以轻松且安全地处理。

已迭代到 BAS 3.0＋超人类驾驶辅助，在算法、感知和执行等方面都有着全方位的行业领先。

比亚迪还成立了先进技术研发中心，包括 AI 实验室、AI 超算开发部、大数据平台部等，主攻 AI 算法、AI 基础设施、大模型等技术及平台。

为智能驾驶、智能座舱、双模（Dual Mode，DM 技术）等比亚迪集团业务提供算力、技术支持。

比亚迪汽车拥有丰富的产品线，涵盖了从紧凑型轿车到高端 SUV 的多种车型。无论是追求性价比的消费者还是注重豪华与性能的消费者，都能在比亚迪的产品线中找到适合自己的车型，旗下品牌如图 2-4-79 所示。

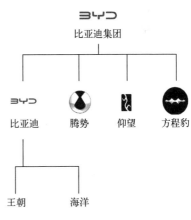

图 2-4-79　比亚迪汽车旗下品牌

（二）小鹏汽车

1. 公司概况

小鹏汽车是一家专注未来出行的科技公司，致力于探索科技，畅享未来出行变革。公司的使命是用科技为人类创造更便捷愉悦的出行生活。小鹏汽车成立于 2015 年，总部位于广州，是中国领先的智能电动汽车公司。

2. 发展历程

（1）创立与初期发展。

2014 年，何小鹏、夏珩、何涛等人共同创立了小鹏汽车，怀揣着对未来出行的美好愿景。

2015 年，小鹏汽车正式注册成立，研发总部设立在广州，并在北京、上海、硅谷等多地建立设计、研发、生产制造与营销机构。

早期，小鹏汽车就高度重视技术研发，不断投入大量资源用于智能驾驶、电动汽车技术等核心领域的研究与开发。

（2）融资与上市。2018 年 1 月，小鹏汽车交付了 39 辆新车，成为首家进入乘联会新能源车销量榜的互联网造车企业。

2018 年 1 月 29 日，小鹏汽车正式宣布启动 22 亿元人民币的 B 轮融资。

2020 年 8 月 27 日，小鹏汽车正式登陆纽交所。

2021 年 7 月 7 日，小鹏汽车正式于香港联合交易所主板挂牌交易。

（3）产品发布与市场拓展。

2021 年 9 月 15 日，小鹏 P5 上市。

2023 年 8 月 11 日,"行程记录"功能上线小鹏汽车 App,面向全系车型开放。

2023 年 9 月 19 日,2024 款小鹏 G9 车型正式上市。

2024 年,小鹏汽车陆续发布并上市了多款新车,包括小鹏 X9、小鹏 MONA M03、小鹏 P7+等,同时积极进军德国、港澳、澳大利亚、法国、阿联酋等海外市场。

(4)技术创新与突破:小鹏汽车在智能驾驶、电动汽车技术等领域取得了重大突破。例如,其自主研发的 XNGP 智能辅助驾驶系统于 2023 年四季度推出主要功能,2024 年 1 月总覆盖城市数量达 243 个。

小鹏汽车还是国内首个量产车端 800V 高压 SiC 平台的企业,配合首批量产 480kW 高压充电桩和自研储能充电技术,实现充电 5 分钟,续航 200 公里。

3. 主要产品

小鹏汽车拥有丰富的产品矩阵,涵盖了不同级别和类型的车型,以满足不同消费者的需求和喜好。主要产品包括:

(1)小鹏 G9:一款超快充全智能纯电 SUV,采用家族化的外观设计语言,中控屏配备 14.96 英寸高清触控大屏,内置高通 8155 芯片,搭载小鹏 XmartOS4.0 系统,如图 2-4-80 所示。

图 2-4-80　小鹏 G9 汽车

(2)小鹏 X9:小鹏汽车旗下全新 MPV 车型,采用 2000MPa 笼式车身,十九道环形安全设计,官方将其定位为"超智驾大七座"。X9 的设计融合了现代美学与实用功能,车内空间宽敞,能够灵活满足七座的乘坐需求,如图 2-4-81 所示。

(3)小鹏 MONA M03:一款纯电动轿跑,提供 51.8kWh、62.2kWh 两种电池容量,CLTC 综合续航里程分别为 515km、620km。以其卓越的性价比和越级配置,重新定义了 A 级车市场的标准,如图 2-4-82 所示。

图 2-4-81　小鹏 X9 汽车

图 2-4-82　小鹏 MONA M03 汽车

(4)小鹏 P7:一款高端纯电智能轿跑,凭借时尚的外观设计和高性能的动力表现,成为了众多消费者的心仪之选。其中,小鹏 P7i 550 版采用磷酸铁锂动力电池,在 CLTC 标准下续航里程可达 550km;小鹏 P7+作为全球首款 AI 汽车,自上市以来便备受关注,如图 2-4-83 所示。

(5)小鹏 G6:一款以出色的续航能力和智能配置受到市场广泛关注的车型。此外,小鹏汽车还提供了全方位的售后服务和充电服务,确保用户能够享受到便捷、愉悦的出行体验,如图 2-4-84 所示。

图 2-4-83　小鹏 P7 汽车　　　　　　　图 2-4-84　小鹏 G6 汽车

4. 小鹏飞行汽车

小鹏的飞行汽车是小鹏汽车旗下的一款创新产品，旨在面向城市低空交通和未来出行。

（1）产品特点。

分体式设计：小鹏飞行汽车采用分体式设计，分为陆行体与飞行体两部分。陆行体可将飞行体完全收纳至车内，并进行地面行驶。这种设计使得飞行汽车在不需要飞行时，可以像普通汽车一样在道路上行驶，大大提高了其实用性和便捷性。

飞控容错与动力双备份：为了确保飞行安全，小鹏飞行汽车配备了飞控的容错控制功能和动力双备份系统。这意味着在飞行过程中，即使某个系统出现故障，飞行汽车也能依靠备份系统继续飞行，大大降低了飞行风险。

尺寸小巧与起降场地限制小：小鹏飞行汽车总体尺寸相对较小，起降场地限制也较小。这使得飞行汽车能够在城市中的各种场地进行起降，包括停车场、楼顶等，进一步提高了其城市适应性。

折叠简单与生产难度低：飞行汽车的折叠设计简单，生产难度也相对较低。这有助于降低制造成本，提高生产效率，从而加速飞行汽车的商业化进程。

（2）研发进展。"陆地航母"分体式飞行汽车：小鹏汇天已经成功研发出"陆地航母"分体式飞行汽车，并进行了多次试飞。这款飞行汽车的外形类似 Cybertruck 的 6 轮汽车，后备箱里搭载了一架可供两人乘坐的单杆操纵飞行器。两者合体后，形成了独特的分体式飞行汽车，如图 2-4-85 所示。

图 2-4-85　"陆地航母"分体式飞行汽车

适航审定与预售计划：小鹏汇天的"陆地航母"分体式飞行汽车已经迈向适航审定阶段。这意味着飞行汽车距离商业化应用又近了一步。

（3）市场前景。根据摩根士丹利报告预测，到 2040 年，飞行汽车行业在全球将形成 1.5 万亿美元的市场规模。这表明飞行汽车具有巨大的市场潜力，未来有望成为一个新的经济增长点。而小鹏飞行汽车作为行业内的佼佼者，有望在这一市场中占据重要地位。

（4）其他信息。

售价与驾驶难度：小鹏飞行汽车的售价在 200 万以内，且驾驶难度相对较低。据称，飞行器的驾驶可以实现 5 分钟上手、3 小时熟练，这使得更多消费者有机会接触到飞行汽车这一新兴交通工具。

战略合作与预订合同：小鹏汇天已经与高直航空、傲程航空等达成了战略合作，并签署了 150 辆"陆地航母"预订合同，订单总金额近 3 亿元。这表明飞行汽车已经得到了市场的认可和关注。

小鹏飞行汽车作为一款创新产品，具有独特的分体式设计、飞控容错与动力双备份、尺寸小巧与起降场地限制小等特点。随着研发进展的不断推进和市场前景的日益明朗，小鹏飞行汽车有望在未来成为城市出行的新选择。

小鹏汽车公司自成立以来经历了创立与初期发展、融资与上市、产品发布与市场拓展以及技术创新与突破等多个重要阶段。凭借先进的技术、丰富的产品线以及卓越的品牌形象，小鹏汽车已经成为中国智能电动汽车行业的重要参与者之一。

（三）理想汽车

1. 公司概况

理想汽车是一家中国新能源汽车制造商，专注于设计、研发、制造和销售豪华智能电动汽车。公司由李想于 2015 年 7 月创立，总部位于北京，自有生产基地位于江苏常州。理想汽车致力于为家庭用户提供安全、便捷及舒适的产品与服务。

2. 发展历程

（1）创业阶段（2015—2018 年）。2015 年 7 月，李想离开汽车之家后开始了第三次创业，创立了车和家，并计划推出两款产品：一款是满足城市短途代步出行的轻型电动车 SEV，一款是满足家庭用户长途出行的 SUV。

由于国内低速电动车政策不明朗，李想放弃了 SEV 项目，并将重心转移到 SUV 项目上。

2018 年 10 月，车和家推出了智能电动车品牌——理想智造，并发布了首款产品——理想 ONE，如图 2-4-86 所示。

（2）发展阶段（2019—2020 年）。

2019 年 4 月，理想智造更名为理想，并开始接受用户预订。

2019 年 11 月，理想 ONE 在常州基地开始量产并下线。

图 2-4-86　理想 ONE 汽车

2019 年 12 月，理想 ONE 开始交付用户。

2020 年 7 月 30 日，理想汽车在美国纳斯达克证券市场正式挂牌上市。

2020 年全年，理想 ONE 交付量达到 3.24 万辆，在新能源 SUV 市场占据领先地位。

（3）转型阶段（2021 年至今）。

2021 年 7 月，理想汽车第 100 家直营零售中心正式开业。

2021 年 8 月 12 日，理想汽车在香港联交所主板正式挂牌上市，股票代码为"2015"。

2021 年，理想汽车加快了产品研发和服务网络建设，并宣布将从增程式电动汽车转向高压纯电动汽车。

2022 年 6 月 21 日，理想汽车发布了第二款产品——理想 L9。

2023 年 2 月，发布家庭五座旗舰 SUV 理想 L7。

2023 年，理想汽车荣获《财富》未来 50 强榜单第 5 名，并获得 MSCI ESG（环境、社会和治理）全球最高"AAA"评级，成为首家荣获"AAA"评级的中国车企。

2024 年 3 月 1 日，理想汽车首款 5C 高压纯电车型理想 MEGA 上市。

2024 年 4 月，发布家庭五座豪华 SUV 全新理想 L6。

截至 2024 年 6 月 21 日，理想汽车交付量突破 80 万辆，成为首个达成这一里程碑的中国新势力品牌。

2024 年 10 月 15 日，第 100 万辆理想汽车在常州基地正式下线。

3. 主要产品

理想汽车旗下主要销售的车型包括理想 L7、理想 L8、理想 L9 以及理想 MEGA 等。这些车型均采用了先进的增程式电动技术和智能科技，为家庭用户提供了舒适、安全、便捷的出行体验。

（1）理想 L7：作为家庭五座旗舰 SUV，理想 L7 定位为中大型 SUV，拥有宽敞的内部空间和先进的智能驾驶辅助系统。其 L7 Max 版车型动力强劲，加速性能优异，同时配备了悬架软硬调节和高低调节功能以及先进的空气悬挂系统，为乘客提供了极致的舒适感受，如图 2-4-87 所示。

图 2-4-87　理想 L7 汽车

（2）理想 L8：作为一款六座中大型 SUV，理想 L8 同样采用了增程式能源类型，并配备了强大的动力系统和智能驾驶辅助系统。其车身尺寸较大，内部空间宽敞，满足了家庭用户对于出行舒适性的需求，如图 2-4-88 所示。

（3）理想 L9：定位六座大型 SUV，理想 L9 在动力性能、内部空间、智能驾驶辅助系统等方面均表现出色。其车身尺寸更大，内部空间更为宽敞，为乘客提供了极致的舒适感受。同时，理想 L9 还配备了先进的电池技术和快充技术，使得续航里程更加可观，如图 2-4-89 所示。

图 2-4-88　理想 L8 汽车

图 2-4-89　理想 L9 汽车

（4）理想 MEGA：作为家庭科技旗舰 MPV，理想 MEGA 采用了纯电动能源类型，并配备了强大的动力系统和智能驾驶辅助系统。其车身尺寸宏大，内部空间宽敞舒适，同时还配备了丰富的科技配置和豪华的内饰设计，为乘客提供了尊贵而舒适的乘坐体验，如图 2-4-90 所示。

4. 技术创新

（1）增程电动技术：理想汽车自主研发的增程电动技术有效地解决了续航焦虑问题。该技术通过搭载增程器，使得车辆在电量耗尽时仍能通过燃油发电来延长续航里程。

图 2-4-90　理想 MEGA 汽车

这一技术使得理想汽车在续航里程、驾驶性能和智能配置方面展现出了显著的优势。

（2）智能驾驶技术：理想汽车在智能驾驶技术方面也取得了重大进展。公司不断投入研发资源，致力于实现更高级别的自动驾驶功能。2024 年 10 月，理想汽车正式推出了全栈自研的"端到端＋VLM"双系统智能驾驶方案，成为行业内首个实现大规模用户推送的品牌。

（3）智能座舱技术：理想汽车的智能座舱技术同样处于行业领先水平。公司采用了先进的多模态认知大模型 Mind GPT 来赋能 AI 语音助手"理想同学"，打造了一个真正能够陪伴家庭成长的智能助手。这一技术使得车辆内部空间更加智能化、人性化，为乘客提供了更加便捷、愉悦的出行体验。

（4）智能制造技术：理想汽车在智能制造领域也不断深耕。公司建立了符合新质生产力标准的绿色智能制造基地，并应用了全栈自研的 Li-MOS 智能制造系统。这一系统确保了每一辆车的全生命周期可追溯性，并大幅提高了生产效率和质量稳定性。

理想汽车作为一家专注于豪华智能电动汽车的新能源汽车制造商，在发展历程、主要产品和技术创新等方面均取得了显著的成绩。未来，随着新能源汽车市场的不断扩大和技术的不断进步，理想汽车有望继续保持高速增长，并为中国新能源汽车产业的发展做出更大的贡献。

（四）蔚来汽车

1. 发展历程

（1）成立与早期发展：蔚来汽车于 2014 年 11 月 25 日正式宣告成立，隶属于上海蔚来汽车有限公司。2016 年 4 月 6 日，蔚来与江淮达成百亿战略合作，同年 7 月 1 日，江淮蔚来新能源汽车合作项目正式启动。同年 11 月 21 日，蔚来对外发布英文品牌"NIO"，同时发布旗下首款产品纯电动超跑 EP9。

（2）上市与国际化：2018 年 9 月 12 日，蔚来汽车在美国纽约证券交易所上市。2022 年 3 月 10 日，蔚来汽车在香港证券交易所上市，同年 5 月 20 日，蔚来汽车在新加坡证券交易所上市。

（3）多品牌与技术创新：蔚来不断推出新产品，并拓展品牌线。2023 年 9 月 21 日，蔚来发布了旗下首款智能手机 NIO Phone，以及智能电动汽车操作系统天枢 SkyOS。2024 年 4 月 25 日，蔚来最新产品 2024 款蔚来 ET7 正式上市。同年 5 月 15 日，蔚来推出全新品牌"ONVO 乐道汽车"，并发布了首款车型乐道 L60。此外，蔚来还在 2024 年 12 月 18 日正式官宣了旗下第三品牌"萤火虫"。

2. 主要产品

（1）SUV 车型：蔚来汽车在 SUV 市场的系列产品包括蔚来 ES8（图 2-4-91）、蔚来 ES7、蔚来 ES6、蔚来 EC7 和蔚来 EC6 等车型。每一款 SUV 车型都整合了智能化科技与卓越的动力系统，致力于为用户提供极致的驾驶体验。

（2）轿车车型：在轿车领域，蔚来同样有出色的表现，主打轿车市场的有蔚来 ET7（图 2-4-92）和蔚来 ET5 等车型。这

图 2-4-91　蔚来 ES8 汽车

些轿车强调性能与智能科技的融合，展示出蔚来在电动汽车技术上的领先地位。

（3）其他车型：蔚来 EP9（纯电动超跑）（图 2-4-93）、蔚来 EVE（概念车）等。此外，蔚来还推出了全新品牌乐道汽车的首款车型 L60，以及第三品牌萤火虫的首款车型。

图 2-4-92 蔚来 ET7 汽车

图 2-4-93 蔚来 EP9 汽车

3. 技术创新

（1）智能辅助驾驶技术：蔚来不断研发和完善智能辅助驾驶系统，为用户提供更安全、便捷的驾驶体验。

（2）数字技术：蔚来推出了智能电动汽车操作系统天枢 SkyOS，以及首款智能手机 NIO Phone，进一步提升了用户的数字化体验。

（3）电动力总成及电池技术：蔚来在电动力总成及电池技术方面取得了重要突破，如全域 900 V 高压架构、自研碳化硅模块等，为车辆的续航和性能提供了有力保障。

（4）换电技术：蔚来致力于换电技术的研发和推广，已经建成了近 3000 座换电站，为用户提供高效、便捷的加电服务。

此外，蔚来还在车身设计、内饰布局、音响系统等方面进行了大量创新，如 ET9 的"天空岛"灯光、"行政桥"集成系统、"艺境空间"科技艺术座舱等，为用户提供了极致的舒适体验。

四、跨界巨头入局

（一）小米汽车

1. 发展历程

话题 4 迈向辉煌：中国汽车工业的高质发展 3

（1）早期布局与筹备。小米对智能汽车领域的兴趣可以追溯到 2013 年，当时小米 CEO 雷军对智能汽车表现出浓厚兴趣，并两次拜访了特斯拉 CEO 埃隆·马斯克。此后，雷军通过顺为资本投资了蔚来、小鹏等造车新势力，开启了小米在智能汽车领域的战略布局。

在 2018 年至 2021 年间，小米注册了"小米车生活""米车生活""小米车联"等商标，并在经营范围中增加了"销售汽车零配件"，为制造小米牌汽车奠定了基础。

（2）正式官宣与注册。2021 年 3 月 30 日，小米正式宣布造车，雷军牵头，未来 10 年全资投入 100 亿美元。

2021 年 8 月，小米全资收购了自动驾驶公司深动科技，增强了智驾感知、定位、规划、控制等方面的研发能力。

2021 年 9 月 1 日，小米汽车有限公司正式注册成立，法定代表人雷军，注册资金 100 亿元人民币。

（3）工厂建设与生产资质获取。2021 年 11 月 27 日，北京经济技术开发区管委会与小米正式签订合作协议，正式宣布小米汽车落户北京经开区。小米汽车工厂坐落于北京经济技术开发区，占地面积 71.8 万平方米，是集研发、生产、销售、体验于一体的智造园区。

2022 年，小米汽车宣布将在中国江苏省建设一座智能电动汽车生产工厂（后实际落户北京），预计年产能将达到 30 万辆。同年 5 月，小米汽车获得了工信部的电动汽车生产资质，正式进入了生产阶段。

（4）融资与量产。2022年8月，小米汽车完成了首轮融资，融资额达到50亿元人民币，为后续的研发和生产提供了充足的资金支持。

2024年上半年，小米汽车实现量产。

2. 主要产品小米SU7

（1）定位：C级高性能生态科技轿车。

（2）车身尺寸：长4997mm、宽1963mm、高1440mm，轴距3000mm，如图2-4-94所示。

图2-4-94　小米SU7汽车

（3）配色：提供"海湾蓝""雅灰""橄榄绿"等多种配色。

（4）动力系统：搭载小米超级电机V6s及碳化硅高压系统，采用小米智能底盘。

（5）智能系统：内置智能耦合制动系统、Xiaomi Pilot智能驾驶系统，以及基于Xiaomi HyperOS的智能座舱系统。

3. 技术创新

（1）全栈自研智能驾驶技术：小米坚持长期投入AI，全面赋能自研底层算法，致力于打造全场景下更聪明、更安全的智能驾驶体验。

（2）智能座舱系统：基于Xiaomi HyperOS的智能座舱系统，为用户提供了更加便捷、智能的出行体验。

（3）高效动力系统：小米超级电机及碳化硅高压系统的应用，提升了车辆的动力性能和能效。

（4）智能底盘技术：采用小米智能底盘，优化了车辆的操控性和舒适性。

（5）充电补能网络合作：小米汽车与蔚来等充电服务商展开合作，共同建设充电补能网络，为用户提供更加便捷的充电服务。

小米汽车公司凭借其在智能电动汽车领域的深厚积累和创新精神，不断推出具有竞争力的产品和技术解决方案，为用户提供了更加智能、便捷、高效的出行体验。

（二）华为汽车

1. 华为汽车业务概述

（1）2013—2015年：业务初探期，进军车联网、成为车联网供应商。

（2）2016—2018年：合作研发期，与多个车企达成战略合作。

（3）2019—2022年：落地推广期，车BU成立、提出HI和智选模式。

（4）2023年至今：产品大年启动，多款产品陆续发布、产品谱系逐渐完善。

华为智能汽车解决方案呈现"1+5+N"的业务布局，即1个全新的计算与通信架构、5大智能系统（智能驾驶、智能座舱、智能电动、智能网联、智能车云）、N个全套智能化部件（激光雷达、AR-HUD等）。

2. 主要合作车企及车型

华为与多家车企展开深度合作，共同推出了一系列智能电动汽车产品，以下是部分合作车企及主要车型：

（1）赛力斯：问界系列车型，包括问界M5、问界M7（图2-4-95）和问界M9（图2-4-96）等。这些车型结合了赛力斯在新能源汽车领域的技术积累和市场研究，专注于满足消费者对智能出行的需求。

图 2-4-95　问界 M7 汽车　　　　　　　图 2-4-96　问界 M9 汽车

（2）奇瑞：合作推出智界系列车型，如智界 R7（图 2-4-97）。智界系列结合了智能科技和环保理念，致力于为消费者提供高效、智能的出行解决方案，满足市场对电动 SUV 的多元化需求。

（3）江淮：合作推出尊界系列车型。不断提升双方在新能源汽车领域的竞争力。尊界系列凭借其实用的设计和优秀的动力性能，旨在为家用和商务出行提供更好的选择，如图 2-4-98 所示。

图 2-4-97　智界 R7 汽车　　　　　　　图 2-4-98　尊界 S800 汽车

（4）北汽：合作推出享界系列车型，如享界 S9；享界系列强调豪华、科技与安全的结合，深受消费者的青睐。同时，北汽极狐阿尔法 S 华为 HI 版也是双方合作的成果，集成了华为的智能技术，提升了用户在驾驶过程中的智能体验，如图 2-4-99 所示。

（5）长安：合作推出阿维塔系列车型，如阿维塔 11（图 2-4-100），专注于高端新能源汽车市场，代表了长安在电动化进程中的重要发展。该车型融合了高性能、智能驾驶和豪华体验，致力于为用户提供更具吸引力的出行方案。

图 2-4-99　极狐阿尔法汽车　　　　　　图 2-4-100　阿维塔 11 汽车

此外，华为还与上汽大通、福田汽车、中国重汽、武汉光庭、上汽通用五菱、广汽集团、比亚迪汽车等车企展开合作，共同推动智能汽车产业的发展。

3. 技术创新

华为在智能汽车领域拥有众多独特的技术创新，以下是一些核心技术创新点：

（1）途灵智能底盘：采用全铝合金前双叉臂＋后多连杆悬架，配备 CDC 可变阻尼减震器，提高过障冲击感的舒适性和操控性。

（2）DriveONE 高压动力平台：提供高效、高转速的电机动力，如 DriveONE 800V 碳化硅高压动力平台。

（3）智能感知系统：如 HUAWEI MFSS 1.0 多模态融合感知系统，通过 iVSE 和 RSS 技术提升感知的准确性和及时性。

（4）智能控制系统：如 HUAWEI DATS 动态自适应扭矩系统，包含扭矩矢量控制、电子防滑控制和协同拖曳扭矩控制三大子技术，响应时延低，可极大降低颠簸感和冲击感，还支持 OTA 升级。

（5）智能驾驶系统：如 HUAWEI ADS 2.0 智能驾驶系统，能精准识别各种路况和物体，不依赖高精地图，实现高阶智驾体验。

（6）鸿蒙智能座舱：满配十屏的鸿蒙座舱搭载 HarmonyOS 智能座舱系统，提供从单人单设备到多人多设备协同的全新体验，能实现多人多屏多设备交互，满足全场景需求。

（7）续航及增程技术："巨鲸"800V 高压电池平台具备超薄电池包和大功率高压超级快充能力；超强增程器 4.0 结合多种因素智能控制，实现油电最佳分配和超长续航。

（8）安全技术：超维安全系统如 ESA 紧急转向辅助系统能主动避让或刹停，提升行车安全。

此外，华为还拥有 HUAWEI XPIXEL 华为百万像素智慧投影大灯、HUAWEI AR-HUD 临境抬头显示系统等创新技术，为用户提供更多乐趣和便利。

华为汽车业务凭借其在智能汽车领域的深厚积累和创新精神，不断推出具有竞争力的产品和技术解决方案，与多家车企展开深度合作，共同推动智能汽车产业的发展。

案例讨论

1. 具体案例：比亚迪的崛起与新能源汽车行业的引领

2. 背景概述：自 1995 年成立以来，比亚迪（BYD）从一个电池制造商逐步发展成为全球新能源汽车领域的领军企业。特别是从 1998 年开始布局海外市场，并在 2003 年进入汽车行业后，比亚迪经历了飞速的发展，成为了中国汽车工业高质发展的典型代表。

3. 讨论点：

（1）比亚迪在新能源汽车领域取得了哪些技术创新成果？

（2）比亚迪是如何布局海外市场的？有哪些成功的案例和经验？

（3）未来，比亚迪在产业链整合方面还有哪些发展方向和规划？

任务实施

1. 任务要求：深度探索吉利汽车的全球化战略与技术创新。

2. 任务描述：吉利汽车作为中国民营汽车企业的领军者，自1997年进入汽车行业以来，经历了从简单造车到全面创新，再到全球战略转型的三个阶段。特别是近年来，吉利通过收购沃尔沃、推进新能源技术研发、实施全球化战略等措施，实现了跨越式发展。本拓展任务旨在深入分析吉利汽车的全球化战略与技术创新，并探讨其对中国汽车工业高质发展的启示。

3. 设计报告

作品名称		评分	
		小组评分	教师评分
吉利汽车的全球化战略分析	（全球化战略的起源与背景、发展历程概述、全球化战略的提出背景与动因、全球化战略的实施路径）		
吉利汽车的技术创新分析	（新能源汽车技术创新、智能驾驶技术创新、模块化架构技术创新）		
挑战与机遇	（分析吉利汽车在全球化战略与技术创新过程中面临的主要挑战）		
结论与建议	（总结吉利汽车的全球化战略与技术创新的成果与经验、针对吉利未来发展提出具体建议与策略、展望中国汽车工业高质发展的未来趋势与前景）		
总结反思			

模块3

解构与重塑汽车科技

探索 1 揭秘动力：深入燃油车的技术核心

 **教学引入**

在浩瀚的汽车科技宇宙中，燃油车作为传统技术的集大成者，其深邃的技术核心至今仍闪耀着智慧的光芒。从轰鸣的发动机到精密的传动系统，从稳健的行驶系统到灵活的转向系统，再到可靠的制动系统以及复杂的车身电气系统，每一个部件都承载着工程师们的匠心独作与不懈追求。今天，就让我们一同深入燃油车的心脏地带，揭开它神秘的面纱，探索那些驱动我们前行的技术奥秘。在这里，我们将详细解析燃油车的每一个技术环节，从动力之源的发动机讲起，逐步揭开传动系统如何将能量传递至车轮，行驶系统如何确保车辆平稳前行，转向系统如何灵活应对每一次变道，制动系统如何在关键时刻保障安全，以及车身电气系统如何为这一切提供电力支持。这不仅是一场技术的盛宴，更是一次对汽车文明深刻理解的旅程。

教学目标

素质目标	知识目标	技能目标
1. 培养对汽车技术的浓厚兴趣和探索精神。 2. 提升逻辑思维与问题解决能力，形成系统思考习惯。 3. 加深对汽车文明的理解与尊重，培养创新精神与实践能力。	1. 深入了解燃油车发动机的工作原理及其类型。 2. 掌握燃油车传动系统的构成及能量传递过程。 3. 理解行驶系、转向系、制动系的基本结构及功能。 4. 熟悉车身电气系统的组成及电力分配原理。	1. 能够分析燃油车各技术环节之间的相互作用与影响。 2. 具备一定的燃油车故障诊断与排除的初步能力。 3. 学会运用所学知识进行燃油车性能评估与优化。

 知识链接

一、发动机

（一）发动机的组成

探索 1 揭秘动力：
深入燃油车的技术核心 1

发动机是汽车的心脏，为汽车提供动力，汽油发动机主要由两大机构和五大系统组成。

1. 两大机构

（1）配气机构：由气门组、气门传动组组成，主要负责控制气门的开启和关闭，从而控制气缸内空气的进出，如图 3-1-1（a）所示。

（2）曲柄连杆机构：由机体组、活塞连杆组和曲轴飞轮组组成，是发动机产生动力并对外输出动力的机构。它将燃料燃烧产生的热能转化为活塞往复运动的机械能，再通过曲轴飞轮组将活塞的往复运动转化为曲轴的旋转运动，如图 3-1-1（b）所示。

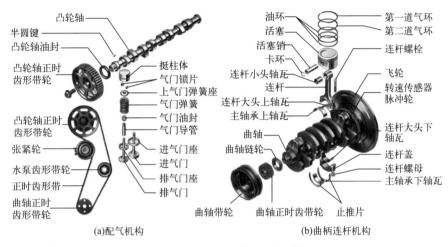

(a)配气机构　　　　(b)曲柄连杆机构

图 3-1-1　汽车发动机两大机构

2. 五大系统

（1）点火系统：由蓄电池、发电机、点火线圈、火花塞、点火开关等组成，主要负责产生高压电火花点燃可燃混合气，如图 3-1-2 所示。

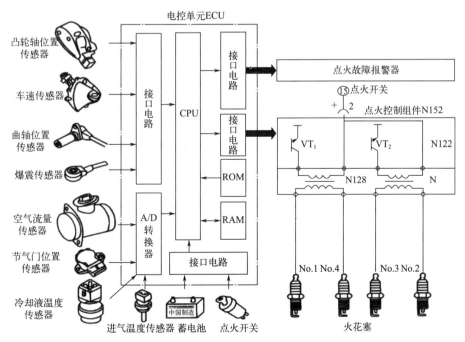

图 3-1-2　点火系统

（2）冷却系统：由水泵、散热器、风扇、节温器、冷却液等组成，主要负责将发动机产生的热量散发出去，保持发动机的正常工作温度，如图 3-1-3 所示。

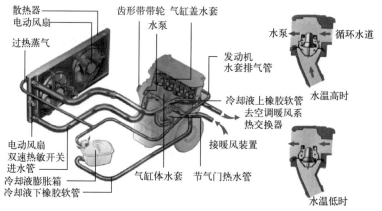

图 3-1-3　冷却系统

（3）润滑系统：由机油泵、机油集滤器、机油滤芯、机油散热器以及介质润滑油等组成，主要负责向发动机的各个摩擦面提供润滑油，减少摩擦和磨损，如图 3-1-4 所示。

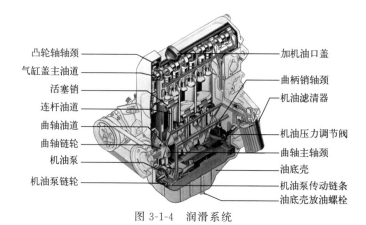

图 3-1-4　润滑系统

（4）启动系统：由蓄电池、启动机以及点火开关等组成，主要负责将发动机的曲轴从静止状态转动起来，实现发动机的启动，如图 3-1-5 所示。

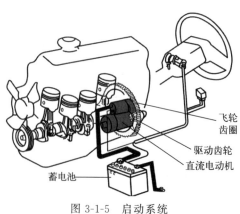

图 3-1-5　启动系统

（5）燃油供给系统：由燃油箱、汽油泵、气滤、进气歧管、高压油泵、喷油嘴、传感器、电控单元等组成，主要负责将燃油输送到气缸内，并与空气混合形成可燃混合气，如图3-1-6所示。

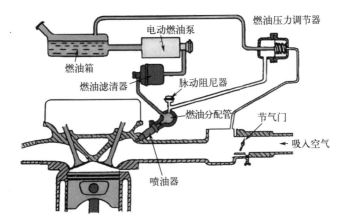

图 3-1-6 燃油供给系统

（二）发动机的工作原理

1. 基本能量转化

发动机是一种能将其他形式的能量转化为机械能的机器。这些能量形式包括热能（如内燃机中的燃烧产生的热能）、电能（如电动机）等。不同类型的发动机，其能量转化的具体过程有所不同。

2. 内燃机工作原理（以四冲程汽油机为例）

（1）进气冲程：活塞由上止点向下止点移动，气缸上方的容积增大，产生真空度。进气门打开，排气门关闭，空气被吸入气缸，并与汽油混合形成可燃混合气，如图3-1-7（a）所示。

（2）压缩冲程：活塞向上运动，进、排气门均关闭，压缩气缸内的可燃混合气。混合气的温度和压力逐渐升高，为接下来的燃烧做准备，如图3-1-7（b）所示。

（3）做功冲程：在压缩冲程接近上止点时，火花塞发出电火花，点燃可燃混合气。燃烧产生的高温高压气体推动活塞快速向下止点移动，通过曲柄连杆机构对外做功。这一过程中，热能转化为机械能，如图3-1-7（c）所示。

（4）排气冲程：活塞再次向上运动，排气门打开，将燃烧后的废气排出气缸。废气排出后，气缸内压力稍高于大气压力，为下一个进气冲程做准备，如图3-1-7（d）所示。

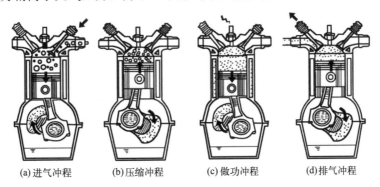

(a)进气冲程　　(b)压缩冲程　　(c)做功冲程　　(d)排气冲程

图 3-1-7 内燃机工作原理

（三）发动机的发展历程

发动机的发展历程可以追溯到 19 世纪，以下是主要的几个发展阶段：

（1）1860 年：法国工程师勒努瓦制造了第一台实用的内燃机，但用煤气作燃料，效率较低。

（2）1876 年：德国工程师奥托研制成功第一台煤气内燃机，后经过改进成为著名的奥托四冲程内燃机，为内燃机的发展奠定了基础。

（3）1885 年：德国人卡尔·本茨制成了第一台用汽油作燃料的内燃机，并成功地将内燃机用于动力驱动，制成了世界上第一台三轮汽车。

（4）19 世纪末至 20 世纪初：内燃机技术不断改进和完善，出现了四冲程汽油机、柴油机等多种类型的内燃机，并逐渐应用于汽车、轮船、飞机等交通工具上。

（5）20 世纪中期：随着石油资源的开发和利用，内燃机得到了更广泛的应用和发展。同时，内燃机的性能也不断提高，如提高压缩比、改进燃烧系统、采用涡轮增压等技术。

（6）20 世纪末至 21 世纪初：随着环保和节能要求的提高，内燃机技术开始向高效、低排放方向发展。出现了电控燃油喷射系统、可变气门正时系统、可变进气歧管技术等先进技术。

（四）发动机的前沿技术

1. VTEC 技术

可变气门配气相位和气门升程电子控制系统（VTEC）由日本本田公司开发，是世界上第一个能够同时控制气门开闭程度和时间的控制系统。通过 VTEC 系统装置，发动机可以根据实际的行驶情况来自动改变气门的控制，通过进气量和排气量的有效控制，来实现功率增大、油耗降低及污染减少的目的，如图 3-1-8 所示。

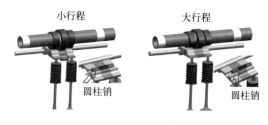

图 3-1-8　VTEC 技术

2. 可变进气歧管技术

通过发动机在不同转速下可以使用不同的进气路径，从而满足发动机在不同工作情况下的空气需求，优化扭矩曲线，改善加速性能，如图 3-1-9 所示。

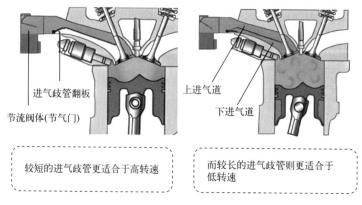

图 3-1-9　可变进气歧管技术

3. VVT-i技术

智能正时可变气门控制系统（VVT-i）通过和可变进气歧管技术相似的技术手段，实现在发动机不同转速下供气效率的适配，实现不同动力需求的不同变现，同时使缸体更加轻量化，有效地降低了噪声，如图3-1-10所示。

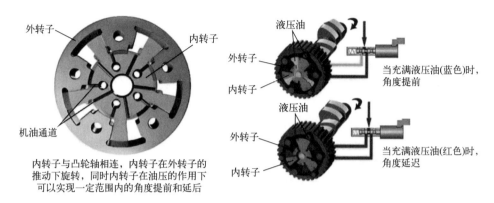

图3-1-10　VVT-i技术

4. 涡轮增压技术

通过增加进气压力，提高进气量，从而提高发动机的功率和扭矩，如图3-1-11所示。同时，涡轮增压技术还可以减少发动机的排量，降低油耗和排放。

5. 缸内直喷技术

将燃油直接喷入气缸内，与空气混合后燃烧，如图3-1-12所示。这种技术可以提高燃油的利用率，降低排放，并提高发动机的动力性能。

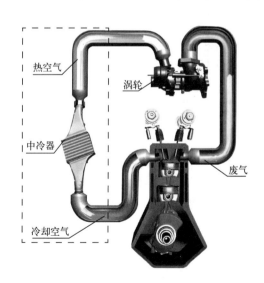

图3-1-11　涡轮增压技术

图3-1-12　缸内直喷技术

（五）技术的革新历程

1. 喷油器的起源

喷油器的起源可以追溯到19世纪末至20世纪初，当时内燃机技术正处于快速发展阶段。英国工程师 Herbert Akroyd Stuart 被认为是现代喷油器技术的先驱。他首先发明了一种类似于现代喷油器的装置，并首次将其应用于重油发动机上。这一发明为喷油器技术的后续发展奠定了重要基础。

2. 喷油器技术的进步

（1）早期发展。在 Herbert Akroyd Stuart 的基础上，博世和康明斯等公司对喷油器进行了改进，并成功将其应用于柴油机上。因此，在 19 世纪 20 年代末，喷油器开始大量应用于柴油机领域。

随后，瑞典工程师 Jonas Hesselman 在 1925 年发明了第一台使用汽油缸内直喷的发动机，这标志着喷油器技术在汽油机领域的应用也取得了重要突破。然而，这台发动机后来被改装成了燃用重油的发动机。

（2）广泛应用。汽油缸内直喷技术在第二次世界大战中得到了广泛应用，首先是在飞机发动机上。德国战机在其汽油机上率先使用了博世生产的为柴油机准备的喷油器。

随着技术的进步，进气道喷射（又称歧管喷射）也逐渐得到应用。法国人 Leon Levavasseur 在 1902 年发明的 V8 航空引擎上就采用了歧管喷射技术，这几乎是世界上首台 8 缸的发动机，同时也是歧管喷射在早期的重要应用。

（3）电控燃油喷射系统的发展。20 世纪 50 年代末期，大多数赛车都已经采用了汽油喷射作为燃油输送系统。1954 年，德国奔驰公司在奔驰 300SL 上装了机械式汽油喷射系统（K型），这标志着电控燃油喷射系统在汽车领域的初步应用。随后，德国博世公司在 K 型喷射系统的基础上发展了机电组合式汽油喷射系统（KE 型）、D 型模拟式汽油喷射系统以及 L 型汽油喷射系统。这些系统的出现极大地提高了燃油喷射的精度和效率。

1979 年，博世公司推出了集点火与喷油于一体的 Motronic 数字式发动机综合电子控制系统，实现了对发动机喷油及点火正时的精确控制，如图 3-1-13 所示。

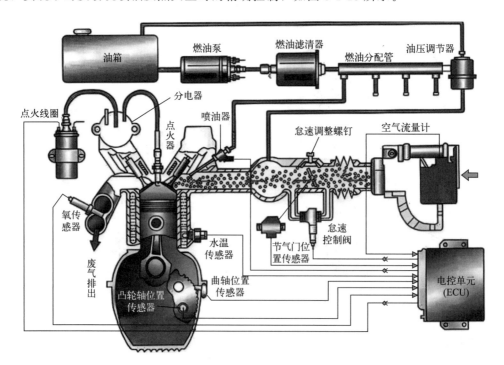

图 3-1-13　电控燃油喷射系统

（4）现代喷油器技术的发展。现代喷油器技术已经发展到了非常高的水平。喷油器不仅具有更高的喷射压力和更精确的喷射控制，还采用了多种先进的材料和制造工艺来提高其耐用性和可靠性。此外，随着排放法规的日益严格和消费者对燃油经济性的要求不断提高，现代喷油器技术也在不断创新和发展。例如，缸内直喷技术、多点喷射技术以及顺序喷射技术等都在不断提高燃油喷射的效率和精度。

二、传动系统

探索1 揭秘动力：深入燃油车的技术核心2

1.传动系统的组成

传动系统通常由传动部分、操纵部分及相应的辅助部分组成，如图3-1-14所示。

（1）传动部分：由各种传动元件或部件（如轴及轴系）、制动、离合、换向和蓄能元件组成，以实现动力和运动的传递。

（2）操纵部分：由具有启动、离合、制动、调速、换向等机能的操纵装置组成，通过手动或电动方式进行操作，以改变动力机或传动系统的工作状态和参数，使执行机构保持或改变其运动和力。

（3）辅助部分：为保证传动系统的正常工作，改善工作条件，延长使用寿命而设的装置。

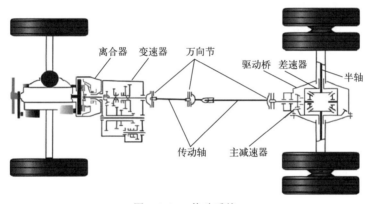

图3-1-14 传动系统

2.传动系统的工作原理

传动系统的工作原理主要是将发动机的动力传递给汽车的驱动轮，从而产生驱动力使汽车正常行驶。具体来说，发动机的动力集中在曲轴上，通过离合器进入变速箱，再通过变速箱的速比输出到传动轴上驱动轮胎。同时，传动系还应保证汽车能倒车，左右驱动轮能满足差速要求，动力传递能根据需要平顺组合或完全快速分离。

在汽车传动系统中，离合器可使汽车发动机与传动系逐渐结合，保证汽车平稳起步，同时也可暂时切断发动机与传动系的联系，便于发动机的启动和变速器的换挡。变速器则通过改变传动比，改变发动机曲轴的转矩，以适应在起步、加速、行驶以及克服各种道路阻碍等不同行驶条件下对驱动车轮牵引力及车速不同要求的需要。

3.驱动方式

汽车的驱动方式多种多样，如图3-1-15所示，主要包括以下几种：

（1）前驱式（FF）：前轮驱动，发动机产生的动力通过传动轴传递到前轮，使车辆前进。这是最常见的驱动方式，大部分轿车和SUV都采用前轮驱动的布局。前驱车的优点是机械结构简单、造价便宜，车内空间布置更为灵活。但缺点是前轮既负责驱动又负责转向，可能导致转向不足。

（2）后驱式（FR）：后轮驱动，发动机产生的动力直接传递给后轮，使得车辆依靠后轮进行驱动。这种驱动方式在性能车上较为常见，如跑车、肌肉车等。后驱车的优点是重量分布更均匀，操控性能更好，驾驶乐趣更强。但缺点是动力损耗相对较大，且需要更长的传动轴，增加了成本。

（3）四驱式（4WD）：四轮驱动车辆在前后轮之间分配动力，以适应不同的驾驶条件。四驱车通常用于越野车、SUV和豪华轿车。四驱车的优点是行驶稳定，越野能力强，能适应各种复杂路况。但缺点是结构复杂，成本较高，且油耗相对较大。

（4）电动驱动（BEV）：电动汽车使用电动机作为动力来源，将电能转化为机械能驱动车辆。电动驱动可以实现更高的能量转换效率，同时减少尾气排放，是环保的驱动方式。

（5）混合动力驱动（HEV）：混合动力汽车结合了内燃机和电动机的优点，可以在不同驾驶条件下自动切换驱动方式。以达到节能减排的目的。

此外，还有一些特殊的驱动方式，如中置后驱（发动机位于汽车中部，驱动后轮）、后置后驱（发动机置于车尾，驱动后轮）以及后置四驱（发动机后置且采用四驱方式）等。这些驱动方式在一些高性能车型或特定车型中可见。

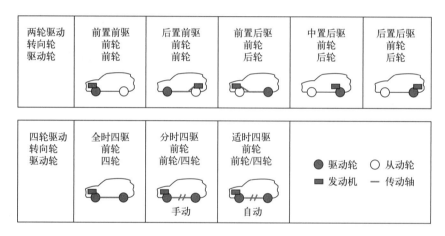

图 3-1-15　汽车的驱动方式

4. 传动系统的发展历程

传动系统的发展历程可以追溯到汽车工业的早期。在1898年以前，发动机动力输出后直接通过齿轮传给驱动轴，因而限制了发动机的安装位置只能紧靠驱动轮轴，使汽车的造型设计产生了困难。然而，随着万向节的发明，传动技术得到了突破，使得前置后驱动、后置前驱动等布置形式成为可能，标志着汽车传动技术走向成熟。

5. 传动系统的前沿技术

目前，传动系统的前沿技术主要集中在无级变速器（CVT）、双质量飞轮、双离合器、驱动防滑装置（TCS）和混合动力传动技术等方面。

（1）无级变速器（CVT）：能够实现无级控制速比，主要由主动轮组、从动轮组、金属传动带和液压及电子控制系统组成，如图3-1-16所示。通过控制主动轮与从动轮的可动盘做轴向移动来改变传动比，从而实现无级变速。

（2）双质量飞轮：通过第一质量、第二质量和减振器的组合，能够有效控制振动和噪声，如图3-1-17所示。

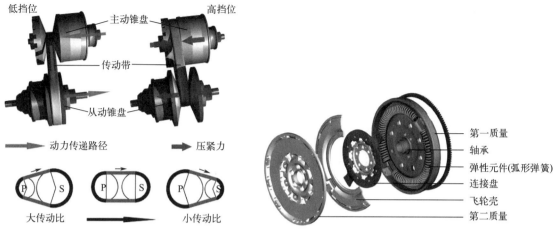

图 3-1-16 无级变速器

图 3-1-17 双质量飞轮

（3）双离合变速器：将两个手动离合器集成到一个离合器中，无需使用离合器踏板。一个离合器控制奇数挡位，另一个控制偶数挡位，确保在换挡时没有动力中断，如图 3-1-18 所示。

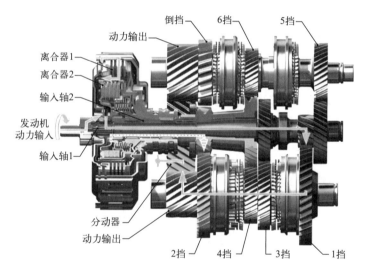

图 3-1-18 双离合变速器

（4）驱动防滑装置（TCS）：通过多种方式防止车轮打滑，包括调节发动机转矩、驱动轮制动调节、差速器锁止控制、离合器或变速器控制以及电控悬架的使用，如图 3-1-19 所示。

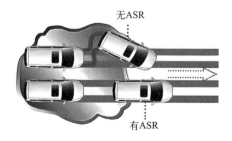

图 3-1-19 驱动防滑装置

（5）混合动力传动技术：将内燃机与电动机相结合，以提高燃油效率和减少排放，如图 3-1-20 所示。

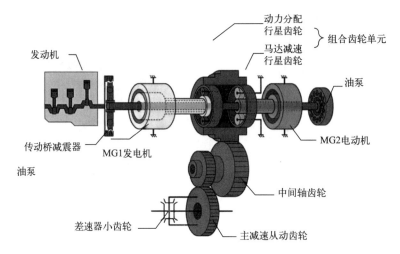

图 3-1-20　混合动力传动技术

6. 技术的革新历程

（1）手动变速器（MT）的发展。手动变速器采用换挡杆和离合器来控制齿轮的啮合和分离，从而实现变速，如图 3-1-21 所示。1894 年，法国人路易斯·潘哈德和埃米利·勒索瓦发明并公开演示了手动变速器，但当时并未安装同步器。1922 年，美国人厄尔·汤普森发明了同步器式手动变速器，解决了换挡时齿轮撞击和摩擦的问题。手动变速器在 20 世纪 80 年代之前被广泛应用于各种车辆和机械设备中。

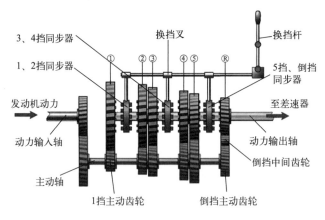

图 3-1-21　手动变速器挡位

（2）自动变速器（AT）的发展。1908 年，美国人亨利·福特发明的 T 型车装备了全球首款 2 速自动变速器，但仍需驾驶员掌握一定技巧，配合油门换挡。真正意义上的自动变速器是通用研制的 Hydra-Matic，它采用液力耦合器和行星式齿轮组合结构，可以自动完成升挡和降挡。1940 年，Rudolph Franke 申请了双离合器变速器专利，但未投入批量生产。1948 年，液力变矩器的发明为自动变速器的成熟奠定基础。20 世纪 60 年代，自动变速器开始出现，并逐渐取代手动变速器成为主流，如图 3-1-22 所示。

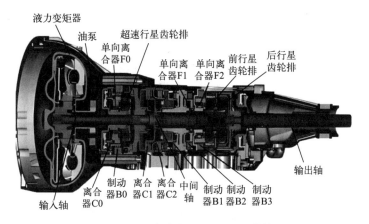

图 3-1-22　自动变速器（AT）结构

（3）无级变速器（CVT）的发展。1879 年，美国人米尔顿·里维斯发明了一种可以无级调节速度的传动装置。1896 年，里维斯将无级变速器应用在他的汽车上。1958 年，荷兰 DAF 公司的 H. Van Doome 博士发明了 CVT 变速器，采用 V 型橡胶带作为动力传递。20 世纪 60 年代中期，荷兰的 VDT 公司用金属带取代橡胶带，研制出了新型的 CVT 变速器。20 世纪 80 年代，无级变速器开始出现并逐渐应用于汽车中。

（4）双离合变速器（DCT）的发展。双离合变速器采用两个离合器来分别控制奇数和偶数挡位的切换。1940 年，Darmstadt 大学教授 Rudolph Franke 申请了双离合器变速器专利，但未投入批量生产。保时捷和奥迪等公司在 20 世纪 80 年代将双离合器技术应用于赛车场上，并逐渐推广到民用汽车中。20 世纪 90 年代，双离合变速器开始出现并逐渐应用于高性能车型中。

（5）其他变速器技术的发展。AMT（电控机械式自动变速器）技术也在不断发展，并逐渐应用于 F1 赛车和豪华跑车中。随着混合动力汽车的发展，混合动力变速器也开始出现并逐渐应用于市场中。

三、行驶系统

（一）行驶系统的组成

行驶系统主要由车架、车桥、车轮和悬架四部分组成，如图 3-1-23 所示。车架是汽车装配的基础，用来支撑连接汽车的各零部件，并承受来自车内外的各种载荷。现代汽车绝大多数都具有作为整车骨架的车架。车桥是传递车架与车轮之间各向作用力及其所产生的弯矩和转矩的装置。车轮由轮胎直接与地面接触在道路上行驶。悬架系统主要部件为避震器，以液压控制为主，也有部分高级房车采用气压控制的悬架系统。

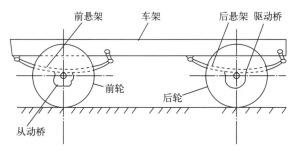

图 3-1-23　行驶系统

（二）行驶系统的工作原理

行驶系统的工作原理主要涉及动力的传递、车身的支撑与缓冲以及行驶方向的保持。行驶系统接受由发动机经传动系传来的转矩，并通过驱动轮与路面间的附着作用，转化为汽车行驶的驱动力。行驶系统将全车各部件连成一个整体，支承汽车的总质量。行驶系统传递并承受路面作用于车轮上的各种力及其力矩。行驶系统尽可能缓和不平路面对车身造成的冲击和振动，保证汽车平稳行驶。

（三）行驶系统的发展历程

行驶系统的发展历程与汽车工业的发展紧密相连。随着汽车技术的不断进步，行驶系统也经历了从简单到复杂、从低级到高级的发展过程。

早期的汽车行驶系统较为简单，主要由车架、车桥和车轮组成，悬架系统也相对简陋。

随着汽车工业的发展，悬架系统逐渐得到了改进和完善，出现了更加先进的液压悬架和气压悬架等。

同时，车轮和轮胎的技术也得到了不断的发展和创新，提高了汽车的行驶性能和安全性。

（四）行驶系统的前沿技术

目前，行驶系统的前沿技术主要集中在以下几个方面：

（1）悬架系统的智能化：通过先进的传感器和控制技术，实现悬架系统的自动调节和优化，提高汽车的行驶稳定性和舒适性。

（2）车轮和轮胎技术的创新：采用新型材料和制造工艺，提高轮胎的耐磨性、抓地力和降低滚动阻力等性能。

（3）轻量化技术的应用：通过采用轻量化材料和优化设计等方法，减轻行驶系统的重量，提高汽车的燃油经济性和动力性能。

（五）行驶系统的技术的革新历程

1. 轮胎的起源

轮胎的起源可以追溯到古代，最初的车轮是由木头或金属制成的，舒适性欠佳，且发展进程缓慢。然而，随着橡胶的发现和应用，轮胎开始逐渐从木制或金属制车轮向橡胶轮胎转变。

1493—1496 年，哥伦布在第二次探索新大陆时发现了橡胶硬块，并将其带回了欧洲。这一发现为后来的轮胎制造提供了关键材料。随着时间的推移，市面上出现了一种以硬橡胶制作的轮胎，虽然舒适性较差，但已经比木制或金属制车轮有了显著的进步。现代轮胎组成如图 3-1-24 所示。

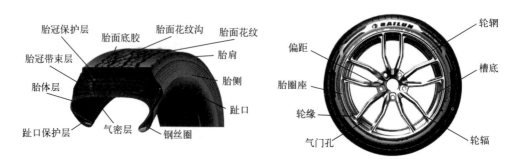

图 3-1-24　轮胎的组成

2. 邓禄普的发明过程

（1）灵感来源与初步尝试。邓禄普（John Dunlop）的充气轮胎发明灵感来源于对自行车行驶性能的观察和思考。他注意到传统的木制或金属制车轮在行驶过程中存在诸多不便，如舒适性差、减振效果不佳等。因此，他开始尝试使用橡胶材料来制作轮胎，并设想通过充气来提高轮胎的舒适性和行驶性能。

（2）实验与改进。邓禄普最初尝试将橡胶水管制成轮胎，并灌入水来增加其弹性和舒适性。然而，这种轮胎在实际应用中存在一些问题，如重量过大、维护困难等。于是，他进一步改进设计，用充气代替了灌水，从而创造了世界上第一条充气轮胎。这一发明极大地提升了轮胎的舒适性和行驶性能，使得自行车成为了更受欢迎的交通工具。

（3）商业化与普及。邓禄普的充气轮胎很快得到了市场的认可，并迅速被广泛应用于自行车和汽车上。随着技术的不断改进和成本的降低，充气轮胎逐渐普及到更广泛的领域，成为了现代交通工具不可或缺的一部分。邓禄普轮胎品牌也因此而闻名于世，成为了一家享有盛誉的轮胎制造商。

3. 米其林的发明过程

（1）可拆卸轮胎的发明。米其林兄弟（Edouard and André Michelin）在轮胎领域的发明主要集中在可拆卸轮胎上。他们认识到传统轮胎在更换和维修方面存在诸多不便，因此开始尝试设计一种可拆卸、易维修的轮胎。1891 年，他们成功研制出了世界上第一条可在十五分钟内拆换的自行车轮胎，并为其申请了专利。这一发明极大地缩短了换胎及维修时间，提高了轮胎的便利性和实用性。

（2）轮胎技术的不断革新。米其林兄弟并没有止步于可拆卸轮胎的发明。他们继续深入研究轮胎技术，不断推出新的产品和创新。例如，他们发明了可拆换的汽车轮辋、后轮等，使得轮胎的更换和维修更加便捷。此外，他们还致力于提高轮胎的耐用性和行驶性能，通过改进轮胎材料和结构设计等手段来延长轮胎的使用寿命和提高其行驶稳定性。

（3）子午线轮胎的发明。米其林在轮胎领域的最大贡献之一是发明了子午线轮胎。这种轮胎采用了全新的结构设计，使得轮胎在承受负荷时能够更好地分散压力，从而提高了轮胎的耐用性和行驶稳定性。子午线轮胎的发明标志着轮胎技术进入了一个新的发展阶段，为后来的轮胎技术创新奠定了基础。

4. 其他重要革新与发现

1903 年，帕玛先生改进了轮胎构造，发明了一种斜纹纺织品，促成了交叉层轮胎的发展。这种轮胎大大提高了轮胎的使用寿命和耐磨性能。1904 年，德国马牌轮胎首创了世界第一条带花纹汽车轮胎，改写了轮胎没有花纹的历史。花纹设计对于轮胎的舒适性、减振性能等方面发挥了巨大作用。2002 年，德国马牌率先发明了缺气保用轮胎（SSR），并应用投产。这种轮胎在轮胎气压不足或扎钉等情况下仍能正常行驶一定距离，大大提高了行车安全性。

5. 轮胎的标识

轮胎的标识包含了轮胎的各种参数和信息，如图 3-1-25 所示，以下是轮胎上常见标识的详细解析：

（1）轮胎标签：轮胎标签可看作轮胎的"身份证"，上面包含了品牌、规格、产地等基础信息，以及二维码、条形码合格证等防伪码。

（2）品牌名称：品牌名称以英文字母的形式呈现在轮胎的胎侧，是轮胎标识中最大的部分。例如，NEXEN 表示耐克森轮胎，WANLI 表示万力轮胎。

（3）轮胎规格：乘用车轮胎规格一般采用"XXX/XX RXX"的表示方法，其中 XXX 代表轮胎断面的宽度（mm），XX 代表扁平比（断面高度与宽度的比值），R 代表子午线轮胎，XX 代表轮辋直径（in）。

（4）负荷指数和速度级别：标注在轮胎规格旁边，负荷指数代表轮胎最大能够承载的质量，速度级别则代表轮胎能够承受的最高速度。

（5）耐磨指数：耐磨指数通常以数字的方式印刻在轮胎侧面，数字越大代表轮胎越耐磨。家用车轮胎的耐磨指数通常在 240～400 之间，而性能轮胎的耐磨指数可能更低。

（6）生产日期：生产日期通常标注在长椭圆形边框里，由四位数字组成，前两位代表周数，后两位代表年份。例如，"5222"代表 2022 年的第 52 周生产。

（7）特殊性能标识：M＋S 或 M/S 标识表明轮胎适用于泥地和雪地。

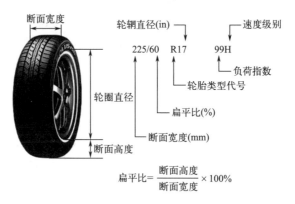

图 3-1-25　轮胎的标识

四、转向系统

（一）转向系统的组成

转向系统主要由方向盘、转向管柱、转向器、转向节、转向节臂、横拉杆、直拉杆、前轴等零部件组成，如图 3-1-26 所示。其中，方向盘是驾驶员操纵转向系统的部件，转向器则是将方向盘的转动转化为车轮转动的关键部件。

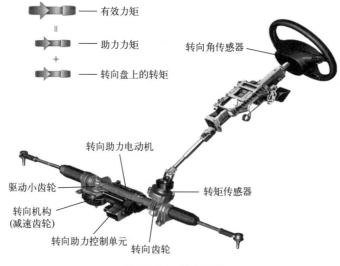

图 3-1-26　转向系统

（二）转向系统的工作原理

（1）机械式转向：当驾驶员转动方向盘时，通过转向管柱内的芯轴带动转向器上的小齿轮轴旋转。小齿轮轴再与齿条相互作用，将旋转运动转化为齿条的左右移动。齿条的移动通过拉杆带动转向节以及车轮转动，从而实现汽车的转向。

（2）液压助力转向：在液压助力转向系统中，发动机带动液压泵工作，产生油压并传给转向器。当驾驶员转动方向盘时，转向器控制阀根据转向需求分配油压给相应的汽缸，形成油压差，从而助力转向。

（3）电动助力转向：电动助力转向系统通过电机驱动来助力。当驾驶员转动方向盘时，转角传感器检测到转向意图，并将信号发送给控制器。控制器根据控制策略决定电机的助力方向和助力大小，从而驱动电机工作，实现转向助力。

（三）转向系统的发展历程

转向系统的发展历程经历了多个阶段，从早期的机械式转向系统到现在的电子控制助力转向系统，经历了多次技术革新：

（1）早期机械式转向系统：20世纪00年代至20世纪50年代，早期的汽车转向系统主要是基于人力操作的机械式转向系统。驾驶员通过转动方向盘来驱动转向齿轮，进而改变前轮的方向。这种转向系统的缺点是效率低、重量大且容易磨损。

（2）液压助力转向系统：20世纪50年代至20世纪80年代，随着技术的发展，液压助力转向系统开始出现。这种系统通过将发动机的液压能转化为转向能量，减轻了驾驶员的操作负担，提高了汽车的操控性能和舒适性。

（3）电子控制助力转向系统：20世纪80年代至今，随着电子技术的发展，电子控制助力转向系统（ECPS）应运而生。ECPS能够根据车辆的行驶速度和方向传感器的信息，自动调整转向助力的大小，提高驾驶安全性和舒适性。此外，ECPS还可以实现转向系统的故障诊断和报警功能。

（4）主动转向系统：21世纪至今，主动转向系统是一种更先进的转向技术。它可以根据车辆的行驶速度、转向角度等参数，实时调整转向助力的大小和方向，提高车辆在高速行驶时的稳定性和安全性，同时提高低速行驶时的灵活性和舒适性。

（四）转向系统的前沿技术

（1）线控转向技术：线控转向技术是指车辆控制器通过传感器信号判断车辆行驶状态及驾驶员转向意图，并通过数据线路控制液压激励器或电动机产生转向力矩，驱动转向轮以实现转向，如图3-1-27所示。这种技术无须机械传动机构，节省了布置空间，减轻了整车质量，并提供了更灵活的转向控制。

图3-1-27　线控转向技术

（2）电动液压助力转向系统：电动液压助力转向系统是一种混合式的动力转向系统，它仍采用液压系统作为执行机构，而将液压泵改为电动机驱动。这种系统通过电子控制单元结合车速信号、方向盘转角变化信号来控制电机转动，从而调节液压泵的供油量，实现转向助力。

（3）直接助力式电动转向系统：直接助力式电动转向系统直接使用电机驱动，而不依赖于液压元件的动力转向系统。这种系统具有更高的能量利用率和更灵活的控制性能。

（五）技术的革新历程

倾斜方向盘的诞生：1896年，英国汽车制造商德雷克采用了轮船转向舵的设计，制造出了第一款带有方向盘的汽车。然而，这款方向盘仍然是垂直式的，如图3-1-28所示。

1897年，在英国考文垂的戴姆勒工厂发生了一次意外。维修工人在为一辆费顿牌汽车进行大检修时，吊环忽然滑脱，沉重的车身在空中坠落了下来，砸在了车子的方向盘和转向柱上。结果已经装好的方向盘转向柱被压弯了，正好向驾驶座倾斜。这一意外却意外地让工人们发现，倾斜的转向柱使得方向盘变得更加有利于操作。这一发现为戴姆勒的工程师提供了新的灵感，他们开始将方向盘设计为倾斜式。倾斜方向盘不仅提高了驾驶的舒适性，还使得转向更加轻松自如。

随着倾斜方向盘的优势逐渐被认可，越来越多的汽车制造商开始采用这种设计。到了20世纪初期，倾斜式方向盘已经成为主流设计，并一直延续至今，如图3-1-29所示。

图 3-1-28　垂直式方向盘

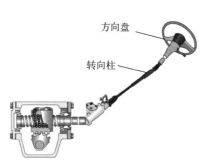

图 3-1-29　倾斜式方向盘

五、制动系统

（一）制动系统的组成

制动系统主要由供能装置、控制装置、传动装置和制动器四部分组成，如图3-1-30所示。

（1）供能装置：可以是手动的或辅助的，包括供给、调节制动所需能量以及改善传动介质状态的各种部件，例如空气动力辅助、液压辅助和空液压辅助。

（2）控制装置：产生制动动作和控制制动效果的各种部件，如制动踏板和驻车制动，也可分为手动或电子装置。

（3）传动装置：将制动能量传输到制动器的各个部件，如气管、液压管、电缆、制动主缸、轮缸等。

（4）制动器：制动执行机构，产生阻碍车辆运动或运动趋势的部件，分为鼓式制动器和盘式制动器。

（二）制动系统的工作原理

制动系统的工作原理主要是把汽车的动能转化为热能，通过制造巨大的摩擦力来让车减速或停下。当驾驶员踩下制动踏板时，通过控制装置和传动装置的作用，将能量传递到制动

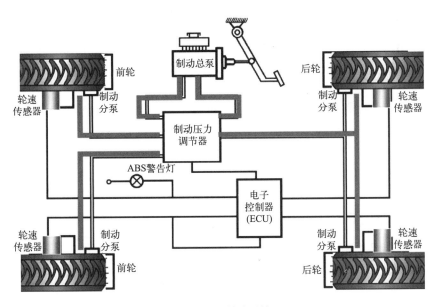

图 3-1-30 制动系统

器上。制动器则通过摩擦将汽车的动能转化为热能，从而使汽车减速或停止。

（三）制动系统的发展历程

制动系统的发展历程经历了多个阶段，从最初的纯机械制动到现在的电子制动，技术不断创新和完善。

（1）纯机械制动阶段：早期的汽车制动系统主要是基于人力操作的纯机械制动系统，制动效果有限且操作费力。

（2）液压制动阶段：随着技术的发展，液压制动系统开始出现并逐渐普及。液压制动系统具有制动效果好、操作轻便等优点，成为当时的主流制动系统。

（3）电子制动阶段：近年来，随着电子技术的飞速发展，电子制动系统逐渐崭露头角。电子制动系统具有更高的制动精度和更灵活的控制性能，成为未来制动系统的发展方向。

（四）制动系统的前沿技术

（1）线控制动技术：线控制动技术是一种新型的制动技术，它取消了传统的机械连接，通过电子信号来控制制动器的动作，如图 3-1-31 所示。这种技术具有更高的制动精度和更灵活的控制性能，是未来制动系统的重要发展方向。

图 3-1-31 线控制动技术

（2）制动能量回收技术：制动能量回收技术是一种将汽车在制动过程中产生的能量回收并转化为电能或其他形式能量的技术。这种技术不仅可以提高汽车的能源利用效率，还可以减少制动过程中的能量损失和环境污染。

（3）智能制动辅助系统：智能制动辅助系统是一种基于传感器和算法的智能控制系统，它可以实时监测车辆的行驶状态和周围环境，并根据需要自动调整制动系统的参数和动作。这种系统可以提高驾驶的安全性和舒适性，减少人为操作失误和事故发生的可能性。

（五）技术的革新历程

（1）制动系统的发明：早期的汽车制动系统是基于马车制动结构的改进而来的。随着汽车技术的发展和需求的提高，制动系统逐渐从简单的机械结构演变为更加复杂和高效的电子控制系统。

（2）制动系统的创新：在制动系统的发展过程中，出现了许多创新的技术和解决方案。例如，ABS（防抱死制动系统）（图 3-1-32）的发明大大提高了汽车在紧急制动时的稳定性和安全性；而 ESP（电子稳定程序）等高级制动辅助系统的出现则进一步提高了驾驶的舒适性和安全性。

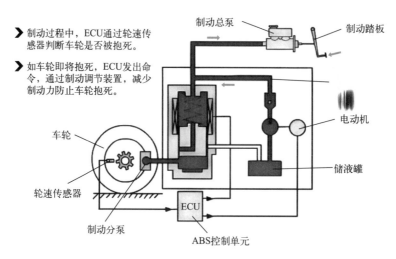

图 3-1-32　防抱死制动系统

（3）制动系统的应用：在现代汽车中，制动系统不仅用于控制汽车的行驶速度和停车位置，还与其他系统（如转向系统、悬挂系统等）相互协作，共同提高汽车的操控性能和安全性。此外，在一些特殊车辆（如火车、飞机等）中，制动系统也发挥着至关重要的作用。

六、车身电气系统

（一）车身电气系统的组成

车身电气系统主要由以下几大部分组成，如图 3-1-33 所示。

（1）充电系统：由蓄电池、电压调节器和交流发电机等组成，主要为汽车启动和行驶时提供系统工作所需的电能。

（2）启动系统：由蓄电池、点火开关、启动机及其控制电路等组成，主要为了给发动机曲轴提供足够的启动转矩，使发动机顺利完成点火从而正常运行。

（3）点火系统：由点火线圈、火花塞、点火信号发生器和分电器总成（无分电器点火系统则为微机控制单元）组成，利用火花塞点燃缸内的混合气，推动活塞做功，为发动机提供动力。

（4）照明与信号系统：照明系统包括前照灯、雾灯、示宽灯等；信号系统包括转向信号灯、危险警示灯、制动信号灯等。它们共同帮助驾驶员在夜间或恶劣天气下行驶，以及提醒周围其他驾驶员或行人避让。

（5）辅助电器系统：由雨刮系统、电动车窗系统、收音机、低温起动预热装置和点烟器等组成，主要提升汽车行驶的安全性、舒适性和稳定性。

（6）仪表与报警系统：由机油压力表、冷却液温度表、燃油表、车速里程表和发动机转速表等组成，为驾驶员提供汽车怠速或行驶状态下的车辆工况信息，使驾驶员能及时发现车辆问题，避免事故发生。

（7）电子控制系统：由发动机控制单元（ECU）、制动防抱死装置（ABS）、电控悬架系统、自动空调和电控自动变速器等组成，与相应模块中的传感器和执行器实行交互，并按照汽车最优配置参数进行系统控制，确保模块的正常运行。

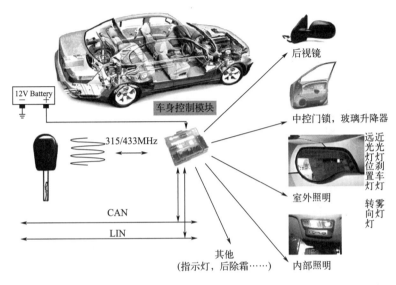

图 3-1-33　车身电气系统

（二）车身电气系统的工作原理

车身电气系统是一个封闭的电路，有一个独立的电源——蓄电池。电流从蓄电池流出，通过电缆流向被供电的部件，然后通过汽车的金属车身流回蓄电池，形成回路。这种电路被称为接地回路系统。在电路中，电流的强度以安培为单位来测量，而驱动电流的压力则称为电压（伏特）。车身电气系统还包括多个保险丝和电路元件，如灯泡等，它们以串联或并联的方式连接在电路中。

（三）车身电气系统的发展历程

车身电气系统的发展历程经历了多个阶段：

（1）初始电气化阶段：在汽车发展的早期阶段，电气系统主要用于照明、启动和点火等基本功能。这一阶段的特点是使用简单的电气元件和机械开关实现基本的电气控制。

（2）电子控制单元应用阶段：随着电子技术的发展，电子控制单元（ECU）开始广泛应用于汽车电气系统中。ECU通过接收传感器信号实现对发动机、制动、转向等系统的精确控制，大大提高了汽车的性能和安全性。

（3）智能化阶段：进入21世纪后，随着计算机技术的飞速发展，汽车电气系统开始进入智能化阶段。智能化系统能够通过更复杂的算法和传感器网络实现对车辆状态的实时监控和智能调节。

（4）网络化阶段：近年来，随着物联网技术的发展，汽车电气系统正逐步向网络化方向发展。车载网络将各个控制系统连接在一起实现了信息的共享和协同工作。

（四）车身电气系统的前沿技术

（1）自动驾驶技术：自动驾驶技术是车身电气系统的重要发展方向之一。通过集成传感器、摄像头、雷达等设备以及先进的算法和控制技术，自动驾驶技术可以实现车辆的自主导航和驾驶，提高驾驶的安全性和舒适性。

（2）车联网技术：车联网技术是指将车辆与互联网连接起来，实现车辆与周围环境的实时交互和信息共享。通过车联网技术，车主可以远程监控车辆状态、规划行车路线、享受娱乐服务等。

（3）新能源技术：随着新能源汽车的普及和发展，车身电气系统也在不断适应新能源技术的需求。例如，电池管理系统（BMS）可以实时监测电池状态并优化充电和放电过程；电机控制系统则可以实现对电动机的精确控制，提高新能源汽车的性能和续航能力。

（五）技术的革新历程

1. 挡风玻璃的革新历程

（1）挡风玻璃的出现。在汽车发明后的几十年里，并没有安装挡风玻璃。但随着汽车行驶速度的提高，为防止路上昆虫、沙尘等的影响，汽车制造商在车上加装了挡风玻璃。1904年，挡风玻璃成为选装配置，1915年挡风玻璃成为汽车标配。

（2）夹层玻璃的应用。早期的汽车玻璃是普通平面玻璃，破碎时会形成尖锐碎片，对驾乘人员造成二次伤害。1918年，福特汽车的创始人亨利·福特因挡风玻璃破碎受伤后，推动了安全夹层玻璃在汽车上的使用。夹层玻璃是将两块玻璃夹在一起，中间用一层胶隔开，更加结实，发生事故后破碎率大大降低。

（3）钢化玻璃的应用。1938年，匹茨堡玻璃公司将钢化玻璃带入了汽车挡风玻璃领域。钢化玻璃是通过将普通平板玻璃加热到接近软化温度后迅速冷却而制成的，处于内部受拉、外部受压的应力状态。一旦局部发生破损，便会发生应力释放，玻璃被破碎成无数小块，这些小的碎片没有尖锐棱角，不易伤人。并且其硬度是普通玻璃的五倍以上。

（4）现代汽车玻璃的发展。随着科技的进步和人们对汽车安全性、舒适性要求的提高，现代汽车玻璃不断向智能化、集成化和多功能化方向发展。如太阳能玻璃、超隔绝紫外线玻璃、镀膜加热隔热玻璃、夹丝天线玻璃等不断涌现。

2. 转向灯的出现与交通指示的革新

（1）起源与早期尝试。在汽车发展的初期，并没有转向灯的概念。驾驶员通常通过手势或喊叫来向其他道路使用者传达转向意图，如图3-1-34所示。然而，这种方式在恶劣天气或嘈杂环境中效果不佳，且缺乏安全性。

1907年，珀西·道格拉斯-汉密尔顿发明了一种机械装置，如图3-1-35所示，允许司机在车内通过机械装置控制车身两边安装的手形标识牌，这是转向灯的早期尝试。然而，这种装置并未得到广泛应用。

图3-1-34　驾驶员通常通过手势传达转向意图　　　图3-1-35　汉密尔顿发明的转向机构

（2）重要发明与普及。1914年，佛罗伦萨·劳伦斯设计了一个简单的机械装置，当需要转向时，按一下按钮，汽车的后保险杠上就会升起或下降一个旗帜来警示后车司机。虽然这一发明并未申请专利，但它为后来的转向灯设计提供了灵感。1938年，通用汽车工程师发现继电器控制灯光系统能够在车辆转向时接通相应一侧的开关，通过制动灯的闪烁提示转向方向。这一发现为转向灯的普及奠定了基础。1939年，别克汽车首次配备了这种转向灯，其转向功能由"Handi-shift"移位器开关进行操作。这种全新的装置被命名为"闪电方向信号"，并在随后几年内迅速普及到其他汽车品牌中。

（3）技术革新与发展。随着电子技术的不断进步，转向灯逐渐从机械控制转变为电子控制，开关也从仪表盘转移到了方向盘下面的组合开关上，提高了操作的便捷性和安全性。1965年的福特雷鸟等车型开始采用顺序后转向灯，即当司机操作转向控制杆时，车尾转向灯从内部、中间到外部的灯泡依次亮起，提高了转向信号的清晰度和辨识度。

转向灯的最新技术主要体现在智能化、自动化和集成化方面，以下是一些最新的转向灯技术及其特点：

① 自动激活转向灯技术。利用自动驾驶系统或额外的传感器来检测驾驶员何时应该激活转向灯。如果驾驶员忘记开启转向灯，系统会自动开启。车辆会将实时测得的转向角度与预设的动态范围进行比较，然后系统处理器会决定车辆是否应该变道或转弯，并做出相应的转向灯激活操作。

② 其他创新技术。流水转向灯：一些高端车型配备了更为先进的"流水转向灯"，这种设计能够更加醒目地提醒周围车辆注意，提高了行车安全性。集成式转向灯：部分车型将转向灯与其他车灯（如日间行车灯、刹车灯）集成在一起，不仅提高了车辆的美观性，还增强了转向信号的辨识度。

3. 大灯科技

（1）自动大灯。通过光敏电阻等感光传感器来检测环境光线，与设定的光线强度做对比，由车辆控制器自行决定大灯是否开启，由此大幅度简化了驾驶者操作，让驾驶者可以专注于平稳驾驶。伴随着车灯成本的不断降低、可靠性和寿命的不断提高，自动大灯如今已经越发普及。

（2）自适应远近光。根据车辆当前的行驶速度及前方的路况，自动切换远光灯和近光灯，如图3-1-36所示，以避免会车时对面车辆的司机因被远光灯刺眼失去视野，从而造成事故。它的原理是通过驾驶辅助系统的摄像头，识别车辆前方的其他车辆、行人等障碍物，从而判断是否需要切换光源，因此需要车辆带有视觉识别的驾驶辅助能力。

（3）自适应照明大灯。是一种比自适应远近光更加强大的技术，不但需要驾驶辅助能力的支持，还需要车辆有着多像素的LED矩阵大灯。它能够根据天气情况、外部光线、道路状况等行驶信息，改变发出光线的形状，譬如在转弯时实现光照区域的同侧偏移；或者检测到前方会车、有行人时改变光形，避开对车辆和行人的直射；或者在高速公路上自动向前延展大灯投射距离；亦或者在十字路口自动扩大光照范围等，如图3-1-37所示。

图 3-1-36　自适应远近光

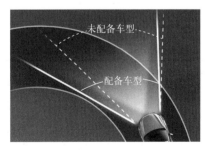

图 3-1-37　自适应照明大灯

（4）智能交互大灯。这是大灯从单一地提供照明的功能，延展至提供多样化的车外交互能力的典型技术代表。它依托于多像素的 LED 大灯和智能座舱技术，能够实现将多像素的矩阵 LED 大灯，通过改变车灯矩阵的照明方式，将车灯变成一个车外屏幕，显示各种各样的图案，譬如儿童、箭头，或者用户自定义的爱心、文字等，甚至播放动态灯语，或者将其直接投影到车外，如图 3-1-38 所示。

图 3-1-38　智能交互大灯

案例讨论

1. 具体案例：揭秘国产燃油车动力核心——以吉利星越 L 为例。

2. 案例背景：吉利星越 L 作为国产燃油车中的佼佼者，凭借其出色的动力性能、高效的传动系统、稳定的行驶品质、精准的转向控制、可靠的制动系统以及智能化的车身电气系统，赢得了市场的广泛好评。本案例将以吉利星越 L 为例，深入解析其发动机、传动系、行驶系、转向系、制动系及车身电气系统等关键技术，揭秘国产燃油车的技术精髓。

3. 讨论点：

（1）吉利星越 L 搭载的 2.0T 涡轮增压发动机在性能上达到了怎样的水平？国产发动机在未来如何进一步提升动力性能和燃油经济性？

（2）湿式双离合变速箱相比传统 AT 变速箱有哪些优势？国产车在传动系技术上有哪些创新和发展趋势？

（3）吉利星越 L 的车身电气系统集成了哪些智能化功能？国产车在未来如何进一步提升车身电气系统的智能化水平和驾驶便捷性？

任务实施

1. 任务要求：国产燃油车技术深度探索与对比分析。

2. 任务描述：随着中国汽车工业的快速发展，国产燃油车在技术上取得了显著进步，不仅在发动机、传动系等核心领域实现了自主创新，还在智能化、节能环保等方面取得了重要突破。本拓展任务要求选取三款具有代表性的国产燃油车，对其发动机、传动系统、行驶系统、转向系统、制动系统及车身电气系统进行深入探索，并与同级别国际品牌车型进行对比分析，以揭示国产燃油车的技术现状、优势与不足，为未来发展提供参考。

3. 设计报告

作品名称		评分	
		小组评分	教师评分
发动机	（国产车型发动机技术参数与特点、国际品牌车型发动机技术参数与特点、技术对比分析）		
传动系	（国产车型传动系统技术参数与特点、国际品牌车型传动系统技术参数与特点、技术对比分析）		
行驶系	（国产车型行驶系统技术参数与特点、国际品牌车型行驶系统技术参数与特点、技术对比分析）		
转向系	（国产车型转向系统技术参数与特点、国际品牌车型转向系统技术参数与特点、技术对比分析）		
制动系	（国产车型制动系统技术参数与特点、国际品牌车型制动系统技术参数与特点、技术对比分析）		
车身电气	（国产车型车身电气系统技术参数与特点、国际品牌车型车身电气系统技术参数与特点、技术对比分析）		
建议与展望	（提出针对国产燃油车技术发展的建议、展望国产燃油车未来发展的趋势和前景）		
总结反思			

探索2　领航绿色：探索新能源汽车的未来

 **教学引入**

在环保与可持续发展的浪潮中，新能源汽车正以前所未有的速度引领着汽车行业的绿色转型。从纯电动到插电式混合，再到前沿的燃料电池技术，新能源汽车以其独特的魅力，正逐步改变着我们的出行方式。今天，我们将踏上一场探索之旅，深入新能源汽车的每一个技术细节，从驱动电机与控制系统的精妙配合，到动力电池系统的能量存储与释放，再到辅助系统的智能辅助与能量回收系统的循环利用，我们将一一揭开它们的神秘面纱。同时，我们还将聚焦比亚迪在电池技术领域的引领地位，以及蔚来在换电模式上的创新突破，这些不仅是中国新能源汽车企业的骄傲，更是全球汽车行业绿色发展的生动实践。让我们一同见证，新能源汽车如何以科技的力量，引领我们驶向更加清洁、更加美好的未来。

教学目标

素质目标	知识目标	技能目标
1. 培养对新能源汽车技术的兴趣和探索精神，关注汽车行业绿色转型的趋势。 2. 提升环保意识，理解新能源汽车在推动全球绿色发展中的重要角色，形成可持续发展的价值观。	1. 掌握新能源汽车的主要类型及其技术特点，包括纯电动、插电式混合和燃料电池技术。 2. 了解新能源汽车驱动电机与控制系统的基本工作原理及其精妙配合。 3. 理解动力电池系统的能量存储与释放机制，以及辅助系统和能量回收系统的功能。	1. 能够分析新能源汽车技术细节，识别其关键技术组件及其相互作用。 2. 运用所学知识，评估新能源汽车的环保与可持续发展性能。

知识链接

一、新能源汽车的组成

新能源汽车作为现代汽车工业的重要组成部分，其驱动电机与控制系统、动力电池系统、辅助系统以及能量回收系统均扮演着至关重要的角色，如图 3-2-1 所示。

探索2　领航绿色：
探索新能源汽车的未来

（一）驱动电机与控制系统

1. 驱动电机

驱动电机是新能源汽车的核心部件之一，负责将电能转化为机械能，从而驱动车辆行驶，如图 3-2-2 所示。常见的驱动电机类型包括直流电机、永磁同步电机和交流感应电机（异步电机）。其中，永磁同步电机因其高效率、高功率密度和良好的动态性能而广受青睐。

驱动电机的性能直接决定了电动汽车的爬坡、加速、最高速度等主要性能指标。因此，在选择驱动电机时，需要综合考虑其功率、转矩、效率、可靠性以及成本等因素。

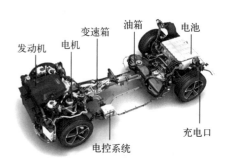

图 3-2-1　新能源汽车的组成

2. 控制系统

控制系统主要由电机控制器和电池管理系统等组成。电机控制器负责接收整车控制器的扭矩报文指令，进而控制驱动电机的转动。同时，在能量回收过程中，电机控制器还负责将驱动电机产生的再生电能回充给动力电池。

电池管理系统（BMS）则负责监视蓄电池的状态（温度、电压、荷电状态等），为蓄电池提供通讯、安全、电芯均衡及管理控制，并提供与应用设备通讯接口。BMS 是连接动力电池和电动汽车的重要纽带，其性能直接影响电池的使用效率和安全性。

图 3-2-2 驱动电机

（二）动力电池系统

动力电池系统是新能源汽车的能量储存装置，由动力电池组、电池管理系统、动力电池箱以及辅助元器件等组成。

1. 动力电池组

动力电池组是动力电池系统的核心部分，由多个电芯通过串并联方式组合而成。电芯是电池的基本单元，通常由正极、负极、隔膜和电解液组成。正极和负极之间的反应通过电解液的离子传输实现，提供了电池的能量。

动力电池组的性能直接影响电动汽车的续航里程和动力性能。因此，在选择动力电池组时，需要综合考虑其能量密度、功率密度、循环寿命以及安全性等因素。

2. 电池管理系统

电池管理系统（BMS）负责监视动力电池组的状态，并进行充放电控制、均衡管理、热管理以及故障诊断等。通过实时监测电池组的电压、电流、温度等参数，BMS 可以确保电池组在安全、高效的状态下工作，如图 3-2-3 所示。

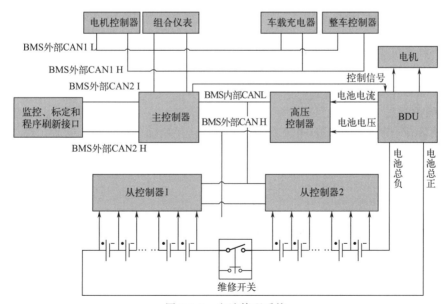

图 3-2-3 电池管理系统

3．动力电池箱

动力电池箱是支撑、固定、包围电池系统的组件，如图 3-2-4 所示，具有承载、保护以及散热等功能。动力电池箱的设计需要充分考虑电池组的重量、尺寸以及散热需求等因素，以确保电池组在车辆行驶过程中的稳定性和安全性。

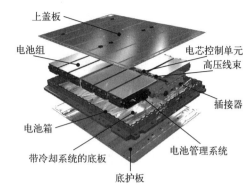

图 3-2-4　动力电池箱的组成

（三）辅助系统

新能源汽车的辅助系统涵盖多个层面，包括辅助动力源、动力转向系统、导航系统、空调设备、照明和除霜设备等。

1．辅助动力源

辅助动力源由辅助电源和 DC/DC 转换器共同构成，为主动力转向系统、空调等辅助装置提供所需动力。这些辅助电源是通过主电源经由 DC/DC 转换器进行充电的。

2．动力转向系统

新能源汽车的动力转向系统通常采用电动助力转向（EPS）技术。它通过转矩传感器、车速传感器等收集驾驶操作和车辆状态信息，由电子控制单元（ECU）根据这些信号计算出合适的助力大小和方向，再驱动电机为转向系统提供助力。低速时助力大，转向轻松；高速时助力小，增强路感和稳定性。相比传统液压助力，EPS 结构简单、能耗低、响应快、噪音小，还能与自动驾驶辅助功能集成，提升驾驶舒适性和安全性。

3．其他辅助设备

导航系统能够为驾驶者提供精准的路线导航；空调设备能够调控车内温度，打造宜人的驾乘环境；照明和除霜设备则确保驾驶者拥有清晰的视野；雨刷能够迅速清除前挡风玻璃上的雨水或杂物；收音机、VCD 以及音响系统则为驾驶途中增添了丰富的娱乐体验。

此外，新能源汽车还配备了一系列高级驾驶辅助系统，如车道保持系统、自适应巡航系统、智能泊车系统以及盲点监测系统等，进一步提升了车辆的安全性和驾驶体验。

（四）能量回收系统

能量回收系统也称制动能量回收系统或再生制动系统，其功能是在减速制动时将新能源汽车的部分动能转化为电能，并将电能储存在储存装置（如动力电池）中，最终增加新能源汽车的续驶里程。

1．工作原理

在驾驶员踩下制动踏板后，电泵使制动液增压产生所需的制动力。同时，制动控制模块与电机控制模块协同工作，确定电动汽车上的再生制动力矩和前后轮上的液压制动力。再生制动时，再生制动控制模块回收再生制动能量，并将其反充至动力电池中，如图 3-2-5 所示。

2．影响因素

能量回收系统的性能受多种因素影响，包括电机、储能装置、行驶工况以及控制策略等。电机的制动能力和发电能力直接影响能量回收的效率和回馈量；储能装置的 SOC（荷电状态）直接制约能量回收；行驶工况中制动频繁的工况能够回收更多的制动能量；而控制策略则决定了机械摩擦制动与再生制动之间的分配关系以及储能装置的充电和放电状态。

新能源汽车的驱动电机与控制系统、动力电池系统、辅助系统以及能量回收系统均是其

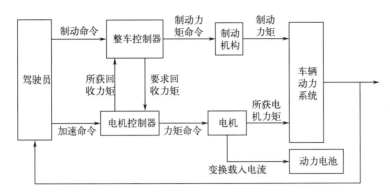

图 3-2-5　能量回收系统

核心组成部分。这些系统的性能直接影响新能源汽车的动力性能、续航里程、安全性以及驾驶体验。因此，在设计和选择这些系统时，需要综合考虑多种因素，以确保新能源汽车的整体性能和市场竞争力。

二、新能源汽车的分类

新能源汽车是指采用非常规的车用燃料作为动力来源（或使用常规的车用燃料、采用新型车载动力装置），综合车辆的动力控制和驱动方面的先进技术，形成的技术原理先进、具有新技术、新结构的汽车。

（一）新能源汽车的分类

1. 纯电动汽车（BEV，Battery Electric Vehicle）

完全依赖电池驱动，不产生任何排放。具有零排放、低噪音和环保等优点。续航里程受电池容量和驾驶习惯等因素影响，一般在几百公里。充电时间较长，需要依赖充电桩等外部电源进行充电，如图 3-2-6 所示。

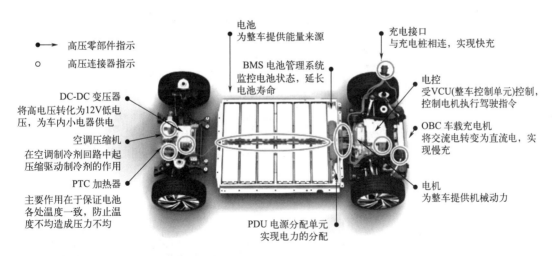

图 3-2-6　纯电动汽车驱动系统

2. 插电式混合动力汽车（PHEV，Plug-in Hybrid Electric Vehicle）

结合了传统燃油发动机和电动机。既有传统汽车的发动机、变速器、传动系统等，也有纯电动汽车的电池、电动机和控制电路。可实现纯电动、零排放行驶，也能通过混动模式增加车辆的续航里程。适合日常短途通勤，也能应对长途出行，如图 3-2-7 所示。

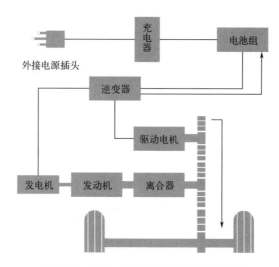

图 3-2-7　插电式混合动力汽车驱动系统

3. 燃料电池电动汽车（FCEV，Fuel Cell Electric Vehicle）

使用燃料电池作为动力源，通过氢气和氧气的化学反应产生电能，驱动电动机行驶，如图 3-2-8 所示。具有零排放、高能效和长续航里程等优点。目前加氢站等基础设施尚不完善，限制了其市场推广。

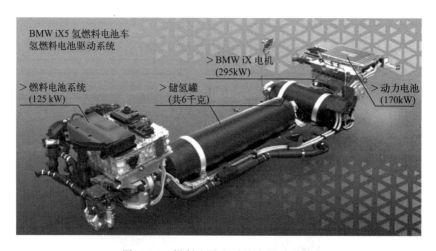

图 3-2-8　燃料电池电动汽车驱动系统

4. 太阳能汽车（Solar Vehicle）

使用太阳能板将太阳能转化为电能，存储在电池中驱动汽车，如图 3-2-9 所示。环保且能源可持续，但其行驶受限于天气和日照条件。

图 3-2-9　太阳能汽车

5. 增程式电动汽车（EREV，Extended Range Electric Vehicle）

在纯电动汽车的基础上增加了一个内燃机（或称增程器），用以给电池充电。当电池电量充足时，车辆完全依赖电池供电行驶；当电池电量低至一定程度时，内燃机便会启动，为电池补充电能，随后电池再将这些电能供给电机，驱动车辆前行，如图3-2-10所示。具有出色的纯电续航能力和稳定的动力输出，后期维护成本相对较低。能量转换效率有待提升，市场上的增程车型选择也相对有限。

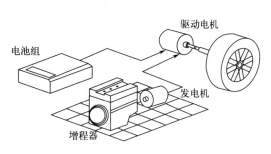

图 3-2-10 增程式电动汽车驱动系统

6. 混合动力汽车（HEV，Hybrid Electric Vehicle）

结合了传统燃油发动机和电动机，但电池容量较小，没有充电接口。主要依靠车辆在行驶过程中回收的能量进行充电。在不同工况下会自动切换使用燃油发动机或电动机驱动车辆，也可以两者共同工作，如图3-2-11所示。具有较低的燃油消耗和排放。

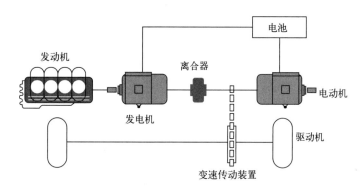

图 3-2-11 混合动力汽车驱动系统

7. 生物燃料汽车（Biofuel Vehicle）

使用生物燃料（如乙醇、生物柴油等）作为能源。可以减少对化石燃料的依赖，具有环保性。

8. 天然气汽车（CNG/LNG Vehicle）

使用压缩天然气或液化天然气作为能源。相较于传统燃油汽车，排放更低。

（二）混合动力汽车的多种构型

混合动力汽车的结构主要分为三种类型，它们分别是：

1. 串联式混合动力汽车

主要动力系统由发动机、发电机和驱动电机组成。发动机不直接驱动车辆，而是通过发电机将发动机产生的能量转化为电能，再由驱动电机利用这些电能驱动车辆行驶。发动机工作稳定、排放小、结构简单，但电机和电池要求高、能量转换次数多、效率低、成本高。

2. 并联式混合动力汽车

发动机和驱动电机都可以直接驱动车辆。在车辆行驶过程中，可以同时使用发动机和驱动电机的动力,也可以单独使用其中一种动力。允许发动机和驱动电机的功率相互叠加,以提高动力输出。发动机工作点受工况影响大,机械连接增加布置难度。

3. 混联式混合动力汽车

结合了串联式和并联式的结构特点。主要由发动机、电动-发电机和驱动电机组成,可以根据行驶需求灵活选择动力输出方式,以实现更高的能效和更低的排放,如图 3-2-12 所示。结构复杂,控制要求高,成本也高。

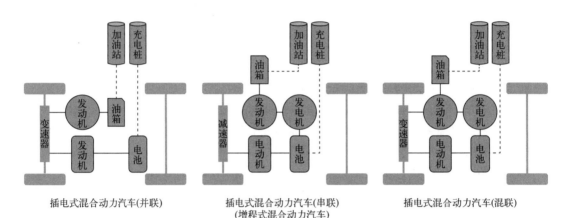

插电式混合动力汽车(并联)　　　插电式混合动力汽车(串联)　　　插电式混合动力汽车(混联)
　　　　　　　　　　　　　　　(增程式混合动力汽车)

图 3-2-12　混合动力汽车的结构

三、新能源汽车的技术引领

(一)固态电池

固态电池是一种使用固态电解质替代传统液态电解质的电池,具有更高的能量密度、更长的使用寿命和更好的安全性,如图 3-2-13 所示。

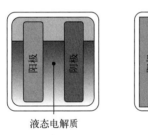

图 3-2-13　固态电池

上汽集团:智己 L6 车型搭载了行业首个量产上车的"超快充固态电池 1.0"。

蔚来汽车:展示了半固态 150 度电池,该电池由卫蓝新能源生产,拥有 150kWh 的储能容量和 337V 的额定电压,装配后实际续航里程有望超过 800km。

宁德时代:国家知识产权局公布了宁德时代三项固态电池专利,分别为"改性固态电解质及其制备方法、固态电池及用电装置""固态电解质膜及其制备方法、固态电池、用电装置"和"固态电池单体及其制造方法"。

广汽埃安:宣布将量产固态电池,以提高续航里程和稳定性。

(二)刀片电池

刀片电池是一种采用扁平化设计的电池,可以大幅提高电池包的能量密度和安全性。以下是对各车企刀片电池的详细介绍:

1. 比亚迪刀片电池

(1)技术特点:采用了磷酸铁锂技术,并通过结构创新,采用 CTP(Cell to Pack)无模组结构设计,大幅提高了空间利用率。

能量密度高,体积利用率提升了50%以上,续航里程可提升50%以上,达到了高能量密度三元锂电池的同等水平。

具备超级安全、超级强度、超级续航、超级寿命的特点。通过了涵盖内部短路、外部短路、过充、碰撞、高压、连接和有害气体等七重安全维度的严格测试。在 $-30℃$ 低温环境下放电容量能保持较高水平,且电池可充放电超过 3000 次,满足车辆全生命周期的使用需求。

图 3-2-14 比亚迪刀片电池

(2)发展与应用。比亚迪于 2020 年 3 月正式发布了刀片电池,如图 3-2-14 所示。并率先装备在了比亚迪汉上。第二代刀片电池预计能量密度将达到 190Wh/kg,体积能量密度突破 230Wh/L,纯电续航有望突破 1000 公里。

刀片电池已广泛应用于比亚迪的多款车型,并对外供货于小米 SU7、理想 L6、丰田 bz3、别克 E4/E5、蔚来乐道 L60、起亚 EV5、奇瑞星纪元 es 等车型。

2. 吉利汽车神盾短刀电池

(1)技术特点。神盾短刀电池是吉利汽车自研自产的一款新一代"刀片式"磷酸铁锂电池,在比亚迪刀片电池的设计基础上进行了创新,尺寸更短,为汽车内部空间布局提供了更多可能性。内部采用了湿法双涂层隔膜,柔韧度极高,在发生穿刺时电芯不冒烟、不起火、不爆炸,且破损孔径小,短路面积小,如图 3-2-15 所示。

图 3-2-15 吉利汽车神盾短刀电池

拥有 3500 圈的循环寿命,可安全行驶超 100 万公里。在 $-30℃$ 的低温环境下,电芯的容量保持率仍高达 90.54%,确保了车辆在极端气候条件下的续航稳定性。

(2)发展与应用。吉利汽车于 2024 年 6 月正式发布神盾短刀电池。该电池已率先在全新 A 级紧凑型纯电 SUV 吉利银河 E5 上实现装车。

3. 长城蜂巢能源短刀电池

(1)技术特点。采用了先进的叠片工艺,叠片技术是一种先进的电池制造工艺,通过将正负极片层层叠加,形成电芯结构。叠片工艺使电池内部阻抗更低,散热性能更好,电池结构更加稳定,延长了电池的循环寿命。第二代短刀电芯采取全球首创的非对称隔膜技术和最先进的第三代磷酸铁锂正极技术,在实现 2.2C 快充性能的前提下,依然保持高达 188Wh/kg 的能量密度,如图 3-2-16 所示。

图 3-2-16 长城蜂巢能源短刀电池

(2)发展与应用。蜂巢能源于 2019 年在上海车展上正式推出短刀电池。自 2023 年 1 月到 2024 年 7 月,蜂巢能源短刀电池一共出货 151357 台,合计 5.41GWh,出货量高居全球第一。蜂巢能源分别给吉利、零跑、长城等海内外主机厂 20 余款车型供货,还搭载了百度自动驾驶出行服务平台——萝卜快跑。

（三）燃料电池

燃料电池是一种直接将化学能转化为电能的高效能源转换技术，具有高效、环保、燃料来源多样的特点，如图 3-2-17 所示。

图 3-2-17　燃料电池

多款汽车制造商正积极投入氢燃料电池汽车的研发与生产，多款量产车型和概念车的推出，标志着氢燃料电池汽车在乘用车市场的地位逐渐稳固。

由于商用车对续航和载重的高要求，燃料电池成为其理想的动力来源。搭载燃料电池的公交车、物流车、重型卡车等已在多地开始试点运营，展现出良好的市场适应性和经济性。

（四）石墨烯电池

石墨烯电池是利用石墨烯材料制成的电池，具有超高的导电性能和机械强度，被视为未来电池技术的重要发展方向，如图 3-2-18 所示。

图 3-2-18　石墨烯电池

北京及京津冀地区发布了石墨烯产业发展方案，计划打造自主可控、安全可靠的产业链、供应链，并面向新能源汽车等领域突破石墨烯复合材料等量产技术。

（五）比亚迪 DMi 技术

比亚迪 DMi 技术是比亚迪自主研发的插电式混合动力系统，具有高效、节能、环保等特点，如图 3-2-19 所示。

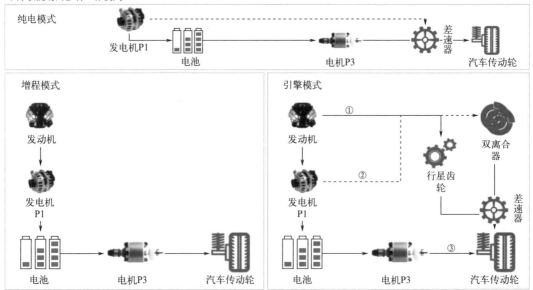

图 3-2-19　比亚迪 DMi 技术

比亚迪第五代DMi技术，在发动机、驱动电机、刀片电池等方面进行了全面升级。发动机由1.5L升至1.5T，热效率提升至50%；驱动电机功率提升，发动机直驱速度延后；刀片电池放电功率及低温稳定性增强。

(六) 超级快充

1. 特斯拉

图3-2-20　特斯拉超级快充

发展历程：特斯拉是新能源汽车领域的领导者，在超充领域也处于领先地位。特斯拉于2012年推出V1超充桩，峰值充电功率90kW；2014年推出V2超充桩，峰值充电功率提升至120～150kW；2019年推出V3超充桩，峰值充电功率250kW；2023年公布V4超充桩，峰值充电功率再次提高到350kW，如图3-2-20所示。

覆盖范围：特斯拉在中国的超充覆盖范围十分广泛，100%覆盖了我国所有省会城市及直辖市，多个省份均实现了所有地级市超级充电网络的覆盖。截至2024年，特斯拉已在中国大陆建设布局超过2000座超级充电站。

2. 蔚来

图3-2-21　蔚来超级充电站

建设规模：蔚来是中国市场建桩最多的汽车品牌之一，也是全国范围内在高速公路服务区建设超充桩最多的汽车品牌之一。截至2024年，蔚来共建有2279座超充站（图3-2-21），10240根超充桩。

发展规划：蔚来有对超充站与超充桩建设的具体计划，致力于进一步扩大超充网络的覆盖范围。

3. 小鹏

建设现状：截至2024年，小鹏建设有354座超充站。

发展规划：小鹏计划到2026年底，布局上万座自营充电站，其中S4液冷超充站超过4500座，整体布局较为激进。

4. 极氪

图3-2-22　极氪超充站

超充技术：2024年4月，极氪发布的极充V3已达到800kW的单枪峰值功率，最大输出电压1000V。5分钟的充电时间可以使续航增加256km，处于电动汽车充电领域的行业前沿。在峰值功率领域，极氪在超快充技术领域处于领先地位，如图3-2-22所示。

建设现状：截至2024年，极氪建有456座超充站。

5. 比亚迪

快充技术：比亚迪的充电技术经历了三个主要阶段。2010年引入40kW快充技术，2018年升级至60kW快充，2020年最高可达100kW快充。

技术特点：比亚迪采用双向逆变充放电技术和高电压快充技术，通过提升电压而非电流来加快充电速度，从而降低充电电阻和温度，提高安全系数。这使得充电时间更短，效率更高，可靠性更强。

6. 吉利

电池技术：吉利自研、自产的最新一代"刀片式"磷酸铁锂电池——神盾短刀电池，具有高安全、长寿命、超快充、低温性能好等四大独特性能。

快充表现：吉利银河 E5 搭载了神盾短刀电池，快充时间仅需 20min，动力性能表现优秀。

7. 蜂巢能源

电芯技术：蜂巢能源第二代短刀快充铁锂电芯，首次使用飞叠热复合技术，并采用自主研发的第三代磷酸铁锂正极材料。在兼顾 2.2C 快充性能前提下，能量密度仍高达 188Wh/kg，峰值可以达到 3C 以上，使充电时间缩短至 15min。

生产规模：该款短刀电芯已在上饶、盐城两个基地完成了对客户的大批量交付，预计全年交付 10 万套。

（七）换电模式

换电模式是一种通过更换电动汽车电池来实现快速补能的方式，具有高效、便捷的特点，如图 3-2-23 所示。

蔚来汽车是换电模式的积极推动者，已在全国范围内建设了众多换电站，为用户提供便捷的换电服务。

图 3-2-23　蔚来换电站

（八）智能座舱

智能座舱是新能源汽车的重要组成部分，通过集成先进的信息娱乐系统、人机交互界面和智能驾驶辅助系统，为用户提供更加舒适、便捷、安全的驾乘体验，如图 3-2-24 所示。小鹏、理想、蔚来等车企均在智能座舱方面进行了大量投入和创新，推出了具有领先水平的智能座舱系统。这些系统不仅具备丰富的娱乐功能，还能通过语音、手势等多种方式与用户进行交互，提高用户的驾乘体验。

图 3-2-24　智能座舱功能组成

案例讨论

1. 具体案例：比亚迪新能源汽车技术探索。

2. 案例背景：比亚迪作为国产新能源汽车的领军企业，凭借其在电池技术、驱动电机与控制系统、能量回收系统等方面的创新，不仅在国内市场占据重要地位，也在国际舞台上展现出强劲的竞争力。本案例将聚焦于比亚迪的新能源汽车技术，特别是其电池技术的引领作用和换电模式的创新，探讨新能源汽车的未来发展方向。

3. 讨论点：

（1）比亚迪的刀片电池技术如何改变了新能源汽车行业的竞争格局？其技术优势和市场前景如何？

（2）插电式混合动力车型相比纯电动车型和传统燃油车型有哪些优势和劣势？未来市场定位和发展趋势如何？

（3）能量回收系统对于新能源汽车的节能减排和续航里程提升有何重要意义？未来技术发展方向和应用前景如何？

（4）国产新能源汽车品牌的国际化道路：比亚迪等国产新能源汽车品牌在国际市场上的表现如何？未来如何进一步提升品牌影响力和国际竞争力？

任务实施

1. 任务要求：国产新能源汽车技术创新与未来趋势探索。

2. 任务描述：随着全球对环境保护和可持续发展的重视，新能源汽车作为汽车工业的重要发展方向，正迎来前所未有的发展机遇。中国作为新能源汽车市场的领头羊，不仅拥有庞大的市场规模和完善的产业链，还在技术创新和模式创新方面取得了显著成果。本拓展任务旨在深入分析国产新能源汽车在驱动电机与控制系统、动力电池系统、辅助系统、能量回收系统等方面的技术创新，并探讨其未来发展趋势，以比亚迪和蔚来为例进行重点研究。

3. 设计报告

作品名称		评分	
		小组评分	教师评分
技术创新分析	（驱动电机与控制系统、动力电池系统、辅助系统、能量回收系统等技术现状概述与各企业技术创新点分析）		
模式创新分析	（蔚来换电模式运作机制及优势、换电模式面临的挑战与解决方案、充电基础设施建设现状与策略、快充技术、充电网络布局及与电网互动分析）		
未来趋势展望	（国产新能源汽车未来发展方向和趋势预测、国际市场机遇与挑战分析、政策环境对新能源汽车发展的影响）		
结论与建议			
总结反思			

探索3 轻盈塑造：车身轻量化的艺术实践

教学引入

在追求速度与效率的时代，车身轻量化技术如同一场艺术与科技的完美碰撞，正悄然改变着汽车设计的未来。它不仅关乎车辆的燃油效率与续航里程，更是提升操控性能、加速响应的关键所在。今天，我们将一同走进车身轻量化的奇妙世界，从结构优化的精妙布局，到风阻挑战中的流线美学，再到工艺革新的突破创新，以及安全守护下的坚固防线，全方位展示这一技术领域的最新进展。在这里，每一克重量的减轻都是对极致的追求，每一次设计的优化都是对性能的致敬。车身轻量化，不仅是技术的革新，更是艺术与科学的完美融合，它让汽车以更加轻盈的姿态，驰骋在未来的道路上。

教学目标

素质目标	知识目标	技能目标
1. 培养对汽车科技发展的敏锐洞察力，以及对车身轻量化技术持续创新的意识。 2. 强调在追求性能提升的同时，不忽视安全性能的重要性，形成全面、均衡的工程思维。	1. 理解车身轻量化技术在现代汽车设计中的重要性及其对燃油效率、续航里程、操控性能和加速响应的影响。 2. 掌握车身轻量化技术的主要方法，包括结构优化布局、流线型设计减少风阻、工艺革新以及安全性能保障等方面的知识。	1. 能够分析车身轻量化技术在实际汽车设计中的应用案例，识别其中的关键技术点。 2. 运用所学知识，初步设计或评估车身轻量化方案，提出改进建议。

知识链接

一、结构优化

车身轻量化是现代汽车工业中的一项重要技术，旨在通过减少车身重量来提升车辆性能、降低燃油消耗和减少碳排放。在车身轻量化的艺术实践中，结构优化是一个至关重要的方面。车身结构组成如图 3-3-1 所示。

探索3 轻盈塑造：车身轻量化的艺术实践

（一）结构优化方法

1. 拓扑优化

拓扑优化是在整体优化之前，对材料布置格局进行优化。它从宏观角度出发，对车身的整体结构进行重新布局，以实现材料的合理分配和减重效果，如图 3-3-2 所示。拓扑优化通常作为初步设计阶段的工具，为后续的尺寸和形状优化提供基础。

图 3-3-1 车身结构组成图

图 3-3-2 拓扑优化

2. 尺寸优化

尺寸优化是在拓扑优化之后进行的,主要关注车身各个部件的尺寸参数,如厚度、长度、宽度等。通过调整这些尺寸参数,可以进一步优化车身结构,进一步减轻重量,同时保持或提升车身性能。

3. 形状优化

形状优化是对车身各个部件的形状进行微调,以实现减重和性能提升的双重目标,如图 3-3-3 所示。形状优化通常依赖于先进的计算机辅助设计(CAD)和仿真技术,以确保优化后的形状既符合设计要求,又具备优异的性能表现。

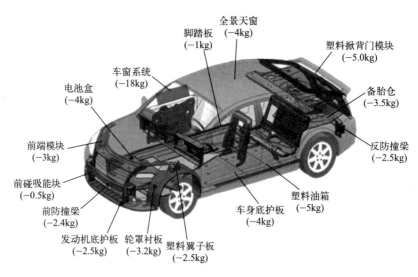

图 3-3-3 形状优化

(二)基于灵敏度的优化设计方法

1. 设计变量

在基于灵敏度的优化设计方法中,设计变量是关键因素之一。对于车身轻量化而言,设计变量通常包括车身材料、板厚、截面惯量等。

2. 约束条件

约束条件是指在进行优化设计时需要满足的限制条件。对于车身轻量化而言,约束条件通常包括车身性能、刚度、固有频率、碰撞性能等。这些约束条件确保了优化后的车身结构在减轻重量的同时,依然能够保持优异的安全性和可靠性。

3. 目标函数

目标函数是优化设计的终极目标,对于车身轻量化而言,目标函数通常是车身重量最小化。通过求解目标函数,可以得到在满足约束条件下使车身重量最小的最优解。

车身轻量化组成如图 3-3-4 所示。

二、风阻挑战

风阻挑战是汽车设计中的一个重要方面,它涉及空气动力学设计原理和流线型车身设计等多个方面。

(一)空气动力学设计原理

空气动力学是流体力学的一个分支,研究物体在空气或其他气体中运动时所产生的力。

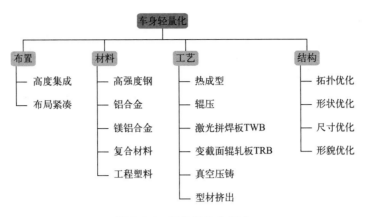

图 3-3-4 车身轻量化组成

在汽车设计中，空气动力学设计原理的应用至关重要。

1. 阻力和升力的来源

汽车在行驶中会受到空气给它的反作用力，这个力可以分解成阻力和升力。阻力主要由剪切力和压差阻力组成。剪切力是由于流体黏性引起的摩擦力，作用在物体表面的切线方向；压差阻力则作用于物体表面垂直方向，是由于压力在物体周围分布不均引起的。

2. 风阻系数 Cd

风阻系数 Cd 是反映一个物体本身空气阻力的重要参数。它与阻力相关，是汽车空气阻力公式中的一个关键变量。风阻系数越小，汽车受到的空气阻力就越小，从而能够提升能效经济性、行驶稳定性和操控性。

3. 计算流体动力学（CFD）

车企常用 CFD 进行有限元分析，以评估和优化汽车的空气动力学性能。这种方法将车身表面分成许多细小的单元格，分析每个单元格的剪切力和压差阻力，最后通过积分算出车辆的阻力。

（二）流线型车身设计

流线型车身设计是降低汽车风阻的有效手段。它基于空气动力学的原理，通过优化车身形状来减少空气阻力。

1. 流线型设计的原理

流线型设计模仿了自然界中流体动力学效率高的形状，如鱼类和鸟类的身体形态。这种设计能够引导气流顺畅地流过车身，减少涡流和湍流的形成，从而降低风阻。

2. 流线型车身的特点

流线型车身通常具有圆润的轮廓和光滑的表面，没有过多的凸起和凹陷。这种设计不仅美观，还能有效地降低风阻。例如，一些高性能跑车和电动汽车采用了流线型车身设计，通过优化车顶轮廓、车门把手、后视镜等细节来降低风阻。

3. 流线型设计的实际效果

流线型设计能够显著降低汽车的风阻系数，从而提高能效经济性。例如，一些车型通过流线型设计降低了风阻系数，使得每百公里能耗降低了数个百分点。

此外，流线型设计还能提升汽车的行驶稳定性和操控性，因为降低风阻可以减少气流对汽车的干扰，如图 3-3-5 所示。

图 3-3-5   汽车风阻实验

（三）风阻挑战的实践案例

1. 星途星纪元 ES

星途星纪元 ES 采用了优雅的溜背造型、流畅的车顶轮廓、无框车门和隐藏式门把手等设计元素，使得整车的车身简洁且不失韵味，如图 3-3-6 所示。这些设计元素共同作用下，使得星途星纪元 ES 的风阻系数显著降低，提高了能效经济性。

2. 比亚迪海豹

比亚迪海豹通过降低前机舱高度、设计流线型曲面、前移 A 柱、采用溜背式车顶和内收式 C 柱风格等设计手段，有效地降低了风阻，如图 3-3-7 所示。这些设计使得比亚迪海豹在高速行驶时能够减少空气阻力，提高能效和稳定性。

图 3-3-6   星途星纪元 ES

图 3-3-7   比亚迪海豹

（四）未来发展趋势

随着科技的进步和消费者对汽车性能要求的提高，未来汽车设计将更加注重空气动力学性能和流线型车身设计。

（1）智能化设计。未来汽车设计将更多地采用智能化手段进行空气动力学分析和优化。例如，利用人工智能技术进行 CFD 仿真分析，可以更加精确地预测和优化汽车的空气动力学性能。

（2）新材料的应用。随着新材料技术的发展，未来汽车将更多地采用轻量化材料来降低车身重量和风阻。这些新材料不仅具有优异的力学性能，还能有效地降低空气阻力。

（3）环保和可持续性。未来汽车设计将更加注重环保和可持续性。通过优化车身形状和空气动力学性能，可以减少汽车对环境的污染和能源消耗，推动汽车行业的绿色发展。

三、工艺革新

在汽车制造领域，工艺革新是推动行业发展的重要力量。新材料应用和先进制造工艺如激光焊接、热成型技术等，正在深刻改变着汽车的生产方式和产品质量。

（一）新材料应用

1. 贮氢合金

历史由来：贮氢合金是在一定温度和压力下能像海绵吸水那样大量吸氢的合金材料。

应用领域：氢动力电池车、氢燃料的贮存、净化和回收等。在汽车领域，贮氢合金可以作为氢燃料电池车的贮氢材料，具有环保、高效的优点。

2. 石墨烯

历史由来：石墨烯是由单层碳原子构成的薄片，是目前世界上最薄且最坚硬的纳米材料。

应用领域：汽车电池等。石墨烯具有优异的导电性、导热性和机械性能，在汽车电池领域具有广泛应用前景，可以提高电池的能量密度和循环寿命。

3. 超导材料

历史由来：超导材料是在低温下电阻接近于零的材料，电流在这些固体中流动时没有阻力，不耗损电能。

应用领域：超导电车等。超导材料在汽车领域的应用主要体现在超导电车和超导电缆等方面，可以降低电能传输过程中的损耗，提高能源利用效率。

4. 超塑性合金

具有很高的塑性，易于加工成复杂形状。可用于制造汽车复杂器件、电子仪器零件、汽车外壳等。

5. 记忆合金

具有形状记忆效应，即在一定条件下能够恢复原来的形状。在汽车制造、生物工程、医药等领域有广阔的应用前景。

（二）先进制造工艺

1. 激光焊接

原理：以激光作为热源，通过抛物面、凸透镜等方式将激光能量聚焦到极高的能量密度，实现材料的熔合。

优势：能量密度高、焊接速度快、焊接应力和变形小、柔性好。

应用：在汽车制造中，激光焊接技术被广泛应用于车身焊接、传动齿轮等关键部件的制造中，如图 3-3-8 所示。激光深熔焊、激光填丝焊、激光钎焊以及激光-电弧复合焊等焊接工艺已经有了较为成熟的理论和广泛的实际应用。这些技术不仅提高了焊接质量和效率，还降低了生产成本和车身自重。

图 3-3-8 激光焊接

2. 热成型技术

原理：将钢板加热至奥氏体状态后迅速进行冲压成型，再经过淬火处理使钢板获得高强度和高硬度的工艺方法。

优势：提高了材料的强度和硬度，同时保持了较好的塑性和韧性。

应用：主要用于制造汽车的安全件和结构件，如 A 柱、B 柱、门槛、防撞梁等，如

图 3-3-9 所示。这些部件在汽车发生碰撞时能够吸收大量的冲击能量，保护乘员的安全。

3. TRB 轧制变厚度板技术

TRB 技术将一块相同厚度母材进行滚压轧制后，形成不等厚的材料，可以满足碰撞中变形和刚性支撑的需求。该技术主要应用在中通道的加强板与 B 柱的加强板中，既能满足不同强度碰撞的需求，同时减少了加强板的层数，也达到了轻量化的目的，如图 3-3-10 所示。

4. FDS 热熔流钻螺接工艺

该技术把特种设备产生的高旋转速和轴向压力通过流钻钉传导至材料表面，使材料发热产生塑性变形，螺钉穿过钣金，在钣金上形成完全啮合的螺纹，螺钉通过螺牙和钣金形成连接的工艺。这种铆接技术相比传统的抽芯拉铆技术，在切面方向和轴向都能达到更高的连接强度。

图 3-3-9 热成型技术

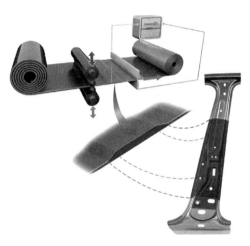

图 3-3-10 TRB 技术

四、安全守护

在追求汽车轻量化的同时，确保车身结构强度是至关重要的，这直接关系到乘客的安全。以下是一些在轻量化同时确保车身结构强度的技术：

（一）高强度材料的应用

1. 高强度钢

高强度钢具有较高的屈服强度和抗拉强度，能够在保证车身强度的同时减轻重量。例如，极氪 001 在 A 柱、B 柱、车顶框架等重点部位使用强度高达 1300MPa 的超高强度热成型钢，这种钢材多应用于装甲车，能够显著提升车身的碰撞安全性。

2. 铝合金

铝合金具有密度小、强度高、耐腐蚀性好等优点，是汽车轻量化中常用的材料。如奥迪 A8L、捷豹 XEL 等高档车采用了全铝车身架构，在保证车身强度的同时实现了显著的轻量化效果。

3. 碳纤维复合材料

碳纤维是一种含碳量在 95％以上的高强度、高模量纤维的新型纤维材料，密度比铝轻 30％、比钢轻 50％，而强度是钢的 7～9 倍。碳纤维复合材料在赛车、超跑等高性能汽车上得到广泛应用，如布加迪、法拉利、兰博基尼等品牌的车型。

（二）车身结构优化

1. 拓扑优化

拓扑优化是在整体优化之前，对材料布置格局进行优化。它从宏观角度出发，对车身的整体结构进行重新布局，以实现材料的合理分配和减重效果。

2．尺寸优化

尺寸优化关注车身各个部件的尺寸参数，如厚度、长度、宽度等。通过调整这些尺寸参数，可以进一步优化车身结构，减轻重量，同时保持或提升车身强度。

3．形状优化

形状优化是对车身各个部件的形状进行微调，以实现减重和强度提升的双重目标。这通常依赖于先进的计算机辅助设计（CAD）和仿真技术。

4．模块化设计

模块化设计通过整合多个零部件为一个整体结构，减少零部件数量，降低车辆重量，如图 3-3-11 所示。例如，SUV 车型侧围内板后段（C柱、D柱）的三个冲压单件可以整合成一个零件，既减少车身重量，又降低生产成本。

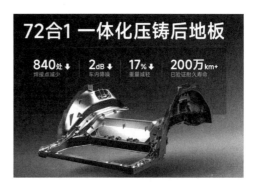

图 3-3-11　一体化压铸成型

案例讨论

1．具体案例：比亚迪仰望 U9 的车身轻量化技术。

2．案例背景：比亚迪仰望 U9 作为比亚迪品牌旗下的高端纯电超跑，不仅集成了比亚迪在新能源汽车领域的最新技术成果，还在车身轻量化方面取得了显著突破。通过结构优化、新材料应用、工艺革新及安全守护等多方面的努力，仰望 U9 实现了车身的极致轻量化，同时保证了卓越的性能和安全性。本案例将以此为例，展示车身轻量化技术的最新进展及其在汽车设计中的重要作用。

3．讨论点：

（1）如何通过结构优化实现车身轻量化的同时保持或提升车辆的刚性和抗扭强度？这对车辆的性能和安全性有何影响？

（2）降低风阻系数对提升车辆能效和续航里程有何重要意义？如何通过设计创新来降低车辆的风阻系数？

（3）比亚迪等国产新能源汽车品牌在车身轻量化技术方面取得了哪些成就？未来还面临哪些挑战和机遇？如何进一步提升国产新能源汽车在国际市场的竞争力？

>

任务实施

1. 任务要求：国产车车身轻量化技术深度探索与未来展望。

2. 任务描述：随着汽车工业的快速发展和环保意识的日益增强，车身轻量化技术已成为提升汽车性能、降低能耗和减少排放的重要手段。国产汽车品牌在车身轻量化技术方面取得了显著进展，通过结构优化、风阻挑战、工艺革新及安全守护等多方面的努力，不断推动汽车设计的革新与进步。本拓展任务旨在深入探索国产车车身轻量化技术的最新进展，分析其技术特点、优势及挑战，并展望其未来发展趋势。

3. 设计报告

作品名称		评分	
		小组评分	教师评分
国产车车身轻量化技术现状分析	（国内主流汽车品牌车身轻量化技术应用概述、车身轻量化技术的特点、优势及不足分析、国内车身轻量化技术的整体水平和发展趋势总结。）		
关键技术深度剖析	（结构优化、风阻挑战、工艺革新、安全守护。）		
面临的挑战与解决方案	（车身轻量化技术面临的主要挑战分析、针对挑战的解决方案和建议。）		
未来发展趋势展望	（国内外汽车行业发展趋势和技术动态概述、国产车车身轻量化技术的未来发展方向预测、新技术、新材料在车身轻量化领域的应用前景和潜在影响分析。）		
总结反思			

探索4 智驭未来：智能网联汽车的革新之路

 教学引入

在科技日新月异的今天，智能网联汽车正以前所未有的速度驶向未来，它们不仅是交通工具的升级，更是智慧城市的流动血脉。智能网联汽车，这一融合了先进传感器、通信技术、人工智能算法的创新产物，正逐步揭开自动驾驶的神秘面纱。今天，我们将一同踏上这场探索之旅，全面剖析智能网联汽车的组成部分，从环境感知到智能决策，再到控制执行，每一个环节都蕴含着科技的智慧与创新的火花。同时，我们还将聚焦小鹏汽车在自动驾驶技术上的快速迭代，见证其如何以技术为翼，翱翔于智能出行的蓝天；以及百度 Apollo 在智能网联生态中的开放合作，探讨其如何携手伙伴，共绘智慧出行的宏伟蓝图。让我们共同展望，智能网联汽车如何引领我们迈向一个更加安全、高效、环保的新时代。

教学目标

素质目标	知识目标	技能目标
1. 培养对智能网联汽车技术发展的敏锐洞察力，以及对科技创新在智慧出行领域应用的认同感。 2. 强调跨学科合作的重要性，培养在复杂技术环境中寻求解决方案的综合能力。	1. 理解智能网联汽车的定义及其在智慧城市中的角色，掌握其核心技术，包括传感器、通信技术和人工智能算法。 2. 掌握智能网联汽车的三大组成部分：环境感知、智能决策与控制执行，了解各环节的技术原理和实现方式。	1. 具备分析智能网联汽车技术案例，如小鹏汽车的自动驾驶迭代和百度 Apollo 的生态合作，提炼其技术特点与趋势的能力。 2. 能够评估智能网联汽车技术的实际应用效果，并提出改进建议。

知识链接

智能网联汽车（也称为自动驾驶汽车或智能汽车）是一种结合了先进的信息技术、数据通信、传感器技术和计算机技术的汽车，生态链如图 3-4-1 所示。

探索4 智驭未来：
智能网联汽车的革新之路

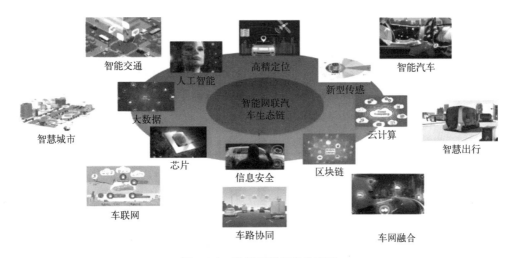

图 3-4-1 智能网联汽车生态链

一、车辆平台

智能网联汽车的车辆平台是其物理基础，支撑着整个车辆的构造和运行。

智能网联汽车的车辆平台主要由车身、底盘、动力系统、悬挂系统、转向系统等传统汽车部件构成。这些部件在智能网联汽车中同样扮演着关键角色，为车辆提供基本的行驶和承载能力。智能驾驶分级如图 3-4-2 所示。

（1）车身：车身是智能网联汽车的主体结构，不仅保护乘客和货物免受外界伤害，还承载着其他系统和设备。在智能网联汽车中，车身的设计更加注重轻量化、高强度和安全性。

（2）底盘：底盘是智能网联汽车的支撑结构，包括传动系统、行驶系统、转向系统和制动系统等。这些系统共同协作，确保车辆在各种路况下都能稳定、安全地行驶。

（3）动力系统：动力系统为智能网联汽车提供动力来源，可以是传统的燃油发动机、电动机或混合动力系统。在智能网联汽车中，动力系统通常与能量管理系统相结合，以实现更高效的能源利用。

自动驾驶分级							
分级	NHTSA	L0	L1	L2	L3	L4	
	SAE	L0	L1	L2	L3	L4	L5
称呼(SAE)		无自动化	驾驶支持	部分自动化	有条件自动化	高度自动化	完全自动化
定义		人类驾驶者全权驾驶汽车，在行驶过程中可以得到警告	通过驾驶环境对方向盘和加速减速中的一项操作提供支持，其余由人类来做	通过驾驶环境对方向盘和加速减速中的多项操作提供支持，其余由人类来做	由无人驾驶系统完成所有的操作，根据系统要求，人类提供适当的应答	由无人驾驶系统完成所有的操作，根据系统要求，人类不一定提供适当的应答；限定道路和环境条件	由无人驾驶系统完成所有的操作，可能的条件下，人类接管，不限定道路和环境条件
主体	驾驶操作	人类驾驶者	人类驾驶者/系统	系统			
	周边监控	人类驾驶者			系统		
	支援	人类驾驶者				系统	
	系统作用域	无	部分				全部

图 3-4-2　自动驾驶分级图

二、感知系统

（一）感知系统概述

智能网联汽车感知系统利用车载传感器获取道路、车辆、障碍物、交通标志和信号灯等信息，并将这些信息传输给车载控制中心，为智能网联汽车提供决策依据。这些传感器主要包括超声波传感器（超声波雷达）、毫米波雷达、激光雷达和视觉传感器等，如图 3-4-3 所示。

（二）传感器组成及工作原理

1. 超声波传感器（超声波雷达）

（1）组成：超声波传感器通常由塑料或金属外壳内的压电芯片组成，通过两根导线与控制器连接。

（2）工作原理：超声波传感器利用压电晶体的共振来工作。当脉冲信号施加到压电晶片的两极时，如果其频率等于压电晶片的自然振荡频率，压电晶片就会发生谐振，带动共振板

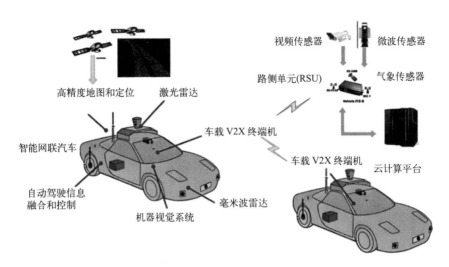

图 3-4-3　智能网联汽车感知系统组成

振动，从而产生超声波。当共振板接收到回声时，它迫使压电晶片振动，并将机械能转换成电信号。通过测量超声波的往返时间，可以计算出发射点与障碍物的距离，如图 3-4-4 所示。

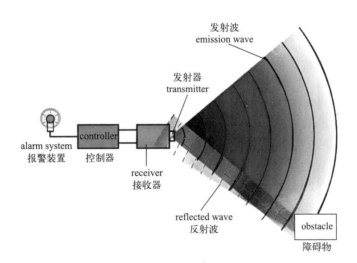

图 3-4-4　超声波传感器组成及工作原理

2. 毫米波雷达

（1）组成：毫米波雷达主要由发射天线、接收天线、信号处理单元等组成。

（2）工作原理：毫米波雷达通过发射毫米波频段的电磁波，并接收目标物体反射回来的信号，从而获取目标物体的距离、速度等信息，如图 3-4-5 所示。毫米波雷达具有穿透力强、探测距离远、受天气影响小等优点。

3. 激光雷达

（1）组成：激光雷达一般由光学发射部件、光电接收部件、运动部件和信号处理模块等组成。

（2）工作原理：激光雷达通过向指定区域发射激光束，并接收目标物体反射回来的信

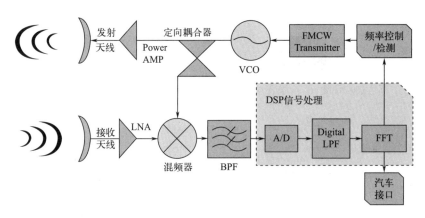

图 3-4-5 毫米波雷达组成及工作原理

号，与发射信号进行比较处理，从而获取目标物体的距离、方位角、尺寸、移动速度等参数，如图 3-4-6 所示。激光雷达可以实现 3D 成像，获取精确的位置信息，是智能网联汽车中实现高精度定位和障碍物识别的重要传感器。

4. 视觉传感器

（1）组成：视觉传感器主要由光源、镜头、图像传感器、模数转换器、图像处理器等组成。

（2）工作原理：视觉传感器通过镜头捕捉目标物体的图像，将光信号转换为

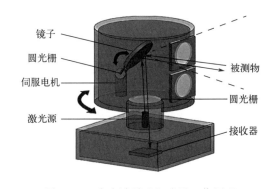

图 3-4-6 毫米波雷达组成及工作原理

电信号，再经过模/数转换后变为数字图像信号，如图 3-4-7 所示。数字图像处理芯片对图像信号进行处理，提取出图像中的特征点，对图像中的物体进行识别分类。视觉传感器在汽车上的应用主要是环境感知，如车道线识别、障碍物识别、交通标志和地面标志识别等。

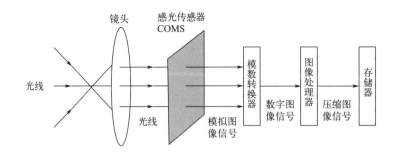

图 3-4-7 视觉传感器组成及工作原理

（三）传感器在智能网联汽车中的应用

（1）超声波传感器：常用于自动泊车辅助系统、倒车雷达等，通过测量车辆与障碍物之

间的距离，为驾驶员提供泊车和倒车的辅助信息，如图 3-4-8 所示。

（2）毫米波雷达：主要用于自适应性巡航控制系统、自动制动辅助系统、盲区检测系统等，通过探测前方和侧方的障碍物，为车辆提供安全行驶的辅助决策，如图 3-4-9 所示。

（3）激光雷达：在智能网联汽车中广泛应用于车辆高精度定位、障碍物识别及目标追踪、自动泊车系统、车道保持辅助系统、防撞及行人保护等，如图 3-4-10 所示。激光雷达的高精度和 3D 成像能力使其成为实现自动驾驶的关键传感器之一。

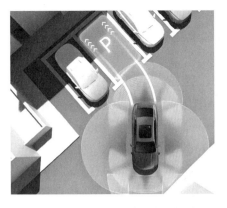

图 3-4-8 超声波传感器应用场景

（4）视觉传感器：主要以摄像头的方式出现，用于车道线识别、交通标志识别、行人识别等，如图 3-4-11 所示。视觉传感器结合图像处理技术和机器学习算法，可以实现对复杂交通环境的准确感知和理解。

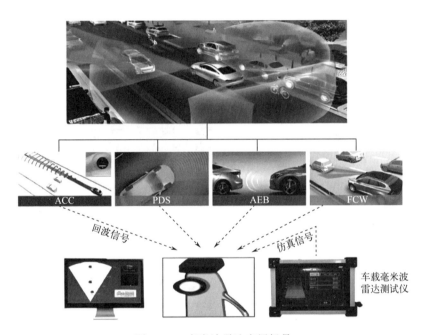

图 3-4-9 毫米波雷达应用场景

图 3-4-10 激光雷达应用场景

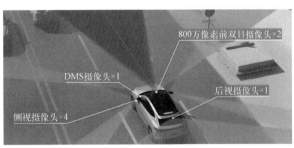

图 3-4-11 视觉传感器应用场景

智能网联汽车的感知系统是一套先进的传感器技术和计算能力的组合，用于实时监测和理解车辆周围的环境。这些传感器通过不同的工作原理和组成方式，共同为智能网联汽车提供全面、准确的环境感知信息，为自动驾驶和高级驾驶辅助系统的实现提供有力支持。

三、定位与导航系统

智能网联汽车的定位与导航系统是确保其能够准确感知自身位置、规划行驶路线并安全导航到目的地的关键系统。

(一) 系统组成

智能网联汽车的定位与导航系统主要由以下部分组成：

1. 全球导航卫星系统（GNSS）

包括美国的全球定位系统（GPS）、中国的北斗卫星导航定位系统（BDS）、俄罗斯的格洛纳斯（GLONASS）卫星定位系统以及欧洲空间局的伽利略（GALILEO）卫星定位系统，如图 3-4-12 所示。这些系统通过卫星发射信号，地面接收器接收信号并计算车辆的位置、速度和时间信息。

图 3-4-12　全球导航卫星系统

2. 惯性导航系统（INS）

利用惯性传感器（如陀螺仪和加速度传感器）测量车辆的角速度和加速度信息。结合给定的初始条件，实时推算车辆的速度、位置和姿态等参数，如图 3-4-13 所示。

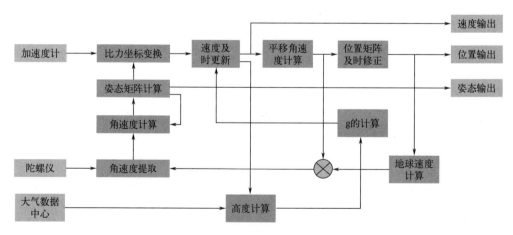

图 3-4-13　惯性导航系统

3. 差分全球定位系统（DGPS）

在 GPS 的基础上利用差分技术提高定位精度。由基准站、数据传输设备和移动站组成，基准站提供精确的位置信息，移动站利用这些信息修正自身的 GPS 定位结果，如图 3-4-14 所示。

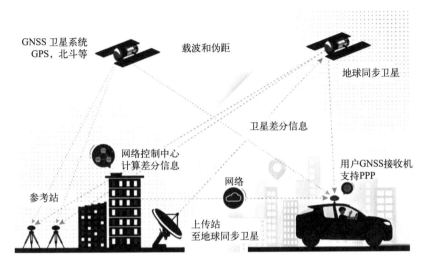

图 3-4-14　差分全球定位系统

4. 激光雷达（LiDAR）

通过发射激光束并接收反射回来的信号，构建车辆周围环境的 3D 地图。与全局高精度地图匹配，实现车辆的高精度定位，如图 3-4-15 所示。

图 3-4-15　激光雷达（LiDAR）点云地图

5. 高精度地图

精度达到厘米级，它不仅包含道路信息，还详细记录了车道线、交通标志、信号灯、路障、车道宽度、坡度、曲率等静态信息，以及动态交通信息。这种地图主要用于自动驾驶领域，帮助自动驾驶系统实时感知环境、规划路径、做出决策，是自动驾驶技术的核心支撑之一，如图 3-4-16 所示。

图 3-4-16　高精度地图

（二）工作原理

智能网联汽车的定位与导航系统的工作原理如下：

1. 卫星定位

接收器接收来自多个卫星的信号，并计算信号传播时间。根据信号传播时间和光速计算卫星到接收器的距离。

利用三维空间中的距离交会法确定接收器的位置。

2. 惯性导航

惯性传感器测量车辆的角速度和加速度信息。对这些信息进行积分运算，得到车辆的速度、位置和姿态等参数。在 GPS 信号丢失或较弱时，惯性导航系统可以填补空缺，提供连续的定位信息。

3. 差分定位

基准站接收卫星信号并计算精确的位置信息。将这些信息通过数据传输设备发送给移动站。移动站利用这些信息修正自身的 GPS 定位结果，提高定位精度。

4. 激光雷达定位

激光雷达扫描车辆周围的环境并构建局部地图。将局部地图与全局高精度地图进行匹配。通过匹配结果确定车辆在高精度地图中的位置。

5. 多传感器融合

将来自不同传感器的信息（如卫星定位信息、惯性导航信息、激光雷达信息等）进行融合处理。利用融合后的信息提高定位精度和可靠性。为智能网联汽车的路径规划和决策控制提供准确的定位信息。

智能网联汽车的定位与导航系统是一个复杂而精密的系统，它融合了多种传感器技术和高精度地图信息，实现了车辆的高精度定位和导航功能。这些技术共同协作，为智能网联汽车的自动驾驶和高级驾驶辅助系统提供了坚实的基础。

四、控制系统

智能网联汽车是指搭载先进的车载传感器、控制器、执行器等装置，并融合现代通信与网络技术，实现车与 X（车、路、人、云等）智能信息交换、共享，具备复杂环境感知、智能决策、协同控制等功能，可实现安全、高效、舒适、节能行驶的新一代汽车。智能网联汽车控制系统是其核心组成部分，如图 3-4-17 所示。

（一）智能网联汽车控制系统的定义

智能网联汽车控制系统是指通过集成先进的传感器、控制器、执行器以及通信模块，实现对智能网联汽车的全面感知、决策、控制和执行的系统。该系统能够实时收集车辆内外的信息，进行智能处理和分析，并据此控制车辆的行驶状态，提高行车安全性和舒适性。

（二）智能网联汽车控制系统的关键组成

智能网联汽车控制系统主要由感知系统、决策系统、执行系统和通信系统四大关键部分组成。

（1）感知系统：感知系统主要依赖各种传感器，如视觉传感器（摄像头）、超声波雷达、毫米波雷达和激光雷达等，实时获取车辆周围环境的信息，包括道路状况、障碍物位置、交通信号等。

（2）决策系统：决策系统基于感知系统提供的信息，利用高精度地图、人工智能算法和云计算技术，对车辆行驶路径、速度、避障策略等进行智能决策。

感知	三维感知
预测	行为预测
决策	驾驶决策
规划	轨迹规划
控制	纵横向控制
执行	线控底盘

图 3-4-17 智能网联汽车控制系统

（3）执行系统：执行系统根据决策系统的指令，通过控制器和执行器对车辆进行精确控制，包括转向、制动、加速等操作。

（4）通信系统：通信系统负责车辆与车、路、人、云等外部环境的实时通信，实现信息共享和协同控制。这包括 V2V（车与车通信）、V2I（车与基础设施通信）、V2P（车与行人通信）和 V2N（车与网络通信）等多种通信方式，如图 3-4-18 所示。

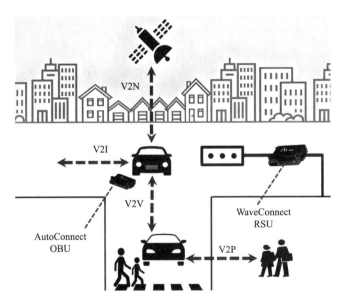

图 3-4-18 通信系统分类

（三）智能网联汽车控制系统的功能

智能网联汽车控制系统具备多种功能，以提升行车安全性和舒适性，主要包括：

（1）高级驾驶辅助系统（ADAS）：如自动紧急制动、车道保持辅助、盲点监测和自适应巡航控制等，帮助驾驶员更安全地驾驶，如图 3-4-19 所示。

图 3-4-19　高级驾驶辅助系统组成部分

（2）远程监控和控制：车主可以通过手机等互联网终端对车辆进行远程监控和控制，包括查询车况、调整车内环境等操作，如图 3-4-20 所示。

（3）智能导航系统：根据实时道路交通情况，为车主规划最佳的出行路线，并实时提示道路拥堵情况以及周边服务设施信息，如图 3-4-21 所示。

图 3-4-20　远程监控和控制

图 3-4-21　智能导航系统

（4）智能语音助手：通过语音指令实现多种功能，如播放音乐、查询天气、导航等，提高行车安全性，如图 3-4-22 所示。

图 3-4-22　智能语音助手

（5）车辆与基础设施通信：与道路上的基础设施（如交通信号灯、路标等）进行通信，实现更高效的交通管理，如图 3-4-23 所示。

图 3-4-23　车辆与基础设施通信

（6）车辆间通信：通过无线通信技术交换信息，以提高道路安全和交通效率。

（四）智能网联汽车控制系统的发展趋势

随着技术的不断进步，智能网联汽车控制系统将呈现以下发展趋势：

（1）高度集成化和智能化：传感器、控制器和执行器等硬件将实现更高程度的集成和智能化，提高系统的可靠性和性能。

（2）高精度地图和定位技术：高精度地图和定位技术将不断发展，为智能网联汽车提供更精确的环境感知和定位能力。

（3）5G及未来通信技术：5G及未来通信技术的广泛应用将提高智能网联汽车的通信速度和可靠性，实现更高效的协同控制和信息共享。

（4）人工智能和机器学习：人工智能和机器学习算法的不断优化将提高智能网联汽车的智能决策和自适应能力，使其能够应对更复杂的交通环境。

智能网联汽车控制系统是智能网联汽车的核心组成部分，具备多种功能以提升行车安全性和舒适性。随着技术的不断进步和市场的不断发展，智能网联汽车控制系统将呈现更加智能化、集成化和高效化的趋势。智能网联汽车控制系统研发企业如图3-4-24所示。

企业类型	公司简称	自动驾驶系统/芯片	核心技术/零部件布局	测试/运营城市
互联网/高科技公司	百度	云端全功能AI芯片	视觉传感器、高精度地图、算法、自研芯片、无人驾驶平台等	北京、上海、广州、长沙、沧州
	滴滴	英伟达自动驾驶芯片	智能驾驶系统、智能视觉感知系统等	上海
	华为	MDC810芯片	激光雷达、高精度地图、算法、自研芯片	北京、上海、重庆
整车制造厂商	蔚来	神玑NX9031	自研芯片、系统、算法和数据等	加州、北京、上海
	小鹏汽车	英伟达Orin芯片	智能驾驶辅助系统、高精度地图等	深圳、东莞、广州
	吉利	智能座舱芯片SE1000	自研操作平台、算力平台、芯片	杭州
初创公司	AutoX	全无人驾驶系统AutoX Gen5	自研全无人系统AutoX Gen5、核心车载超算平台	深圳、上海、广州
	小马智行	英伟达DRIVE Orin系统级(SoC)芯片	自研红绿灯识别摄像头、计算单元、域控制器	加州、广州、北京、上海
	文远知行	NVIDIA DRIVE Orin(Soc)系统级芯片	高精度地图、算法、自研芯片、无人驾驶平台等	广州

图 3-4-24　智能网联汽车控制系统研发企业

五、通信系统

智能网联汽车（Intelligent Connected Vehicle，ICV），也被称为智能汽车或互联网汽车，是一种具备先进的信息和通信技术（ICT）功能，能够实现车辆之间（V2V）、车辆与基础设施（V2I）、车辆与行人（V2P）、车辆与云端（V2N）之间的高度连接和通信的汽车。其通信系统是实现这些功能的关键部分，以下是对智能网联汽车通信系统的详细介绍：

（一）通信系统概述

智能网联汽车通信系统是一种将汽车与网络连接起来的技术，旨在提高汽车的智能化、自动化水平，实现车辆之间以及车辆与基础设施之间的实时数据交换和通信。它利用无线通信技术，将车辆、道路、云端等多个环节连接起来，实现车辆之间的信息交换和与外部环境的互动。

（二）主要通信技术

1. LTE-V 通信（LTE-Vehicle to Everything）

（1）基本原理：LTE-V 通信是一种基于 LTE 标准的车辆通信技术，其基本原理包括车联网终端与基站之间的通信，如图 3-4-25 所示。

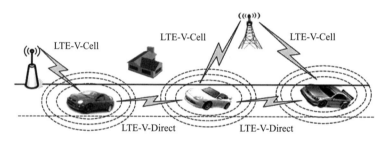

图 3-4-25　LTE-V 通信

（2）特点：具有低时延、高可靠性和广覆盖的特点。通过 LTE-V，车辆能够实现实时的车辆之间通信，包括车辆位置、状态信息的传递。

（3）应用：LTE-V 通信在车辆之间的应用涉及车辆之间的协同驾驶、交叉路口协同、车队行驶等场景。此外，它还可用于交通流量监测、拥堵识别、智能交通管理等应用，优化交通流，提高交通效率，是实现自动驾驶的重要技术之一。

2. DSRC 通信（Dedicated Short-Range Communication）

（1）定义：DSRC 是一种专用短程通信技术，专门用于车辆之间和车辆与基础设施之间的通信，如图 3-4-26 所示。

（2）特点：DSRC 技术基于 IEEE 802.11 标准，工作在 5.9GHz 频段，具有低延迟、高可靠性和安全性等特点。它适用于短距离通信，通常工作范围在几百米到数千米之间，

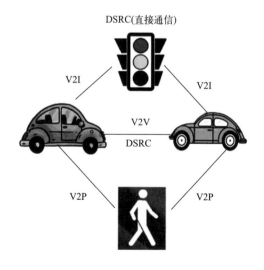

图 3-4-26　DSRC 通信

能够满足车辆间和车辆与基础设施之间的通信需求。同时，DSRC 技术提供了较高的带宽，支持大容量数据传输，能够满足实时视频、高清地图等应用的需求。

（3）应用：DSRC 技术可以用于车辆间的碰撞预警、交通信号优化、盲区监测等应用，提高交通安全性。此外，它还可以用于交通流量监测、电子收费、车辆监管及防盗、公共交通管理等。

3. 蓝牙通信

（1）特点：蓝牙通信是一种支持设备短距离通信的无线电技术，能在手机、电脑、智能汽车等众多设备之间进行信息的交互，如图 3-4-27 所示。它采用分散式网络结构以及快跳频和短包技术，支持点对点及点对多点通信，工作在全球通用的 2.4GHz ISM（即工业、医学和科学）频段。

图 3-4-27　蓝牙通信

（2）应用：在智能网联汽车中，蓝牙通信主要应用于车内设备的连接，如手机、音响、导航等。具体应用场景包括车载蓝牙电话、车载蓝牙音响、车载蓝牙导航、蓝牙后视镜、汽车虚拟钥匙等。

4. 移动通信

（1）定义与发展：移动通信的双方至少有一方在运动中实现通信的方式，包括固定台与移动台之间、移动台与移动台之间、移动台与用户之间的通信。其中，5G 是 4G 网络的延伸，具有高速率、低时延、广连接的三大特点，是万物互联的重要基础设施，如图 3-4-28 所示。

（2）应用：5G 技术也被广泛地应用在智能网联汽车上。例如，在自动驾驶方面，5G 网络可以实现车辆与云端实施的数据交互，从而提高汽车驾驶的安全性。同时，5G 网络的低延迟和高可靠性也使得车辆可以更准确地感知周围的环境，并做出智能化的决策。此外，5G 网络还可以为车载娱乐、信息娱乐和智能交通系统等提供支持。

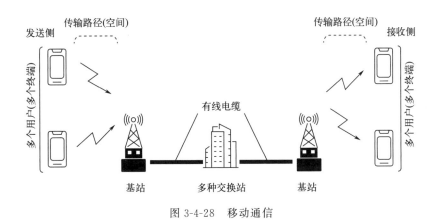

图 3-4-28　移动通信

（三）通信系统架构与组成

智能网联汽车通信系统一般由发射设备、传输介质和接收设备组成。发射设备和接收设备需要安装天线，完成电磁波的发射与接收。具体来说，智能网联汽车无线通信系统主要包括以下几个部分：

（1）车载终端：负责采集车辆及其周围环境的数据，如位置、速度、加速度等，并通过无线通信技术将这些数据传输到其他车辆、交通基础设施或云服务器上进行处理和分析。

（2）路边单元（RSU）：与车载终端进行通信，接收并处理来自车载终端的数据，同时向车载终端发送交通信息、路况信息等。

（3）基站：为LTE-V等通信技术提供网络支持，实现车辆与云端的通信。

（4）云服务器：对接收到的数据进行存储、处理和分析，为智能网联汽车提供决策支持和服务。

（四）通信系统功能与应用

智能网联汽车通信系统通过传感器、摄像头、雷达等感知装置采集车辆及其周围环境的数据，然后利用无线通信技术将这些数据传输到其他车辆、交通基础设施或云服务器上进行处理和分析。这些数据包括但不限于车辆状态数据、道路状况数据、天气数据、交通流量数据等。通过对这些数据的深度挖掘和分析，智能网联汽车能够更准确地理解当前驾驶环境，为驾驶员提供更为精准的驾驶辅助和决策支持。同时，这些数据也为车辆的远程监控、故障诊断和预测性维护提供了可能。

具体来说，智能网联汽车通信系统可以实现以下功能与应用：

（1）自主驾驶：通过与其他车辆和基础设施的通信，帮助车辆进行环境感知、路径规划和决策，实现智能自动驾驶。

（2）实时导航：通过与路边单元和云服务器的通信，获取实时交通信息和路况更新，为驾驶员提供最佳导航路线。

（3）交通流优化：通过监测和分析交通流量数据，优化交通流，减少交通拥堵和事故风险。

（4）娱乐与信息服务：提供车载娱乐、信息娱乐和智能交通系统等服务，提升驾驶体验和乘客舒适度。

（五）通信系统发展趋势

随着技术的不断进步和市场的不断发展，智能网联汽车通信系统将呈现以下发展趋势：

（1）更高速的通信网络：随着5G技术的不断发展和普及，将会有更高速、更稳定的通信网络应用于智能网联汽车中，以满足对于大数据传输和实时应用的需求。

（2）多模式通信：未来的智能网联汽车可能会采用多种通信模式，如5G、Wi-Fi、蓝牙等，根据不同场景和需求灵活切换，以实现最佳的通信效果。

（3）更智能的通信协议：通信协议将会更加智能化和复杂化，能够支持更多种类的数据交换和应用，如高清视频传输、高精度地图更新等。

（4）车辆云端融合：智能网联汽车将更加紧密地与云端服务结合，实现车辆与云端之间的数据交互和协同，为车辆提供更智能、更个性化的服务和体验。

智能网联汽车通信系统是一种先进的技术体系，它利用多种无线通信技术实现车辆间、车辆与基础设施、车辆与云端的高速数据传输和实时信息共享。这些技术共同推动着智能网联汽车的发展，为未来的城市交通和出行方式带来可持续性的改善。

六、测试与标定

智能网联汽车测试与标定是确保智能网联汽车安全、可靠运行的关键环节。

（一）智能网联汽车测试

1. 测试目的

智能网联汽车测试的主要目的是验证车辆在各种场景下的性能、安全性和可靠性，确保车辆能够按照预期进行自动驾驶和智能互联。

2. 测试内容

智能网联汽车测试主要包括以下几个方面：

（1）功能测试：验证车辆的基本功能是否按照设计要求进行，如自动驾驶系统的启动、停止、路径规划、避障等。

（2）性能测试：评估车辆在特定场景下的性能表现，如加速性能、制动性能、稳定性能等。

（3）安全测试：验证车辆在紧急情况下的安全性能，如碰撞预警、紧急制动、自动避障等。

（4）可靠性测试：评估车辆在各种复杂环境下的稳定性和可靠性，如高温、低温、雨雪天气等。

3. 测试方法

（1）虚拟仿真测试：利用仿真软件搭建虚拟测试环境，模拟各种场景进行测试。这种方法具有成本低、效率高、可重复性好等优点。

（2）封闭场地测试：在封闭的测试场地内，模拟各种交通场景进行测试。这种方法可以确保测试环境的安全性，但成本较高，且难以完全模拟真实交通环境。

（3）开放道路测试：在真实的交通环境中进行测试，以验证车辆在实际道路上的性能和安全性。这种方法最接近真实场景，但风险较高，需要严格的监管和保障措施。

4. 测试标准

智能网联汽车测试需要遵循一定的标准，以确保测试结果的准确性和可比性。目前，各国和地区都在积极制定智能网联汽车测试标准，如联合国《自动驾驶汽车框架文件》、ADAS 相关法规等。同时，一些国际组织也在推动智能网联汽车测试标准的制定和统一，如 ASAM 等。

（二）智能网联汽车标定

1. 标定目的

智能网联汽车标定的主要目的是确保车辆的各种传感器、控制器和执行器等设备能够准确、可靠地工作，以实现自动驾驶和智能互联的功能，标定场地如图 3-4-29 所示。

2. 标定内容

（1）传感器标定：对车辆的各种传感器进行标定，如摄像头、激光雷达、毫米波雷达等，以确保其能够准确感知周围环境。

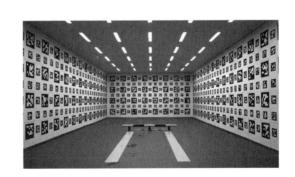

图 3-4-29　智能网联汽车标定场地

（2）控制器标定：对车辆的控制器进行标定，以确保其能够准确接收传感器信息并做出正确的决策。

（3）执行器标定：对车辆的执行器进行标定，如转向系统、制动系统、加速系统等，以确保其能够准确执行控制器的指令。

3. 标定方法

（1）静态标定：在静止状态下对传感器、控制器和执行器等设备进行标定，以确保其准确性。

（2）动态标定：在车辆行驶过程中对传感器、控制器和执行器等设备进行标定，以验证其在动态环境下的性能。

（3）综合标定：将静态标定和动态标定相结合，对车辆的整体性能进行标定和验证。

4．标定工具与设备

智能网联汽车标定需要使用专业的工具和设备，如标定板、标定架、传感器校准仪、控制器调试工具等。这些工具和设备能够确保标定的准确性和可靠性。

智能网联汽车测试与标定是确保车辆安全、可靠运行的重要环节。通过全面的测试和精确的标定，可以验证车辆在各种场景下的性能和安全性，为智能网联汽车的推广和应用提供有力保障。同时，随着技术的不断进步和标准的不断完善，智能网联汽车测试与标定将朝着更加智能化、高效化和标准化的方向发展。

案例讨论

1．具体案例：百度 Apollo 在智能网联生态中的开放合作。

2．案例背景：百度 Apollo 是百度发布的一款面向汽车行业和自动驾驶领域的软件平台，旨在通过开放合作推动智能网联汽车的发展。自 2013 年百度成立深度学习实验室 IDL 并组建自动驾驶研究团队以来，Apollo 平台逐步发展，至今已成为智能网联汽车领域的重要力量。百度 Apollo 不仅关注自动驾驶技术的研发，还致力于构建一个开放的生态系统，与汽车行业伙伴共同推动智能网联汽车的商业化进程。

3．讨论点：

（1）百度 Apollo 通过开放合作的方式，与汽车行业伙伴共同推动智能网联汽车的发展。这种开放合作的方式是否有利于加快自动驾驶技术的商业化进程？它如何促进技术创新和产业升级？

（2）百度 Apollo 为主机厂商提供自动驾驶技术解决方案，这一路径是否适合所有车企？车企在采用外部技术解决方案时，如何平衡技术自主性和成本控制？

（3）智能网联汽车的发展离不开技术创新和产业升级。百度 Apollo 在自动驾驶技术和智能网联生态方面的创新，如何推动整个汽车行业的转型升级？对于其他企业和行业参与者来说，有哪些值得借鉴的经验和启示？

⚙ **任务实施**

1. 任务要求：以自主车（自动驾驶汽车）为例，探索智能网联汽车技术融合与未来趋势。

2. 任务描述：随着智能网联汽车技术的飞速发展，自主车作为其核心代表，正逐步从概念走向现实。本拓展任务要求你选取一款自主车（可以是已上市或概念车型），深入研究其技术架构、智能网联功能的实现方式，以及这些技术如何共同推动智能网联汽车的新时代。同时，你还需要分析该自主车在未来智能网联汽车市场中的潜在影响和发展趋势。

3. 设计报告

作品名称		评分	
		小组评分	教师评分
智能网联汽车技术概述			
技术架构分析			
智能网联功能实现方式			
未来趋势与展望			
总结反思			

探索5 重塑生态：打造出行新模式的愿景

教学引入

在数字化转型的浪潮中，出行行业正经历着一场深刻的变革，车路协同、车路云一体化等前沿技术如同破晓之光，照亮了智慧交通的未来之路。这些技术不仅打破了传统出行的界限，更以前所未有的方式重塑着我们的出行生态。今天，我们将深入这片充满无限可能的领域，探索车路协同如何实现车辆与道路基础设施的无缝连接，车路云一体化如何构建起一个高效、协同的交通网络。同时，我们还将分享华为与车企携手推进5G车联网的生动实践，见证5G技术如何为智能网联汽车插上翅膀；以及阿里巴巴参与智慧城市构建智能交通的宏伟愿景，展望一个更加智能、便捷、绿色的出行新时代。在这场变革中，每一份努力都将成为推动智慧交通发展的强大动力，让我们共同期待出行新模式的到来，让未来出行更加美好。

教学目标

素质目标	知识目标	技能目标
1. 培养对智慧交通未来发展的敏锐洞察力，以及对技术创新在出行领域应用的认同感。 2. 强调跨学科合作的重要性，提升在数字化转型背景下解决复杂交通问题的能力。	1. 理解数字化转型对出行行业的深刻影响，掌握车路协同、车路云一体化等前沿技术的概念与原理。 2. 了解车路协同如何实现车辆与道路基础设施的无缝连接，以及车路云一体化如何构建高效协同的交通网络。	1. 具备分析华为与车企推进5G车联网的实践案例，理解5G技术在智能网联汽车中的应用与优势的能力。 2. 探讨阿里巴巴参与智慧城市构建智能交通的愿景，掌握评估智能交通系统的实际应用效果的能力。

 知识链接

一、深入探讨车路协同

车路协同，或称车路云一体化，是智能交通领域的重要发展方向。

探索5 重塑生态：
打造出行新模式的愿景

（一）概念

车路协同是指通过信息与通信技术，将车辆、道路基础设施和云计算平台融合为一体，实现车、路、云之间信息交换和协同工作，从而构建一个智慧交通生态系统，如图3-5-1所示。这一系统能够实时感知和交互车辆、道路、行人以及云端的信息，实现交通的智能化管理和控制。

图 3-5-1 车路云一体化组成

（二）技术基础

（1）车联网技术：车联网是车路协同的核心技术之一，通过无线通信技术连接车辆、行人、交通基础设施和云端，实现信息的实时共享和交互。车联网技术包括V2X（Vehicle to Everything）通信技术，能够支持车辆与车辆、车辆与基础设施、车辆与行人之间的通信。

（2）云计算技术：云计算平台为车路协同系统提供数据存储、处理和分析的能力。通过云计算，可以实现对海量交通数据的实时处理和分析，为交通管理和控制提供决策支持。

（3）人工智能与大数据技术：人工智能和大数据技术能够提升车路协同系统的智能化水平。通过机器学习、深度学习等技术，可以对交通数据进行挖掘和分析，实现交通流量的预测、交通拥堵的缓解以及交通事故的预防等功能。

（三）应用场景

（1）智能导航与路径规划：车路协同系统可以根据实时交通信息，为驾驶员提供最优的导航路径和行驶建议，减少交通拥堵和行驶时间。

（2）交通信号控制：通过与交通信号灯的协同工作，车路协同系统可以实现交通信号的智能控制，提高交通流畅度和安全性。

（3）紧急车辆优先通行：在紧急情况下，车路协同系统可以识别并优先保障紧急车辆的通行，提高应急响应速度和效率。

（4）交通事件预警与应对：车路协同系统可以实时监测交通事件，如交通事故、道路施工等，并及时向驾驶员发出预警信息，避免交通拥堵和二次事故的发生。

（四）优势与挑战

（1）提升交通效率：通过实时感知和交互交通信息，车路协同系统可以优化交通流量，减少交通拥堵和行驶时间。

（2）增强交通安全：车路协同系统可以实时监测交通事件和道路状况，为驾驶员提供预警信息，降低交通事故的发生率。

（3）促进节能减排：通过优化交通流量和减少交通拥堵，车路协同系统可以降低车辆的燃油消耗和排放，促进环保和可持续发展。

（4）技术成熟度：虽然车路协同技术已经取得了一定的进展，但仍需要进一步完善和成熟，以应对复杂多变的交通环境。

（5）标准化与互操作性：不同厂商和设备之间的标准化与互操作性问题是车路协同面临的重要挑战之一。需要建立统一的技术标准和协议，以确保不同设备之间的互联互通。

（6）隐私与安全问题：车路协同系统涉及大量的个人信息和交通数据，需要采取有效的措施来保护用户隐私和数据安全。

（五）发展趋势

（1）技术融合与创新：随着物联网、人工智能、大数据等技术的不断发展，车路协同系统将实现更加智能化和高效化的功能。

（2）应用场景拓展：车路协同将不断拓展应用场景，从城市交通管理向高速公路、乡村道路等更广泛的领域延伸。

（3）产业链协同发展：车路协同将促进产业链上下游企业的协同发展，形成更加完整的产业链生态体系。

车路协同作为智能交通领域的重要发展方向，具有广阔的应用前景和巨大的市场潜力。随着技术的不断进步和应用场景的不断拓展，车路协同将为人们的出行带来更加便捷、安全和高效的服务。

二、车路云一体化前沿技术

车路云一体化技术是智能交通领域的前沿技术，它融合了车辆、道路和云端服务器的功能，形成智能交通网络。

（一）通信技术

1.5G 与 C-V2X 融合组网（图 3-5-2）

（1）5G 通信技术：为车路云一体化系统提供高速、低时延、广覆盖的通信服务，确保信息的实时传输和共享。

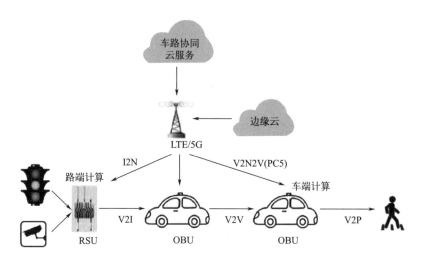

图 3-5-2　5G 与 C-V2X 融合组网

（2）C-V2X（Cellular Vehicle-to-Everything）技术：是一种将蜂窝通信与直通通信相结合的车联网通信技术。它不仅支持车辆之间的直接通信（V2V），还涵盖了车辆与基础设施（V2I）、车辆与行人（V2P）等多种通信模式，如图 3-5-3 所示。随着 5G 技术的加持，C-V2X 因其低时延、高可靠性的传输能力，让复杂交通规则下的决策变得迅速而准确。无论是车辆编

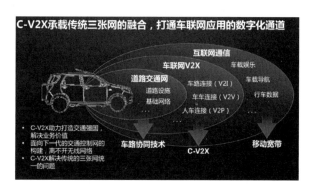

图 3-5-3　C-V2X 技术

队行驶，还是高优先级车辆通行，C-V2X 都能轻松应对，让智能驾驶成为现实。

2. 高精度定位技术

利用北斗导航等卫星导航系统，实现车辆的高精度定位，为车路协同提供精确的位置信息。

（二）算力协同技术

1. 车-路算力融合

通过边缘计算和云计算的结合，实现车辆与道路基础设施之间的算力协同。车辆可以利用路边的边缘算力进行数据处理和决策，提高行驶效率和安全性。

2. 人工智能算力基础设施

建设多级协同的人工智能算力基础设施，推动车侧与路侧算力有机融合。这有助于提升车路协同系统的智能化水平，实现更加精准和高效的交通管理和控制。

（三）数据处理与分析技术

1. 大数据服务平台

搭建交互便捷、共享无碍的大数据服务平台，实现车路云一体化系统中数据的高速流转和即时响应。这有助于赋能智能决策，提高交通管理的效率和准确性。

2. 实时数据分析与预测

利用机器学习和深度学习等技术，对实时交通数据进行分析和预测。这可以实现对交通流量的精准预测、交通拥堵的提前预警以及交通事故的快速应对等功能。

（四）智能互联与协同控制技术

1. 车辆智能互联

车辆通过通信技术实现与云端和其他车辆的互联，共享交通信息，提高行驶安全性和效率。

2. 协同控制技术

通过车路云一体化系统实现车辆与道路基础设施之间的协同控制。例如，根据实时交通信息调整交通信号灯的控制策略，优化交通流量；或者通过车辆之间的协同控制，实现自动驾驶车辆的编队行驶等功能。

（五）安全与隐私保护技术

1. 数据加密与传输安全

采用先进的数据加密技术，确保车路云一体化系统中数据的安全传输和存储。这可以防止数据被非法获取或篡改，保护用户隐私和数据安全。

2. 身份认证与访问控制

建立完善的身份认证和访问控制机制，确保只有合法用户才能访问和使用车路云一体化系统中的数据和服务。这有助于防止未经授权的访问和操作，保障系统的安全性和稳定性。

车路云一体化技术的前沿技术涵盖了通信技术、算力协同技术、数据处理与分析技术、智能互联与协同控制技术以及安全与隐私保护技术等多个方面。这些技术的发展和应用将推动智能交通领域的创新和进步，为人们提供更加便捷、安全和高效的出行服务。

三、阿里巴巴参与智慧城市构建智能交通的愿景

阿里巴巴作为中国领先的科技公司之一，积极参与智慧城市的建设，特别是在智能交通领域，展现出了其独特的愿景和战略，如图3-5-4所示。

图3-5-4　智能交通应用场景

（一）愿景概述

阿里巴巴致力于通过先进的科技手段，推动智慧城市的构建，特别是在智能交通领域，旨在实现交通资源的高效利用和管理，提升城市交通管理水平，改善市民出行体验，同时推动环境保护和可持续发展。

（二）具体举措与愿景实现

1. 利用大数据和人工智能技术

阿里巴巴通过其下属的阿里云等平台，对城市交通流量进行实时监控与分析，为交通管理决策提供科学依据。通过分析实时交通数据，用户可以实时掌握交通状况，做出合理的出行选择，从而有效缓解交通拥堵。

2. 推动智慧交通项目的落地

阿里巴巴与各地政府紧密合作，推动智慧交通项目的落地实施，如智能信号灯控制、智能公交调度等。这些项目通过优化交通资源分配，提高了交通运行效率，有效提升了城市交通管理水平，如图 3-5-5 所示。

图 3-5-5　智慧交通监控中心

3. 开发智能停车系统

阿里巴巴高德地图开发的智能停车系统，通过整合停车场数据，实时提供停车位信息，有效缓解了停车难问题，如图 3-5-6 所示。该系统减少了车主寻找停车位的时间，进一步缓解了交通压力。

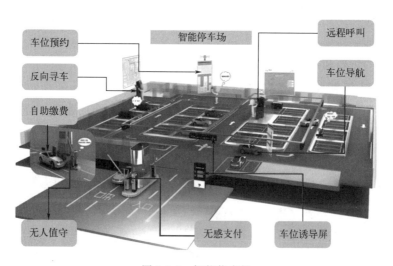

图 3-5-6　智能停车场

4. 构建数字孪生交通系统

阿里巴巴在智能交通领域还致力于构建数字孪生交通系统，实现交通全要素、全时段、全覆盖的数字化。通过数字孪生技术，可以对交通系统进行精准模拟和仿真，为交通管理决策提供科学依据。

5. 推动绿色出行和环境保护

阿里巴巴通过推动智能交通系统的建设，降低了车辆排放，促进了绿色出行。这有助于改善城市空气质量，推动环境保护和可持续发展。

（三）未来展望

展望未来，阿里巴巴将继续深化在智能交通领域的探索和创新。随着智慧城市建设的持续推进，阿里巴巴计划扩大与国内外科技公司的合作，结合区块链、物联网等技术，构建更为全面和高效的城市交通管理体系。未来的交通体系将更加智能化，市民出行体验将持续优化。同时，阿里巴巴还将积极推动智慧交通与智慧城市其他领域的融合发展，共同推动智慧城市的全面建设和发展。

阿里巴巴参与智慧城市构建智能交通的愿景是通过先进的科技手段实现交通资源的高效利用和管理，提升城市交通管理水平，改善市民出行体验，并推动环境保护和可持续发展。

四、描绘智慧交通的美好未来

智慧交通的美好未来是一个充满创新、高效、绿色、安全和人性化的交通生态系统。在这个未来图景中，科技深度融合于交通领域，不仅极大地提升了交通系统的效率和安全性，还显著改善了人们的出行体验，促进了城市的可持续发展。

（一）高效便捷的出行体验

（1）智能交通调度系统：通过大数据分析和人工智能技术，智能交通调度系统能够实时预测交通流量，优化公共交通线路和班次，减少等待时间，提高出行效率。同时，私家车也能通过智能导航获得最佳行驶路线，避免拥堵。

（2）无缝换乘与多模式出行：智慧交通将实现不同交通工具之间的无缝换乘，如公交、地铁、出租车、共享单车等，乘客只需通过一个 APP 就能完成所有出行规划，享受"门到门"的便捷服务。

（3）自动驾驶与无人配送：随着自动驾驶技术的成熟，未来的道路上将出现更多自动驾驶车辆，包括自动驾驶出租车、公交和货车，它们将实现精准定位、智能避障和自主导航，极大提高出行安全性和效率。此外，无人配送车将负责最后一公里的快递和外卖配送，减轻人力负担，如图 3-5-7 所示。

图 3-5-7　无人配送车

（二）绿色可持续的交通发展

（1）新能源汽车普及：智慧交通将推动新能源汽车的广泛应用，通过建设完善的充电网络和智能充电管理系统，实现新能源汽车的快速充电和高效利用，减少碳排放。

（2）智能交通信号控制：智能交通信号控制系统能够根据实时交通数据调整信号灯配时，优化交通流，减少车辆等待时间和尾气排放，提升空气质量。

（3）绿色出行激励政策：政府将推出更多绿色出行激励政策，如公交优先、停车优惠、碳积分奖励等，鼓励市民选择低碳环保的出行方式。

（三）安全可靠的交通环境

（1）智能交通监控系统：通过高清摄像头、雷达、传感器等设备，智能交通监控系统能够实时监测交通状况，发现异常行为，如酒驾、超速、违规变道等，及时预警和处理，保障交通安全。

（2）智能应急响应系统：智慧交通将建立智能应急响应系统，一旦发生交通事故或紧急情况，系统能够迅速启动应急预案，调度救援力量，提供及时有效的救助。

（3）网络安全保障：智慧交通系统将加强网络安全防护，防止黑客攻击和数据泄漏，确保交通数据的准确性和安全性。

（四）人性化的交通服务

（1）个性化出行服务：智慧交通系统将根据用户的出行需求和偏好，提供个性化的出行服务，如定制公交、专车接送等，满足用户的多样化需求。

（2）无障碍交通设施：智慧交通将注重无障碍交通设施的建设和完善，如无障碍公交车、无障碍停车场等，为老年人、残疾人等弱势群体提供便捷的出行服务。

（3）社区交通微循环：智慧交通将推动社区交通微循环的建设，通过优化社区内部道路布局、设置微循环公交等措施，缓解社区交通拥堵问题，提升居民出行体验。

智慧交通的美好未来将是一个高效便捷、绿色可持续、安全可靠和人性化的交通生态系统。在这个未来图景中，科技将深度融合于交通领域，为人们带来更加舒适、便捷和安全的出行体验，同时推动城市的可持续发展。

五、飞行汽车

（一）技术挑战

（1）动力能源：飞行汽车需要强大的动力以实现垂直起降、飞行和道路行驶，同时要求高能量密度能源确保续航。然而，目前电池技术能量密度和功率密度难以兼顾，高能量密度电池往往功率输出受限，无法满足飞行汽车复杂工况需求。

（2）续航里程：现有电池技术续航里程有限，即使使用能量密度较高的锂电池，飞行汽车续航里程也较短，难以满足日常出行及商业运营需求。

（3）快速充电：在高剩余电量基础上实现快速充电难度大，且要保证充电过程安全、不损伤电池寿命，同时满足短时间内充入足够电量以满足下一次出行需求，这对充电技术提出了极高要求。

（4）飞行控制：飞行汽车在不同气象条件和城市复杂环境中飞行，需精确控制姿态、高度、速度等。相比传统飞机，飞行汽车体积小、重量轻，受气流等影响大，保持稳定飞行的难度高。

（5）自主导航与避障：实现自主飞行是飞行汽车的目标，这要求其具备精准的自主导航能力，能实时获取自身位置、速度、姿态等信息，并依据预设路线飞行。同时，还需能准确感知周围环境，及时避开障碍物。

（6）多模态切换：飞行汽车要能在道路行驶和空中飞行模式间平稳切换，两种模式在动力输出、操控方式等方面差异大，切换过程涉及复杂的机械结构和控制系统调整。

（7）结构与材料：飞行汽车结构需承受飞行时的空气动力、重力、惯性力等多种载荷，还要保证在道路行驶时的耐久性和抗冲击性。

（8）应急救援：为应对飞行中的突发状况，飞行汽车需配备完善的应急救援系统，但这些系统的集成和有效运行面临技术和可靠性挑战。

（9）法规认证：全球范围内缺乏统一的适航认证标准和规范，这使得飞行汽车的研发、生产和运营面临法规不确定性。

（10）空域管理：飞行汽车的运行涉及空域管理，如何与现有的航空交通管理系统融合，合理规划飞行航线、高度、区域等，避免与其他飞行器冲突，是亟待解决的问题。

（二）设计概念

飞行汽车的设计概念确实主要基于多功能化、电动化及智能化等特征，旨在满足人们在不同场景下的出行需求。从车身结构来看，目前主要包括一体式、分体式及可分离式三种构型。

1. 一体式飞行汽车

一体式飞行汽车在陆地行驶状态下，机臂、旋翼等飞行系统被完全折叠收纳进车体内，如图3-5-8所示。这种设计使得飞行汽车在地面行驶时与普通汽车无异，但可以通过打开机臂切换到飞行模式，满足人们短距离低空出行的需求。一体式飞行汽车的结构相对紧凑，便于停放和驾驶，同时能够兼顾地面和空中的行驶需求。

图3-5-8　一体式飞行汽车

2. 分体式飞行汽车

分体式飞行汽车由陆行体和飞行体两部分构成，如图3-5-9所示。地面行驶时，陆行体可将飞行体完全收纳至车内，进行地面移动。这种设计使得分体式飞行汽车在地面行驶时具有更好的稳定性和舒适性。而在空中飞行时，飞行体则通过与陆行体分离的形式来开展空中飞行，实现了地面和空中行驶的灵活切换。分体式飞行汽车的设计注重模块化和可替换性，便于维护和升级。

图3-5-9　分体式飞行汽车

具体来说，分体式飞行汽车的陆行体通常具备较好的承载能力和越野性能，采用多轮驱动和后轮转向等技术，以适应不同路况。而飞行体则采用纯电动有人驾驶飞行器设计，具备垂直起降和低空飞行的能力。此外，飞行体还配备了先进的飞行控制系统和自主导航技术，以确保飞行的安全和稳定。

3. 可分离式飞行汽车

可分离式飞行汽车通过飞行舱和底盘的分离或组合来分别满足地面驾驶及空中飞行的功能，如图3-5-10所示。这种设计使得可分离式飞行汽车在地面行驶时更加灵活，而在空中飞行时则具备更好的飞行性能和稳定性。可分离式飞行汽车的设计同样注重模块化和可替换性，便于用户根据实际需求进行选择和配置。

图3-5-10　可分离式飞行汽车

与分体式飞行汽车相比，可分离式飞行汽车的飞行舱和底盘之间的分离和组合更加灵活，可以根据不同场景和需求进行快速切换。同时，可分离式飞行汽车还具备更好的扩展性和升级性，可以根据用户需求进行个性化定制和升级。

一体式、分体式及可分离式三种构型的飞行汽车各具特色，分别适用于不同的应用场景和满足不同需求。一体式飞行汽车结构紧凑、便于停放和驾驶；分体式飞行汽车注重模块化和可替换性，便于维护和升级；而可分离式飞行汽车则更加灵活多变，可以根据不同场景和需求进行快速切换和个性化定制。未来，随着技术的不断进步和市场的不断成熟，这三种构型的飞行汽车都有望在智能交通领域发挥重要作用。

（三）市场潜力

飞行汽车市场潜力巨大，预计未来市场规模可达万亿级别。随着技术、资本、政策的加持，飞行汽车正加速走向商业化道路。以下是对其市场潜力的具体分析：

（1）技术创新推动商业化：如电动垂直起降（eVTOL）技术的发展，为飞行汽车的商业化应用提供了可能。多家企业的飞行汽车研发取得了显著进展，计划在未来几年内实现大规模交付。

（2）政策支持：国家在低空经济领域出台了一系列扶持政策，如税收优惠、项目资助等，为飞行汽车市场的发展提供了有力支持。

（3）产业链投资热：飞行汽车相关产业链也迎来投资热，进一步推动了市场的发展。

（4）应用场景广泛：飞行汽车的商业化应用场景广泛，包括应急救援、物流配送、空中摆渡、城际通勤等，为市场的商业化进程提供了更多可能性。

（四）对未来交通的影响

（1）提升城市交通效率：飞行汽车能够在空中行驶，避开地面的交通拥堵，大大缩短出行时间。例如，原本地面交通需要一个多小时的通勤，飞行汽车可能只需十几分钟。

（2）拓展交通方式：飞行汽车为城市交通提供了新的空间，将日常交通出行拓展到空中区域，人们的出行方式将发生巨大变革。

（3）灵活便利：飞行汽车可以随时随地起飞和降落，具有更好的灵活性和便利性。

（4）减少公路建设需求：飞行汽车在一定程度上可以减轻城市地面交通基础设施的压力，降低对新建和扩建公路的需求。

（五）探索人类出行方式的无限可能

人类出行方式的无限可能，正随着科技的飞速发展和社会的不断变革而日益拓展。从传统的步行、骑马、划船，到现代的汽车、火车、飞机，再到未来可能出现的各种新型交通工具，人类出行方式的演变历程充满了创新与突破。

1. 个人飞行器与空中出行

随着电动垂直起降（eVTOL）技术、无人机技术以及人工智能技术的不断发展，个人飞行器正逐渐成为可能。这些飞行器可能包括电动飞行汽车、个人喷气背包（图3-5-11）、空中滑板等，它们将彻底改变人们的出行方式，使得空中出行变得像地面出行一样便捷。这些飞行器将利用先进的导航系统和避障技术，确保在空中飞行的安全和稳定。

2. 自动驾驶与智能交通系统

自动驾驶技术的发展将使得未来的交通系统更加

图 3-5-11　个人喷气背包

智能化和高效化。自动驾驶汽车、自动驾驶公交车、自动驾驶货车等将逐渐普及,它们将利用高精度地图、传感器、雷达和摄像头等设备,实现精准定位和自主导航。同时,智能交通系统将整合各种交通工具的信息,实现交通流量的优化调度,减少拥堵和排放,提高出行效率。

3. 高速磁悬浮列车与超级高铁

高速磁悬浮列车和超级高铁是未来陆地交通的重要发展方向,如图 3-5-12 所示。它们利用磁悬浮技术或真空管道技术,实现极高的运行速度,大大缩短城市之间的通行时间。这些交通工具将提供更加舒适、安全和高效的出行体验,成为人们长途旅行和城际通勤的首选。

图 3-5-12　中国研制的高速磁悬浮列车

4. 水下与水下交通工具

随着海洋资源的不断开发和人类对深海探索的需求增加,水下和水下交通工具也将迎来快速发展。这些交通工具可能包括水下汽车、潜水器、水下无人机等,它们将利用先进的推进系统和导航系统,在水下环境中进行高效、安全的移动。这些交通工具将用于深海探测、水下考古、水下救援等领域。

5. 绿色出行与可持续发展

未来出行方式的另一个重要方向是绿色出行和可持续发展。电动汽车、氢能汽车、太阳能汽车等环保型交通工具将逐渐普及,以减少对化石燃料的依赖和减少碳排放。同时,智能交通系统将优化交通流量,减少拥堵和排放,提高能源利用效率。

人类出行方式的未来充满了无限可能。随着科技的不断进步和社会的不断变革,将迎来更加便捷、高效、安全和环保的出行方式。这些新型交通工具和出行方式将彻底改变人类的生活和工作方式,让人类拥有更加美好的出行体验。

案例讨论

1. 具体案例:华为与车企合作推进 5G 车联网的应用实例。

2. 案例背景:随着 5G 技术的快速发展,车联网作为智能网联汽车的重要支撑,正逐步成为智慧交通的重要组成部分。华为作为全球领先的 ICT(信息与通信技术)解决方案提供商,积极与车企合作,推进 5G 车联网的应用,旨在通过车路协同、车路云一体化等前沿技术,打造出行新模式,重塑交通生态。

3. 讨论点:

(1)华为 5G-A 技术如何助力车联网的发展?其高带宽、低时延、高可靠性的特性如何在实际应用中体现？同时，5G-A 技术的部署和商用还面临哪些挑战？

（2）车路协同作为智慧交通的重要组成部分，其实现路径是怎样的？需要哪些关键技术支撑？如何确保车与路、车与车之间的信息交互的准确性和实时性？

（3）车路云一体化如何重塑交通生态？它如何促进交通资源的优化配置和高效利用？对于提升交通出行体验、保障交通安全、缓解交通拥堵等方面有何积极作用？

（4）随着车路协同、车路云一体化等前沿技术的不断发展，智慧交通的未来将呈现怎样的图景？它将如何改变人们的出行方式和生活方式？同时，我们还需要关注哪些方面的问题和挑战？

任务实施

1. 任务要求：探索智慧交通的未来趋势与策略规划。

2. 任务描述：随着车路协同、车路云一体化等前沿技术的不断突破，智慧交通正逐步从概念走向现实，为出行带来前所未有的变革。本拓展任务要求你深入研究智慧交通的未来发展趋势，分析当前技术、政策、市场等方面的挑战与机遇，并基于这些分析，为一家假想的智能交通企业（可命名为"未来智行"）制订一份策略规划报告，旨在推动该企业在智慧交通领域的发展，实现出行新模式的愿景。

3. 设计报告

作品名称		评分	
		小组评分	教师评分
智慧交通未来趋势分析	（技术趋势、政策环境、市场需求）		
挑战与机遇分析	（识别智慧交通发展过程中面临的主要挑战，如技术瓶颈、数据安全、法规制定等）		
策略规划	（技术创新策略、市场拓展策略、政策应对与合规策略、合作与生态构建策略）		
实施计划与风险评估	（制订详细的实施计划，包括时间节点、责任分配、资源投入等）		
结论与展望	（对未来智行在智慧交通领域的发展前景进行展望，强调其在推动出行新模式中的重要作用）		
总结反思			

模块4

选车与用车的智慧指南

指南 1　精心选购：找到最适合您的爱车

 **教学引入**

　　在浩瀚的汽车市场中，每一款车型都如同夜空中闪烁的星辰，各具特色，令人目不暇接。面对如此丰富的选择，如何找到最适合自己的爱车，成为了许多消费者的共同难题。从品牌的光环到性能的卓越，再到性价比的考量，每一个决定都至关重要。因此，我们精心准备了一份汽车选购综合评估指南，旨在帮助您拨开迷雾，理清思路，根据自身需求与偏好，在琳琅满目的车型中做出明智而满意的选择。无论您是追求性能与操控的驾驶爱好者，还是注重实用与舒适的生活家，这份指南都将为您的购车之旅提供参考与帮助。

教学目标

素质目标	知识目标	技能目标
1. 培养以客户为中心的服务理念，注重客户需求与满意度。 2. 强化专业素养，保持对汽车市场动态的敏锐洞察力。	1. 掌握汽车市场中不同车型、品牌和性能特点的基础知识。 2. 理解消费者购车时的需求分析与决策过程。 3. 熟悉性价比评估方法，以及汽车选购的综合考量因素。	1. 能够根据客户需求，推荐最适合的车型，并提供专业购车建议。 2. 提升与潜在客户的沟通能力，有效传递车型优势与品牌价值。 3. 运用综合评估指南，协助客户做出明智购车决策。

知识链接

一、汽车分类

　　在精心选购汽车时，了解汽车的分类是第一步，这有助于消费者根据个人需求和偏好缩小选择范围。汽车的分类通常基于车型、用途、动力来源等多个维度。

指南 1　精心选购：
找到最适合您的爱车

（一）按车型分类

　　汽车的分类如图 4-1-1 所示。

　　1. 轿车

　　特点：操控灵活、动力经济性能较好、乘坐舒适、内饰豪华感强等，分级如图 4-1-2

所示。

　　适用场景：适合城市通勤及家庭使用。

　　代表车型：轩逸、朗逸等。

　　2. 运动型多用途汽车SUV

　　特点：空间大、通过性强、动力性能好、视野开阔等。

　　适用场景：适合长途旅行、家庭出游及复杂路况行驶。

　　代表车型：CS75 PLUS、比亚迪宋PLUS DM-i、吉利星越L（图4-1-3）等。

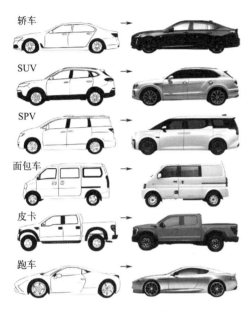

图4-1-1　汽车的分类

图4-1-2　轿车的分级

图4-1-3　吉利星越L

　　3. 多用途汽车MPV

　　特点：空间极其宽敞、座椅布局灵活多变、动力输出平稳、乘坐舒适性较好等。

　　适用场景：适合大家庭出行或商务接待等。

　　代表车型：别克GL8（图4-1-4）等。

图4-1-4　别克GL8

　　4. 跑车/性能车

　　特点：动力强劲、操控性能卓越、外观设计拉风等。

　　适用场景：适合追求动力体验与操控性能的驾驶者。

　　代表车型：仰望U9（图4-1-5）等。

图4-1-5　仰望U9

　　5. 皮卡

　　特点：载货能力强、越野性能好等。

　　适用场景：适合户外作业、露营探险等场景。

　　代表车型：福特猛禽（图4-1-6）等。

图4-1-6　福特猛禽

（二）按用途分类

1. 日常通勤车

特点：省油、小巧、易于驾驶等。

适用人群：每天需要通勤的上班族。

2. 家庭用车

特点：空间大、舒适性高、安全性好等。

适用人群：有家庭出行需求的消费者。

3. 商务用车

特点：外观大气、内饰豪华、舒适度高等。

适用场景：商务接待、公司用车等。

4. 越野探险车

特点：通过性强、越野性能好等。

适用场景：户外探险、越野活动等。

（三）按动力来源分类

1. 燃油车

特点：技术成熟、加油方便等。

代表车型：多数传统轿车、SUV 等。

2. 电动车

特点：环保、节能、低噪音等。

代表车型：特斯拉 Model 3、比亚迪汉 EV 等。

3. 混合动力车

特点：结合了燃油车和电动车的优点，既能保证动力又能降低油耗。

代表车型：比亚迪宋 PLUS DM-i 等。

在选购汽车时，消费者应根据自己的实际需求、预算和偏好来选择合适的车型。同时，也要关注市场动态和促销活动，以把握最佳购车时机。此外，试驾体验也是非常重要的一步，通过亲自驾驶来感受车辆的操控性、舒适性、动力表现等，确保所选车型真正符合自己的需求。

二、品牌分析

在选购爱车时，品牌是一个重要的考虑因素。不同品牌在汽车技术、品质、服务以及市场口碑等方面各有千秋。以下是对一些主要汽车品牌的详细分析，旨在帮助您找到最适合自己的爱车。

（一）比亚迪

（1）技术创新：比亚迪（图 4-1-7）在新能源汽车领域拥有诸多优势，如刀片电池技术等。

图 4-1-7　比亚迪车标

（2）产品线丰富：比亚迪拥有多款新车上市，如夏、唐 L、腾势 N9、方程豹豹 3 等，覆盖多个细分市场。

（3）全球化战略：比亚迪在巴西建有工厂，计划于 2025 年 3 月投产，产能将达到 15 万辆，可辐射南美市场。

（4）市场表现：比亚迪在中国汽车市场的份额持续增长。

（二）特斯拉

（1）品牌影响力：作为全球知名的电动汽车制造商，特斯拉（图 4-1-8）具有强大的品牌影响力。

（2）超级充电网络：特斯拉的超级充电站网络在全球布局广泛，提供便捷的充电服务。

（3）产量提升：特斯拉的弗里蒙特工厂和上海超级工厂产量不断提升，柏林超级工厂和奥斯汀超级工厂也将快速建设并交付。

（4）市场表现：特斯拉在中国市场的销量虽然有所波动，但整体仍呈现增长趋势。然而，随着本土品牌的崛起，特斯拉面临的市场竞争压力也在增大。

图 4-1-8　特斯拉车标

（三）鸿蒙智行（华为合作品牌）

（1）智能化程度高：华为在 ICT 领域几十年的技术积累，为鸿蒙智行提供了强大的智能驾驶、智能座舱等技术支持。

（2）产品线丰富：鸿蒙智行计划推出超过 10 款新车型，覆盖豪华到超豪华各个细分领域。

（3）市场表现：鸿蒙智行的销量在持续增长，问界 M9 等车型的热销以及尊界 S800 等高端车型的发布，将助力其在高端市场树立品牌形象。

（四）吉利汽车

（1）智能电动化：吉利汽车（图 4-1-9）在智能电动化和国际化方面发展强劲，计划推出超过 25 款智能新能源产品。

（2）国际化布局：吉利加强在东欧、中东、东南亚等市场的布局，推动国际化进程。

图 4-1-9　吉利汽车车标

（3）市场表现：吉利在中国汽车市场的份额也相对较高，且电动车的渗透率可能达到 40％，得益于新推出车型的强劲表现。

（五）传统外资及合资品牌

（1）一汽大众、上汽大众：虽然推出了"在中国为中国"的战略，但新能源产品布局尚不完善，销量预计仍将以燃油车为主，在新能源挤压下销量将继续下滑。

（2）丰田、本田：以卓越的品质、高效的燃油经济性以及良好的用户口碑赢得认可，但新能源车型布局不多。

（3）宝马、奔驰：传统豪华品牌的代表，对细节的极致追求和对品质的不懈坚持让它们长期占据领先地位，但同样面临新能源市场的挑战。

不同品牌在汽车市场中各有优势。在选购爱车时，应根据自己的需求、预算以及对品牌的偏好进行综合考虑。同时，关注汽车市场的最新动态和各大品牌的最新产品发布也是非常重要的。

三、性能分析

在精心选购爱车时，性能分析是一个至关重要的环节。以下是对汽车性能的详细分析，帮助您找到最适合自己的车型。

（一）动力性能

动力性能是衡量汽车性能的重要指标之一，主要包括发动机最大功率、最大扭矩以及车辆的加速表现。

（1）发动机最大功率：功率越高，意味着车辆的动力储备越充足，通常与车辆的最高速度相关。

（2）发动机最大扭矩：扭矩决定了车辆的加速性能，扭矩越大，车辆的加速能力越强。

（3）加速性能：如 0～100km/h 加速时间，加速性能越好，车辆的动力响应越迅速。

（二）燃油经济性

燃油经济性是评估汽车性能的重要方面，通常指的是车辆的油耗表现。对于车主来说，油耗是一个不容忽视的因素，它直接关系到车辆的运行成本。在选择车型时，可以参考厂家提供的理论油耗数据，并结合实际驾驶条件进行综合考虑。

（三）悬挂系统和操控性能

（1）悬挂系统：主要影响车辆的行驶稳定性和舒适性。悬挂系统好的车辆可以更好地吸收路面颠簸，提高行驶稳定性和乘坐舒适性。

（2）操控性能：指驾驶员对车辆的控制能力。好的操控性能可以让驾驶员更好地掌控车辆，提高行驶安全性和驾驶乐趣。在选购时，可以关注车辆的悬挂系统类型、转向系统以及底盘调校等方面。

（四）安全性能

安全性能是评估汽车性能的关键指标，包括车辆的制动性能、行驶稳定性、碰撞安全性等。在选择车型时，应重点关注车辆的安全配置，如气囊系统、安全带、ABS（防抱死刹车系统）、稳定性控制系统等。此外，还可以参考车辆的碰撞测试成绩和安全评分。

（五）其他实用配置

除了以上核心性能外，还有一些实用配置也是购车时需要考虑的因素：

（1）轴距：轴距越长，车内空间越宽敞，乘坐舒适性越高。

（2）倒车影像/雷达：为驾驶者提供辅助倒车功能，提高停车安全性。

（3）座椅通风加热：提升驾乘体验，尤其适用于极端气候条件下的驾驶。

（4）胎压监测：实时监测轮胎胎压，保障行车安全。

（5）智能科技配置：如 AI 智能座椅、智能导航辅助驾驶等，提升驾驶的便捷性和舒适性。

（六）实际案例

在选购爱车时，以吉利汽车为例进行性能分析，以下是对吉利汽车 2025 款吉利星舰 7（图 4-1-10）的详细性能分析。

图 4-1-10　吉利星舰 7

1. 动力性能

2025 款吉利星舰 7 搭载了雷神 EM-i 超级电混专用发动机平台（图 4-1-11），这款发动机拥有全球量产最高热效率 46.5%，动力强劲。同时，车辆还配备了单挡 DHT 电混单元（P1＋P3 布局），电驱单元的最大功率提高到了 160kW，电驱综合效率高达 92.5%。这样的动力配置不仅为星舰 7 带来了强劲的动力输出，还实现了更低的能耗和排放，真正做到了实用与环保的完美结合。

2. 燃油经济性

由于星舰7采用了先进的电混系统，其亏电油耗（指汽车在没有电能的情况下，仅依靠燃油提供动力的油耗）会进一步降低，相比传统燃油车具有更高的燃油经济性，如图4-1-12所示。这得益于电混系统的高效运作以及发动机与电动机的协同工作，使得车辆在保持强劲动力的同时，也能有效降低油耗。

3. 悬挂系统和操控性能

在悬挂系统方面，吉利银河星舰7搭载了麦弗逊前悬架和四连杆E型独立后悬架，如图4-1-13所示。在车辆行驶过程中，麦弗逊前悬架能够较好地过滤路面颠簸，提供一定的侧向支撑力，使车辆在转向时保持相对稳定的姿态，同时也能让车辆在直线行驶时更加平稳。在车辆过弯时，四连杆E型独立后悬架可以有效抑制车身侧倾，使车辆保持良好的操控稳定性；在通过颠簸路面时，能够精准地控制车轮的运动轨迹，让车轮更好地贴合路面，提升驾乘舒适性。

在操控性能方面，新车配备CST舒适停车功能，实现平顺、舒适、不点头的刹停效果。

4. 安全性能

吉利品牌在安全领域的口碑一直不错，星舰7也延续了这一优良传统。它采用了神盾电池安全测试技术，这一技术经过多重验证，能够确保电池在各种极端环境下都能保持稳定和安全。此外，星舰7还配备了各种智能安全系统，如AEB自动紧急制动系统和ACC自适应巡航控制等，这些系统能够实时监控路况和车辆状态，帮助驾驶者预防潜在的交通事故。高强度钢材打造的车身也为车辆提供了额外的安全保障，如图4-1-14所示。

5. 其他实用配置

2025款吉利星舰7在实用配置方面同样表现出色。它配备了先进的车联网系统，

图4-1-11 雷神EM-i超级电混平台

图4-1-12 星舰7油耗

图4-1-13 星舰7底盘

图4-1-14 吉利汽车车身结构

支持远程控制车辆、查看车辆状态等功能。同时，车辆还搭载了智能座舱系统，提供了丰富的娱乐资源和便捷的交互体验。此外，星舰 7 还配备了多项舒适性配置，如座椅加热、通风、电动调节等功能，让乘坐体验更加个性化、更加舒适，如图 4-1-15 所示。

图 4-1-15　星舰 7 内饰图

2025 款吉利星舰 7 在动力性能、燃油经济性、悬挂系统和操控性能、安全性能以及其他实用配置等方面都表现出色。这些优势使得星舰 7 成为了一款极具竞争力的车型，无论是城市通勤还是长途旅行都能轻松应对。如果您正在寻找一款性能卓越、配置丰富的爱车，那么吉利星舰 7 无疑是一个值得考虑的选择。

在选购爱车时，应综合考虑动力性能、燃油经济性、悬挂系统和操控性能、安全性能以及其他实用配置等因素。通过全面分析这些因素，您可以找到最适合自己的车型，享受愉悦的驾驶体验。

四、消费者心理分析

在精心选购的过程中，消费者心理起着至关重要的作用。以下是对消费者购车心理的详细分析。

(一) 消费者购车心理类型

(1) 理智型：这类消费者对车辆、经销商、宣传推广等比较了解，购车时有主见。他们通常会进行充分的市场调研，比较不同车型的性能、价格、配置等因素，以做出明智的购车决策。

(2) 疑虑型：这类消费者挑选车辆时小心谨慎，往往需要反复权衡利弊，才能做出决定。他们可能对车辆的某个细节或经销商的服务存在疑虑，需要销售人员耐心细致地解答和演示。

(3) 习惯型：这类消费者对某些品牌有较高忠诚度，购车时倾向于选择自己熟悉的品牌或车型。他们可能基于过去的购车经验或品牌口碑，对特定品牌产生信赖感。

(4) 价格型：这类消费者购车时非常重视价格因素，他们可能会根据预算范围选择性价比最高的车型。价格型消费者又分为低价偏好和高价偏好两类，前者注重经济实惠，后者则更注重品质和档次。

(二) 消费者购车心理动机

(1) 求实动机：消费者购车时注重车辆的实用性，如空间、舒适性、油耗等。他们希望所购车辆能够满足日常出行和家庭生活的需求。

(2) 求新动机：这类消费者追求新颖、时尚的车型，他们可能更关注车辆的设计、配置和技术创新。求新动机的消费者往往愿意为新款车型或高科技配置支付更高的价格。

(3) 求名动机：部分消费者购车时注重品牌的知名度和口碑，他们希望所购车辆能够彰显自己的身份和地位。这类消费者可能更倾向于选择豪华品牌或高端车型。

(4) 求美动机：消费者购车时注重车辆的外观和内饰设计，他们希望所购车辆具有美观、时尚的外观和舒适、豪华的内饰。求美动机的消费者可能会为车辆的外观设计或内饰配置支付额外的费用。

（三）影响消费者购车心理的因素

（1）个人因素：包括年龄、性别、职业、经济状况、个性等。例如，年轻消费者可能更注重车辆的时尚感和科技感，而中老年消费者则更注重车辆的实用性和舒适性。

（2）社会因素：包括文化环境、社会环境、家庭环境等。例如，在某些地区，购车可能被视为一种身份象征或社交需求，这会影响消费者的购车决策。

（3）心理因素：包括动机、感觉、知觉、学习、信念与态度等。消费者对车辆的认知、情感和态度会影响他们的购车决策。例如，消费者对某个品牌的信任感或好感度可能会促使他们选择该品牌的车型。

（4）刺激因素：包括车辆的价格、质量、性能、款式、服务、广告等。这些因素会直接影响消费者的购车决策。例如，一款性能卓越、价格合理的车型可能会吸引更多消费者的关注。

（四）购车建议

（1）明确购车需求：消费者在购车前应明确自己的需求和预算范围，以便选择合适的车型和配置。

（2）了解市场动态：关注汽车市场的最新动态和趋势，了解不同品牌和车型的性能、价格、配置等信息。

（3）进行市场调研：通过参观车展、咨询销售人员、查阅汽车评测等方式，了解不同车型的特点和优缺点。

（4）试驾体验：在购车前进行试驾体验，感受车辆的驾驶性能、舒适性和操控性等方面是否符合自己的需求。

（5）理性决策：在购车时保持理性思考，不要被商家的促销手段或盲目跟风所影响，做出明智的购车决策。

消费者购车心理是一个复杂而多变的过程，受到多种因素的影响。了解消费者购车心理类型和动机，以及影响购车心理的因素，有助于销售人员更好地把握消费者需求，提供个性化的购车建议和服务。同时，消费者也应保持理性思考，明确购车需求和预算范围，做出明智的购车决策。

五、中国汽车名城与车展

（一）汽车名城

汽车名城通常指的是在汽车产业中具有重要地位、拥有完整产业链和强大产业实力的城市。这些城市不仅拥有悠久的汽车制造历史，还具备先进的制造技术和强大的研发能力。例如，长春、上海、武汉、重庆、广州等城市都是中国汽车产业的重要基地，被誉为"汽车名城"。

（1）长春：作为新中国汽车工业的摇篮，长春拥有第一汽车制造厂等知名企业，以及完善的汽车产业体系。长春国际汽车博览会更是国内最具影响力的汽车行业盛会之一，为长春汽车产业的发展注入了新的活力。

（2）上海：上海是中国最庞大的汽车产业集群之一，拥有上汽集团等知名企业，以及特斯拉上海超级工厂等外资车企。上海国际汽车工业展览会（上海车展）是全球汽车工业的一项盛事，吸引了众多国内外汽车厂商参展。

（3）其他城市：武汉、重庆、广州等城市也都在汽车产业中发挥着重要作用。武汉拥有东风汽车等知名企业，重庆则以长安汽车为龙头，广州则是日系车企的大本营，拥有广汽集团等知名企业。

(二) 车展

车展是汽车产业发展的重要展示平台，也是推动汽车产业交流与合作的重要载体，如图 4-1-16 所示。车展通常包括新车发布、品牌展示、技术交流、行业论坛等多个环节，为汽车厂商和消费者提供了一个面对面交流的机会。

图 4-1-16　中国车展中的展车

1. 重要性

车展是新车发布的重要平台，各大汽车厂商通常会在车展上推出最新的车型和技术创新。

车展也是品牌展示的重要机会，汽车厂商可以通过车展展示自身的品牌形象和产品实力。

车展还是汽车产业交流与合作的重要媒介，为汽车厂商、供应商、经销商等提供了相互了解、寻求合作的机会。

2. 知名车展

（1）上海国际汽车工业展览会（上海车展）：作为全球汽车工业的一项盛事，上海车展吸引了众多国内外汽车厂商参展，展示了最新的车型和技术创新。

（2）长春国际汽车博览会：作为国内五大车展之一，长春汽博会拥有极高的公信力和影响力，是长春汽车产业发展的重要展示平台。

（3）广州国际汽车展览会：作为华南地区最具影响力的车展之一，广州车展也吸引了众多国内外汽车厂商参展，展示了丰富的汽车产品和技术，如图 4-1-17 所示。

图 4-1-17　广州车展

(三) 汽车名城与车展的相互促进

（1）汽车名城推动车展发展：汽车名城拥有完善的汽车产业体系和强大的产业实力，为车展提供了丰富的展品和观众资源。同时，汽车名城还具备先进的制造技术和研发能力，为车展提供了技术支持和创新动力。

（2）车展促进汽车名城发展：车展作为汽车产业发展的重要展示平台，不仅为汽车厂商提供了展示品牌形象和产品实力的机会，还促进了汽车产业的交流与合作。通过车展，汽车名城可以吸引更多的国内外汽车厂商和投资者，推动汽车产业的高质量发展。

汽车名城与车展之间存在着密切的关联和相互促进的关系。它们共同推动了汽车产业的发展和创新，为消费者提供了更加多样化、个性化的购车选择。

案例讨论

1. 具体案例：自主车品牌——吉利的选购评估。

2. 案例描述：吉利汽车作为中国自主品牌的佼佼者，近年来在技术研发、产品设计、市场布局等方面取得了显著成就。其产品线覆盖了轿车、SUV、MPV 等多个细分市场，满足了不同消费者的多样化需求。在选购吉利汽车时，消费者可以从品牌实力、性能表现、性价比等多个维度进行综合评估。

3. 讨论点：

(1) 吉利作为自主品牌的代表，其品牌认知度和价值感如何？消费者在选择时是否会优先考虑品牌因素？

(2) 吉利汽车的性能表现如何满足消费者的具体需求？消费者在选择时应如何根据自己的用车场景和偏好进行权衡？

(3) 性价比是消费者购车时的重要考虑因素之一。如何客观衡量吉利汽车的性价比？除了价格因素外，还有哪些因素应纳入考量范围？

(4) 吉利在技术创新方面的投入和成果如何影响消费者的购车决策？消费者是否愿意为新技术买单？

任务实施

1. 任务要求：自主车品牌综合评估与选购建议。

2. 任务描述：随着中国汽车工业的快速发展，自主汽车品牌日益崛起，为消费者提供了更多元化的选择。本拓展任务要求选择一个当前市场上的主流自主汽车品牌，进行深入的综合评估，并结合不同消费者的需求，提出科学合理的选购建议。

3. 设计报告

作品名称		评分	
		小组评分	教师评分
评估框架	（明确评估的维度，包括但不限于品牌实力、产品线布局、技术创新、性能表现、性价比、售后服务等。）		
自主汽车品牌综合评估	（品牌实力、产品线布局、技术创新、性能表现、性价比、售后服务。）		
消费者需求分析	（分析不同消费者群体，如家庭用户、年轻群体、商务人士等的购车需求与偏好。结合市场趋势，预测未来消费者需求的变化趋势。）		
选购建议	（根据上述评估结果和消费者需求分析，针对不同消费群体提出具体的选购建议。强调在品牌、性能、性价比等方面如何做出明智选择。）		
总结反思			

指南2　安全护航：为爱车选择最佳保险方案

教学引入

在享受驾驶乐趣的同时，为爱车选择一份合适的保险，无疑是每位车主的明智之举。汽车保险，作为行车安全的坚实后盾，不仅能在意外发生时提供及时的经济补偿，更能为您的旅途增添一份安心与从容。然而，面对市场上琳琅满目的保险产品与纷繁复杂的条款，如何做出明智的选择，成为了许多车主面临的难题。为此，我们精心准备了一份汽车保险选择指南，旨在通过解析不同品牌与车型的保险策略，为您提供实用而贴心的建议。无论您是新车初驾，还是老手再选，这份指南都将助您轻松驾驭保险选择，为爱车安全护航，让每一次出行都更加无忧无虑。

教学目标

素质目标	知识目标	技能目标
1. 培养车主的风险意识与安全意识，提升驾驶过程中的自我保护能力。 2. 增强车主对汽车保险的认知与重视程度，为行车安全提供坚实保障。 3. 引导车主形成理性消费观念，在保险选择上注重性价比与实用性。	1. 了解汽车保险的基本概念与种类，明确其在行车安全中的重要作用。 2. 掌握市场上主要汽车品牌与车型对应的保险策略差异。 3. 熟悉汽车保险条款中的关键内容，包括保障范围、理赔流程等。	1. 能够根据车型、驾驶习惯及风险承受能力，选择合适的汽车保险产品。 2. 学会对比不同保险公司的报价与服务，做出最优的保险选择。 3. 掌握汽车保险理赔的基本流程，提高理赔效率。

知识链接

指南2　安全护航：
为爱车选择最佳保险方案 1

一、保险购买

（一）了解汽车保险种类

交强险和商业险是汽车保险中的两大主要类别，它们各自具有不同的特点和保障范围。

1. 交强险

（1）定义与性质。交强险全称为机动车交通事故责任强制保险，是由保险公司对被保险机动车发生道路交通事故造成受害人（不包括本车人员和被保险人）的人身伤亡、财产损失，在责任限额内予以赔偿的强制性责任保险。

交强险具有法定性、强制性和公益性的特点。它是依据法律规定必须购买的保险，旨在保障受害人得到及时有效的基本赔偿。

（2）保障范围与赔偿限额。交强险主要保障因交通事故造成的第三者人身伤亡和财产损失。

根据《机动车交通事故责任强制保险条款》规定，有责赔付的限额为：死亡伤残赔偿限额18万元，医疗费用赔偿限额1.8万元，财产损失赔偿限额0.2万元。无责赔付的限额则相对较低。

需要注意的是，交强险的赔偿限额是固定的，不会因为一年内发生多次事故而增加或减少。

（3）保费与计算方法。交强险的保费是固定的，但会根据车辆的类型、使用性质等因素有所差异，如图 4-2-1 所示。例如，6 座以下的私家车首年保费通常为 950 元，但续保时价格会根据前一年的出险次数上下浮动。

交强险的最低保费为 475 元，但这只是针对部分符合特定条件的车型。

2. 商业险

（1）定义与分类。商业险是车主自愿购买的，为车辆提供补充保障的保险。它包括多个险种，如车辆损失险、第三者责任险、车上人员责任险、车身划痕险等。

商业险的险种和保障范围可以根据车主的需求进行选择，因此具有较高的灵活性和个性化。

（2）主要险种与保障范围。

①车辆损失险：保障车辆因碰撞、火灾、爆炸、自然灾害（如地震、洪水等，但需注意部分自然灾害可能不在保障范围内）等造成的损失。

②第三者责任险：作为交强险的补充，提供更高的赔偿额度，覆盖对第三方造成的人身伤亡和财产损失。

车辆用途	车辆规格	年缴保费
家庭自用车	6座以下	首年保费：950元
	6~10座	首年保费：1100元
企业非营业用车	6座以下	首年保费：1000元
	6~10座	首年保费：1130元

保障责任	有责	无责
死亡/伤残	18万/年	1.8万/年
医疗报销	1.8万/年	1800元/年
财产损失	2000元	100元
总计保额	20万/年	1.99万/年

保费折扣（如未出险可打折）	连续1年未出险，次年保费打9折
	连续2年未出险，次年保费打8折
	连续3年未出险，次年保费打7折
发生理赔（保费会上涨）	1次出险不涉及死亡，次年按基础保费收取
	2次及以上出险不涉及死亡，次年保费上涨10%
	若发生有责死亡，次年保费上涨30%

图 4-2-1 交强险保费及保额图

③车上人员责任险：分为司机座位险和乘客座位险，为车内人员在事故中的伤亡提供保障。

④车身划痕险：保障车辆因他人恶意或意外造成的划痕损失。

⑤其他附加险种还包括发动机涉水险、自燃险、玻璃单独破碎险等，车主可以根据自己的需求进行选择。

（3）保费与计算方法

商业险的保费与多个因素有关，包括车辆的价值、险种的选择、保额的高低以及车主的驾驶习惯和出险记录等。

一般来说，车辆价值越高、选择的险种越多、保额越高，保费也就越高。同时，如果车主的驾驶习惯良好、出险记录较少，保费也会相应降低。

（4）购买建议

车主在购买商业险时，应根据自己的车辆情况、驾驶习惯和经济能力进行选择。建议优先考虑购买车辆损失险、第三者责任险和车上人员责任险等主险，并根据需要选择附加险种。

同时，车主还应关注保险公司的服务质量和理赔速度等方面，选择信誉良好、服务优质的保险公司进行投保。

交强险和商业险各具有不同的特点和保障范围。交强险是法律规定的强制保险，主要保障第三者的权益；而商业险则是车主自愿购买的补充保险，可以根据车主的需求进行个性化选择，如图 4-2-2 所示。在购买汽车保险时，车主应根据自己的实际情况和需求进行综合考虑和选择。

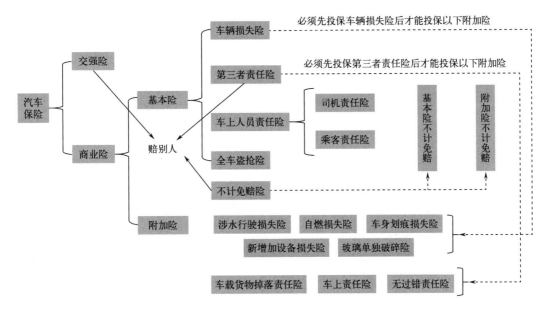

图 4-2-2　交强险和商业险组成

（二）确定保障范围

根据自己的用车习惯、驾驶技能等因素，确定需要购买的保险项目。

（1）新车或昂贵车型：建议购买全险，以获得更全面的保障。这包括交强险、车辆损失险、第三者责任险等主险，以及划痕险、附加医保外用药责任险等附加险。

（2）旧车或价位较低的车辆：可以选择较为经济实惠的商业险组合，如只购买第三者责任险和车上人员座位险等。

（三）比较不同保险公司的报价

在选择保险公司时，可以通过互联网或电话咨询的方式，获取多家保险公司的报价，并进行比较。除了价格，还要关注保险公司的服务质量和理赔速度。常见车险公司及电话如图 4-2-3 所示。

（四）注意保险条款中的细节

在签订保险合同前，一定要认真阅读保险条款，了解其中的免责条款、赔偿限额等内容。如果有不明白的地方，可以向保险公司咨询或请专业律师帮忙解读。

（五）选择购买渠道

（1）在经销商处购买：如果购买新车，交强险和商业险通常会一起捆绑销售，只需告诉经销商需要购买的保险项目即可。

（2）通过互联网购买：目前很多保险公司都提供在线投保服务，可以在家中轻松完成保险购买流程。但需注意选择正规的网站，并确保个人信息的安全。

（3）通过电话咨询购买：如果不方便到保险公司营业厅办理业务，可以拨打保险公司的客服电话进行咨询和购买。但电话咨询只能了解到一些基本的信息和服务内容，具体的保险条款和报价还需要通过其他方式获取。

（六）考虑保额与保费

（1）保额：根据车辆价值选择适当的保额。车辆价值越高，所需保额也越高。

车险公司名称	所属保险集团	车险公司电话
平安车险	中国平安保险(集团)股份有限公司	95511
人保车险	中国人民财产保险股份有限公司	95518
太平车险	中国太平保险集团有限责任公司	95589
太平洋车险	中国太平洋保险(集团)股份有限公司	95500
亚太车险	亚太财产保险有限公司	95506
大地车险	中国大地财产保险股份有限公司	95590
阳光车险	阳光保险集团股份有限公司	95510
华安车险	华安财产保险股份有限公司	95556
天安车险	天安财产保险股份有限公司	95505
永诚车险	永诚财产保险股份有限公司	95552
永安车险	永安财产保险股份有限公司	95502
都邦车险	都邦财产保险股份有限公司	95586
安华车险	安华农业保险股份有限公司	95540
中华联合车险	中华联合财产保险股份有限公司	95585
安诚车险	安诚财产保险股份有限公司	95544
国寿车险	中国人寿财产保险股份有限公司	95519
鼎和车险	鼎和财产保险股份有限公司	95393
中银车险	中银保险有限公司	95566
紫金车险	紫金财产保险股份有限公司	95312
珠峰车险	珠峰财产保险股份有限公司	1010-8848
华泰车险	华泰财产保险股份有限公司	400-609-5509
信达车险	信达财产保险股份有限公司	400-866-7788
诚泰车险	诚泰财产保险股份有限公司	400-622-2888
锦泰车险	锦泰财产保险股份有限公司	400-866-6555
利宝车险	利宝保险有限公司	400-888-2008
渤海车险	渤海财产保险股份有限公司	400-611-6666

图 4-2-3　常见车险公司及电话

（2）保费：综合各项保险费用，一辆普通家用汽车一年的车险费用大约在 1500 元至 9000 元之间。具体费用还需根据个人需求和保险公司报价为准。

（七）其他注意事项

（1）了解保险公司的优惠政策：如连续未出险可享受的折扣等。

（2）关注保险行业的动态：如交强险保额可能提升、新能源车险市场竞争加剧等趋势，以便更好地选择适合自己的保险产品。

购买汽车保险是一个需要综合考虑多方面因素的过程。通过了解保险种类、确定保障范围、比较报价、注意条款细节、选择购买渠道以及考虑保额与保费等步骤，可以为自己和家人提供更加全面的保障。

二、道路交通事故处理

道路交通事故的处理流程通常遵循一系列规范步骤，以确保事故得到妥善处理，同时保护各方当事人的合法权益。以下是具体的处理流程。

指南 2　安全护航：
为爱车选择最佳保险方案 2

（一）应急处理措施

（1）立即停车：发生交通事故后，车辆驾驶员应立即停车，不得逃离现场。

（2）及时报案：驾驶员应迅速拨打 110 报警电话，报告事故发生的时间、地点、伤亡情况和车辆信息。

（3）保护现场：在等待交警到来的过程中，驾驶员和乘客应尽可能保护现场，避免破坏或移动事故现场证据。

（4）抢救伤者：在确保自身安全的前提下，驾驶员和乘客应尽力抢救伤者，拨打120急救电话寻求医疗救助。

（5）做好防火防爆措施：如事故涉及易燃易爆物品，应迅速采取防火防爆措施，防止事态扩大。

（6）协助现场调查取证：配合交警进行现场勘查，提供必要的协助和配合。

（二）交警现场处理

（1）现场勘查：交警到达现场后，会进行现场勘查，包括拍摄照片、绘制现场图、提取痕迹物证等。

（2）询问笔录：交警会询问当事人和证人，了解事故发生的经过和细节。

（3）责任认定：在查明事故的基本事实和收集充足的证据后，交警会依法作出责任认定，并告知当事人。责任化分比例如图4-2-4所示。

事故类型	责任划分	机动车比例	备注
机动车与非机动车/行人碰撞	全责	100%	机动车承担全部赔偿责任
	主责	80%	机动车承担主要责任
	同责	60%	双方责任相等，机动车承担较多部分
	次责	40%	机动车承担次要责任
	无责也赔	<10%	非机动车/行人故意造成事故，机动车免责
机动车之间碰撞	全责	100%	全责方承担全部赔偿责任
	主责	70%	机动车承担主要责任
	同责	50%	双方责任相等各承担一半
	次责	30%	机动车承担次要责任
	无过错	0%	机动车无过错，无需承担赔偿责任

图4-2-4 责任划分及比例

（三）后续处理

（1）处罚：根据责任认定结果，交警会对责任当事人进行处罚，包括警告、罚款、吊销驾驶证等。

（2）赔偿调解：在确认伤者治疗终结或确定损害结果后，交警会组织各方当事人进行赔偿调解。调解成功后，制作调解书并送交当事人；调解不成功的，告知当事人可以向人民法院提起民事诉讼。

（3）保险理赔：如果事故车辆购买了保险，当事人可以向保险公司申请理赔。保险公司会根据事故情况和保险条款进行赔付。

（四）注意事项

（1）保护自身权益：在处理事故过程中，当事人应保护自身权益，避免受到不必要的损失或伤害。

（2）积极配合调查：当事人应积极配合交警的调查工作，提供真实、准确的证据和证言。

（3）依法处理：在处理事故时，应遵守相关法律法规和程序规定，确保事故得到妥善处理。

道路交通事故处理流程包括应急处理措施、交警现场处理、后续处理以及注意事项等多个环节，如图 4-2-5 所示。在处理事故时，当事人应遵守相关法律法规和程序规定，积极配合交警的调查工作，并保护自身权益。

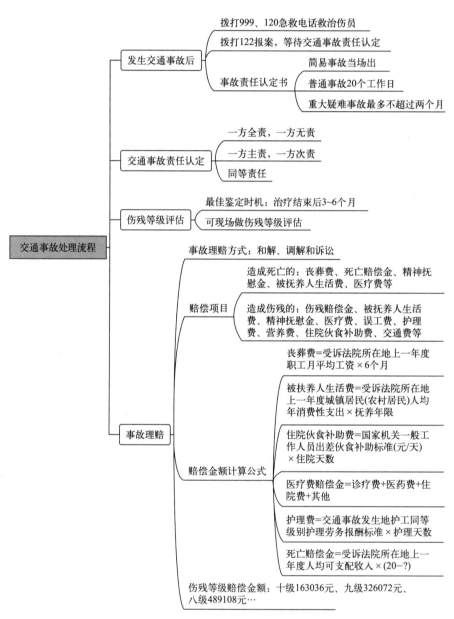

图 4-2-5 交通事故处理流程

三、保险理赔

汽车保险理赔是指在汽车发生交通事故或其他保险事故后，被保险人或受益人根据保险合同的约定向保险公司提出索赔申请，并由保险公司按照合同约定进行赔偿的过程。

（一）理赔流程

车险赔付过程如图 4-2-6 所示。

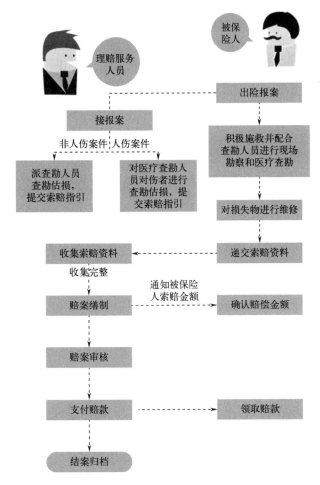

图 4-2-6 车险赔付过程

（1）报案。保险事故发生后，被保险人或受益人应在 24 小时之内报警，并在 48 小时内通知保险公司。报案方式包括电话报案、网上报案、到保险公司报案以及理赔员转达报案。

报案时需提供被保险人的相关信息，如驾驶证、行驶证、身份证等，并填写出险报案表，详细叙述出险经过，包括报案人、驾驶员和联系电话等。

（2）查勘定损。保险公司接到报案后，会派理赔员到事故现场进行查勘，了解事故原因、损失程度等情况。

理赔员会带领车主进行车辆外观检查，并根据车主填写的报案内容拍照核损。同时，理赔员还会提醒车主车辆上有无贵重物品，以避免在理赔过程中产生纠纷。

（3）签收审核索赔单证。被保险人需要向保险公司提供与确认保险事故的性质、原因、损失程度等有关的证明和资料，如交通事故证明、修理车辆的发票等。

保险公司会对这些单证进行审核，确认其真实性和完整性。

（4）理算复核。保险公司在审核完索赔单证后，会进行理算复核，确定赔偿金额和赔偿方式。

（5）审批。理算复核完成后，保险公司会对赔偿金额进行审批，确保赔偿金额符合保险合同的约定。

（6）赔付结案。审批通过后，保险公司会将赔偿金额支付给被保险人或受益人，并结案。

（二）理赔范围

（1）维修费用。包括维修被损坏车辆所支出的费用、车辆所载物品的损失以及车辆施救费用。

（2）重置费用。因车辆灭失或者无法修复，为购买交通事故发生时与被损坏车辆价值相当的车辆所需的重置费用。

（3）停运损失。依法从事货物运输、旅客运输等经营性活动的车辆，因无法从事相应经营活动所产生的合理停运损失。

（4）替代费用。非经营性车辆因无法继续使用，所产生的通常替代性交通工具的合理费用。

（三）理赔条件

（1）属于投保车辆的损失。事故中受损的车辆必须是保险合同中约定的投保车辆。

（2）属于保险责任范围内的损失。事故造成的损失必须属于保险合同中约定的保险责任范围内。

（3）不属于除外责任。事故造成的损失不能属于保险合同中约定的除外责任范围。

（4）属于必要的合理费用。索赔的费用必须是必要的、合理的，并且符合保险合同的约定。

（四）注意事项

（1）及时报案。保险事故发生后，被保险人或受益人应及时向保险公司报案，避免超过报案时限导致无法获得赔偿。

（2）保留证据。被保险人或受益人在事故发生后应保留好相关证据，如现场照片、事故认定书等，以便在理赔过程中使用。

（3）了解保险条款。被保险人或受益人在购买保险时应仔细阅读保险合同条款，了解保险责任、除外责任等内容，避免在理赔过程中产生纠纷。

（4）积极配合调查。被保险人或受益人在理赔过程中应积极配合保险公司的调查工作，提供必要的协助和信息。

汽车保险理赔是一个涉及多个环节和细节的过程。被保险人或受益人在理赔过程中应遵守相关规定和流程，确保自己的权益得到充分保障。同时，保险公司也应加强服务和管理，提高理赔效率和质量，为被保险人或受益人提供更好的保险保障。

案例讨论

1. 具体案例：自主车保险选择——以吉利帝豪为例。

2. 案例描述：吉利帝豪作为吉利汽车旗下的一款热销车型，以其均衡的性能、舒适的驾乘体验和较高的性价比赢得了众多消费者的喜爱。在为爱车选择保险方案时，消费者需要综合考虑车辆特点、个人驾驶习惯、所在地区风险等多种因素。以下是以吉利帝豪为例，提供的汽车保险选择案例及讨论点。

3. 讨论点：

（1）如何根据吉利帝豪的车型特点、购买价值及维修成本等因素，合理选择保险险种和保额？

（2）个人驾驶习惯（如驾驶技术、行驶路线等）如何影响保险选择？车主应如何根据自身情况评估风险并选择合适的保险方案？

（3）不同地区的风险因素（如治安状况、自然灾害频发程度等）如何影响汽车保险的选择？车主应如何根据所在地区的风险特点调整保险策略？

（4）在预算有限的情况下，如何权衡附加险种的重要性和必要性？车主应如何根据自身需求和车辆特点做出明智的选择？

任务实施

1. 任务要求：购买车辆保险的综合策略研究与实施报告。

2. 任务描述：在购买车辆时，选择合适的保险方案是确保行车安全与财务保障的重要环节。本拓展任务要求您深入研究不同品牌与车型在保险选择上的差异，结合个人驾驶习惯、车辆使用环境及预算等因素，制定一套全面的车辆保险购买策略，并撰写实施报告。

3. 设计报告:

作品名称		评分	
		小组评分	教师评分
车辆保险基础知识	(介绍车辆保险的基本概念、种类及保障范围。分析不同险种,如交强险、车损险、第三者责任险等的作用与重要性。)		
不同车型保险策略分析	(探讨品牌与车型特性如何影响保险选择与保费定价。)		
个人因素与需求评估	(分析个人驾驶习惯对保险需求的影响。评估车辆使用环境对保险选择的重要性。结合个人财务状况与预算,明确保险购买的优先级与需求点。)		
综合保险购买策略制订	(基于上述分析,制订个性化的车辆保险购买策略。明确基本险种与附加险种的组合建议,考虑保额设定与保费控制。)		
实施过程与效果评估	(描述保险购买策略的实施过程、分析实施效果、反思实施过程中的问题与不足,提出改进措施。)		
案例分享与经验总结	(分享一两个具体的保险购买案例,详细阐述策略制定与实施过程。总结购买车辆保险的经验与教训,为其他消费者提供参考。)		
总结反思			

指南3 驾驭精通：熟悉爱车的各项功能

教学引入

掌握爱车的每一项功能，不仅能让驾驶变得更加得心应手，更能为您的旅程增添无限乐趣与便捷。随着汽车科技的飞速发展，现代车型所配备的功能日益丰富多样，从智能驾驶辅助系统到便捷的车载娱乐设施，每一项都蕴含着设计师的匠心独运。然而，面对这些纷繁复杂的功能按键与操作界面，许多车主可能会感到无从下手。为此，我们精心汇编了一份各品牌车型的驾驶与功能操作指南，旨在帮助您快速熟悉爱车，掌握其精髓。同时，我们还将分享一系列汽车日常使用的实用技巧，助您提升驾驶体验，让每一次出行都成为享受。无论您是新手司机还是资深车友，这份指南都将是您驾驭精通的得力助手。

教学目标

素质目标	知识目标	技能目标
1. 培养车主对汽车科技的探索精神，增强对新功能的接受度和应用能力。 2. 提升车主的驾驶安全意识，确保在享受驾驶乐趣的同时，保障行车安全。 3. 倡导文明驾驶行为，通过熟练掌握汽车功能，展现车主的专业素养与责任感。	1. 了解现代车型所配备的多样化功能，包括智能驾驶辅助系统及车载娱乐设施等。 2. 掌握各品牌车型驾驶与功能操作的基本知识，包括功能按键布局、操作界面等。	1. 能够快速熟悉并熟练操作不同品牌车型的驾驶与功能按键，提高驾驶便捷性。 2. 学会运用汽车日常使用中的实用技巧，提升驾驶体验，如节能驾驶、安全驾驶等。

知识链接

指南3 驾驭精通：
熟悉爱车的各项功能

一、汽车驾驶证考证

（一）报考条件

1. 年龄条件

申请小型汽车（C1）、小型自动挡汽车（C2）、残疾人专用小型自动挡载客汽车（C5）准驾车型的，需在18周岁以上。

申请低速载货汽车（C3）、三轮汽车（C4）、轮式专用机械车（M）准驾车型的，也需在18周岁以上，且不超过63周岁。

申请城市公交车（A3）、中型客车（B1）、大型货车（B2）、无轨电车（N）或者有轨电车（P）准驾车型的，需在20周岁以上，63周岁以下。

申请大型客车（A1）、重型牵引挂车（A2）准驾车型的，需在22周岁以上，63周岁以下。但接受全日制驾驶职业教育的学生，申请大型客车、重型牵引挂车准驾车型的，在19周岁以上，63周岁以下。

值得注意的是，新规对部分准驾车型的报考年龄上限进行了调整。例如，大中型客货车驾驶证的申请年龄上限由60周岁延长至63周岁。同时，普通三轮摩托车、普通二轮摩托车准驾车型的申请年龄也由60周岁放宽至70周岁。但需注意，70周岁以上的人员在申请小型汽车、小型自动挡汽车、残疾人专用小型自动挡载客汽车准驾车型时，需要通过记忆力、判断力、反应力等能力测试。

2. 身体条件

身高：申请大型客车、重型牵引挂车、城市公交车、大型货车、无轨电车准驾车型的，身高需为 155 厘米以上；申请中型客车准驾车型的，身高需为 150 厘米以上。

视力：申请大型客车、重型牵引挂车、城市公交车、中型客车、大型货车、无轨电车或者有轨电车准驾车型的，两眼裸视力或者矫正视力需达到对数视力表 5.0 以上；申请其他准驾车型的，两眼裸视力或者矫正视力需达到对数视力表 4.9 以上。单眼视力障碍者，若优眼裸视力或者矫正视力达到对数视力表 5.0 以上，且水平视野达到 150 度，则可以申请小型汽车、小型自动挡汽车等准驾车型的驾驶证。

辨色力：无红绿色盲。

听力：两耳分别距音叉 50 厘米能辨别声源方向。有听力障碍但佩戴助听设备能够达到以上条件的，可以申请小型汽车、小型自动挡汽车准驾车型的机动车驾驶证。

上肢：双手拇指健全，每只手其他手指必须有三指健全，肢体和手指运动功能正常。但手指末节残缺或者左手有三指健全且双手手掌完整的，可以申请小型汽车等准驾车型的驾驶证。

下肢：双下肢健全且运动功能正常，不等长度不得大于 5 厘米。单独左下肢缺失或者丧失运动功能但右下肢正常的，可以申请小型自动挡汽车准驾车型的机动车驾驶证。

躯干、颈部：无运动功能障碍。

3. 准驾车型分类

准驾车型分类如图 4-3-1 所示。

准驾车型	代号	准驾的车辆	准予驾驶的其他准驾车型
大型客车	A1	大型载客汽车	A3、B1、B2、C1、C2、C3、C4、M
重型牵引挂车	A2	总质量大于4500kg的汽车列车	B1、B2、C1、C2、C3、C4、C6、M
城市公交车	A3	核载10人以上的城市公共汽车	C1、C2、C3、C4
中型客车	B1	中型载客汽车(含核载10人以上、19人以下的城市公共汽车)	C1、C2、C3、C4、M
大型货车	B2	重型、中型载货汽车；重型、中型专项作业车	
小型汽车	C1	小型、微型载客汽车以及轻型、微型载货汽车；轻型、微型专项作业车	C2、C3、C4
小型自动挡汽车	C2	小型、微型自动挡载客汽车以及轻型、微型自动挡载货汽车；轻型、微型自动挡专项作业车；上肢残疾人专用小型自动挡载客汽车	
低速载货汽车	C3	低速载货汽车	C4
三轮汽车	C4	三轮汽车	
残疾人专用小型自动挡载客汽车	C5	残疾人专用小型、微型自动挡载客汽车(允许上肢、右下肢或者双下肢残疾人驾驶)	
轻型牵引挂车	C6	总质量小于(不包含等于4500kg的汽车列车	
普通三轮摩托车	D	发动机排量大于50mL或者最大设计车速大于50km/h的三轮摩托车	E、F
普通二轮摩托车	E	发动机排量大于50mL或者最大设计车速大于50km/h的二轮摩托车	F
轻便摩托车	F	发动机排量小于等于50mL，最大设计车速小于等于50km/h的摩托车	
轮式专用机械车	M	轮式专用机械车	
无轨电车	N	无轨电车	
有轨电车	P	有轨电车	

图 4-3-1　准驾车型分类

（二）考试科目

汽车驾驶证考试包括科目一、科目二、科目三和科目四四个科目。

1. 科目一

科目一为道路交通安全法律、法规和相关知识考试。

考试内容：道路通行、交通信号、道路交通安全违法行为和交通事故处理、机动车驾驶证申领和使用、机动车登记等规定以及其他道路交通安全法律、法规和规章，如图4-3-2所示。

考试形式：计算机机考，满分为100分，成绩达到90分的为合格。

组卷比例 / 考试内容		C1 C2 C3 C4	A1 A3 B1	A2 B2	M	D E F
通用试题	道路交通安全法律、法规和规章	25%	25%	25%	25%	25%
	地方性法规	5%	5%	5%	5%	5%
	道路交通信号	20%	15%	15%	15%	25%
	安全行车、文明驾驶知识	20%	20%	20%	20%	25%
	高速公路、山区道路、桥梁、隧道、夜间、恶劣气象和复杂道路条件下的安全驾驶知识	10%	10%	10%	10%	10%
	出现爆胎、转向失控和制动失灵等紧急情况临危处置知识	10%	10%	10%	10%	5%
	机动车总体构造常识、常见故障判断，车辆日常检查和维护	5%	5%	5%	5%	1%
	发生交通事故后的自救、急救等一般知识，危险品相关知识	5%	5%	5%	5%	4%
客车专用知识			5%			
货车专用知识				5%		
汽车吊车、电瓶车、轮式专用机械专用试题					5%	
合计		100%	100%	100%	100%	100%

图4-3-2 科目一考试内容组成比例

2. 科目二

科目二为场地驾驶技能考试。

考试内容：不同准驾车型的考试项目会有所不同。C1、C3为倒车入库、坡道定点停车和起步、侧方停车、曲线行驶、直角转弯；C2、C5为倒车入库、侧方停车、曲线行驶、直角转弯；C6为桩考、曲线行驶、直角转弯等；A1、A2、A3、B1、B2还包括桩考、通过单边桥、通过限宽门等，如图4-3-3所示。

考试要求：在规定场地内驾驶机动车完成考试项目，考察对机动车空间位置判断的能力。

合格标准：考试大型客车、重型牵引挂车、城市公交车、中型客车、大型货车、轻型牵引挂车准驾车型的，成绩达到90分的为合格，其他准驾车型的成绩达到80分的为合格。

3. 科目三

科目三为道路驾驶技能考试。

考试内容：道路驾驶技能考试包括上车准备、起步、直线行驶、加减挡位操作、变更车道、靠边停车等项目，A1、A2、A3、B1、B2考试里程不少于10公里；C1、C2、C3、C5不少于3公里，如图4-3-4所示。

准驾车型(代号)	考试内容	备注
大型客车、重型牵引挂车、城市公交车、中型客车、大型货车 (A1、A2、A3、B1、B2)	桩考、坡道定点停车和起步、侧方停车、通过单边桥、曲线行驶、直角转弯、通过限宽门、窄路掉头，以及模拟高速公路、连续急弯山区路、隧道、雨(雾)天、湿滑路、紧急情况处置	省级公安机关交通管理部门可以根据实际增加考试内容
小型汽车、低速载货汽车 (C1、C3)	倒车入库、坡道定点停车和起步、侧方停车、曲线行驶、直角转弯	
小型自动挡汽车、残疾人专用小型自动挡载客汽车 (C2、C5)	倒车入库、侧方停车、曲线行驶、直角转弯	
轻型牵引挂车(C6)	桩考、曲线行驶、直角转弯	
三轮汽车、普通三轮摩托车、普通二轮摩托车、轻便摩托车 (C4、D、E、F)	桩考、坡道定点停车和起步、通过单边桥	
轮式专用机械车、无轨电车、有轨电车 (M、N、P)	由省级公安机关交通管理部门确定	

图 4-3-3　科目二考试内容

考试要求：在道路上驾驶机动车完成考试项目，遵守交通法律、法规，展现综合控制机动车的能力以及正确使用灯光、喇叭、安全带等装置的情况。满分为 100 分，成绩达到 90 分的为合格。

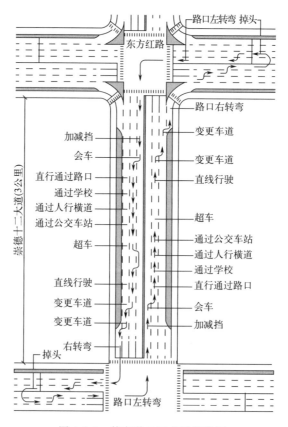

图 4-3-4　某市科目三考试路线图

4. 科目四

科目四为安全文明驾驶常识考试。

考试内容：主要考试内容包括安全文明驾驶操作要求、恶劣气象和复杂道路条件下的安全驾驶知识、爆胎等紧急情况下的临时处置方法以及发生交通事故后的处置知识等。

合格标准：满分为 100 分，成绩达到 90 分的为合格。

（三）考试流程

考试流程如图 4-3-5 所示。

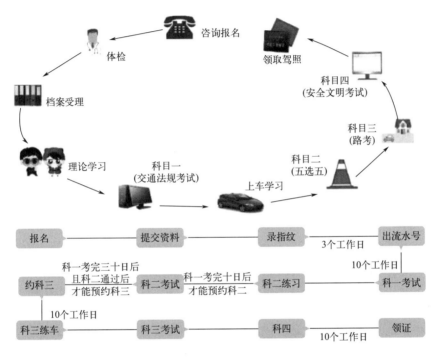

图 4-3-5 机动车驾驶证考试流程图

1. 报名

选择合适的驾校进行报名，缴纳学费并签订培训合同。驾校会提供理论学习和实际驾驶培训。

2. 体检

在报名后，需要前往指定的医疗机构进行体检。体检内容包括视力、听力、色盲等项目，确保身体状况符合驾驶要求。

3. 理论学习

参加驾校组织的理论学习课程，学习交通法规、道路安全知识等内容。同时，可以通过驾考宝典等辅助工具进行自学和模拟考试。

4. 科目一考试

理论学习完成后，参加科目一考试。考试合格后，取得学习驾驶证明。

5. 实际驾驶培训

在取得学习驾驶证明后，开始参加实际驾驶培训。培训内容包括倒车入库、侧方停车、曲线行驶等项目。培训期间，需要按照教练的指导进行练习，并不断提高驾驶技能。

6. 科目二考试

实际驾驶培训完成后，参加科目二考试。考试合格后，进入下一个阶段的培训。

7. 科目三道路驾驶技能考试

在科目二考试合格后，开始参加科目三道路驾驶技能考试。考试内容包括上车准备、起步、直线行驶等项目。考试期间，需要遵守交通规则，展现良好的驾驶技能和安全意识。

8. 科目四安全文明驾驶常识考试

道路驾驶技能考试合格后，参加安全文明驾驶常识考试。考试合格后，即可领取驾驶证。

（四）注意事项

1. 遵守交通规则

在学习和考试期间，要严格遵守交通规则，确保安全驾驶。同时，要时刻关注路况和交通信号，避免发生交通事故。

2. 保持冷静

在考试过程中，要保持冷静和自信。遇到紧张或不确定的情况时，可以深呼吸并放松心态，按照教练的指导进行操作。

3. 多加练习

要想顺利通过考试，需要多加练习和积累经验。可以利用课余时间或周末时间进行练习，不断提高自己的驾驶技能。

4. 注意细节

在考试过程中，要注意细节和技巧。例如，在倒车入库时要注意观察后视镜和车身位置；在曲线行驶时要保持车速平稳并适时调整方向等。

汽车驾驶证考证需要满足一定的报考条件、经过多个科目的考试以及遵循一定的考试流程。在考证过程中，需要保持冷静、多加练习并注意细节和技巧。通过不断努力和实践，相信你一定能够顺利取得汽车驾驶证并成为一名合格的驾驶员。

二、汽车基本操作

（一）基本操作

1. 手动挡车型启动流程

（1）踩刹车。

（2）点火。

（3）踩离合。

（4）挂 1 挡。

（5）松手刹。

（6）抬离合，同时轻踩油门，使车辆平稳起步。

2. 自动挡车型启动流程

（1）接通电源。

（2）踩刹车。

（3）挂 N 挡。

（4）点火。

（5）挂 D 挡。

（6）松手刹。

（7）抬脚刹，同时轻踩油门，使车辆平稳起步。

3. 常规停车流程

（1）踩脚刹，使车辆减速至停止。

（2）挂 N 挡。

（3）拉手刹。

（4）挂 P 挡（对于自动挡车型）。

（5）抬脚刹。

（6）熄火，拔出钥匙或按下熄火按钮。

4. 坡道停车流程

在坡道上停车时，为了防止车辆后溜，可以先挂 N 挡，拉紧手刹，然后再挂入 P 挡。这样即使车辆有轻微后溜的趋势，也不会对变速箱造成损伤。

5. 等红灯/堵车时的操作

在等红灯或堵车时，可以挂入 N 挡，并拉起手刹，以减轻变速箱的负担和节省燃油。但需要注意的是，不能挂入 P 挡，因为 P 挡是驻车挡，如果此时被后车追尾，会对变速箱造成严重的损伤。

6. 变道操作

在变道前，需要先打转向灯，观察后视镜和侧视镜，确认安全后再平稳转向，如图 4-3-6 所示。变道过程中要保持车速平稳，不要突然加速或减速。

7. 挡位记忆

驾驶员需要熟悉汽车的挡位布局，特别是自动挡车型中的 P（停车挡）、R（倒车挡）、N（空挡）、D（前进挡）和 L（低速挡）等基本挡位，如图 4-3-7 所示。这样可以在驾驶过程中更加熟练地切换挡位，提高驾驶的流畅性和安全性。

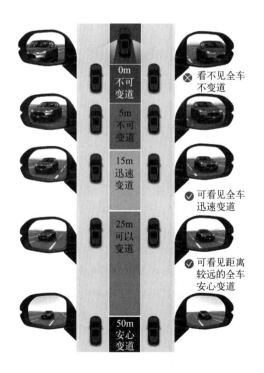

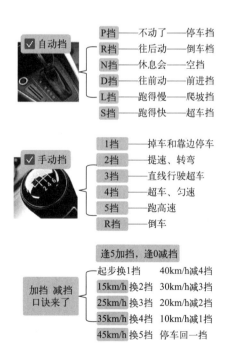

图 4-3-6　后视镜中车辆位置与实际距离对应图　　　图 4-3-7　手动挡、自动挡挡位说明

（二）注意事项

1. 遵守交通规则

始终遵守交通信号、标志和道路标线，遵循速度限制和其他交通法规。这是确保行车安全的基础。

2. 保持车辆良好维护

定期检查汽车的刹车、轮胎、灯光、雨刷器等部件，确保它们处于良好工作状态。如果发现问题，需要及时维修或更换。

3. 系好安全带

上车后立即系好安全带，并确保所有乘客也都系好安全带。这是保护驾乘人员安全的重要措施。

4. 注意周围环境

在驾驶过程中，始终保持对周围环境的关注，注意其他车辆、行人、自行车等，避免发生意外事故。特别是在路口、学校、医院等人员密集区域，需要更加谨慎驾驶。

5. 保持适当的车距

与前方车辆保持足够的安全距离，以防万一需要紧急刹车。在高速公路上行驶时，需要特别注意与前车的距离，避免追尾事故。

6. 不要分心驾驶

避免在驾驶过程中使用手机、吃东西或进行其他分散注意力的活动。分心驾驶会严重影响驾驶员的反应速度和判断能力，增加事故风险。

7. 驾驶时不要饮酒

饮酒后不要驾车，选择其他出行方式或者找人代驾。酒后驾车会严重影响驾驶员的视力和反应速度，极易引发交通事故。

8. 适应天气条件

在恶劣天气下驾驶时，要特别小心。降低车速，增加车距，确保有足够的反应时间。在雨天、雪天或雾天行驶时，需要开启相应的灯光和雨刷器，提高行车安全性。

9. 保持冷静

遇到紧急情况或其他驾驶员的不当行为时，保持冷静，避免采取危险的行动。冷静应对可以最大程度地减少事故损失和人员伤亡。

10. 了解自己的极限

认识到自己的驾驶技能和经验水平，不要尝试超越自己的能力范围。特别是在高速公路或山区道路上行驶时，需要更加谨慎和稳重。

汽车驾驶的基本操作和注意事项涵盖了多个方面，包括启动、停车、变道、挡位记忆以及遵守交通规则、保持车辆良好维护、系好安全带、注意周围环境、保持适当的车距、不要分心驾驶、驾驶时不要饮酒、适应天气条件、保持冷静和了解自己的极限等。驾驶员需要牢记这些基本操作和注意事项，并在实际驾驶过程中不断练习和提高自己的驾驶技能。

（三）灯光使用

灯光在汽车行驶中起着至关重要的作用，它不仅影响驾驶者的视线，还能向其他道路使用者传达重要信息。以下是一些关于灯光使用的要点：

1. 转向灯

使用场景：警示周围车辆与行人，主要用于行车变道、路口转弯、掉头、超车、进出环岛、靠边停车、起步等场景。

使用提示：应提早 10～20s 开启，以提示后方司机注意避让。

2. 近光灯

使用场景：近距离照明，主要在傍晚、夜间、阴天、雨、雪、雾天等光线不足的情况下使用。

使用提示：在光线不足的环境中，应尽早开启近光灯。

3. 远光灯

使用场景：夜间行车，且周围没有任何光线的情况下使用。

使用提示：两车交会时，请关闭远光灯。如遇对方不关闭远光灯，可采用远近光交替的方法来示意；若对方仍不改变，应减速靠右停车避让。

近距离跟车时不得使用远光灯。

在雾、雨、雪、沙尘等低能见度的情况下行驶时不宜使用远光灯。

4. 示廓灯（位置灯）

使用场景：光线不足时，用于提示车辆宽度。主要在傍晚、夜间行车、雨雾等低能见度天气开启。

使用提示：示廓灯不可代替近光灯使用，因为它无法提供足够的照明。

5. 雾灯

使用场景：在雨雾天气使用的灯光信号。当雨雾天能见度小于 200m 时，车辆应开启雾灯。

使用提示：雾灯并不能当日常照明灯使用，因其穿透力较强，在能见度良好的情况下使用会影响其他道路使用者的视线。

6. 日行车灯

使用场景：在雾天或雪天，清晨和傍晚等驾驶员视线不佳的状态下使用，可以让来车更早地发现自己。

7. 危险警示灯（双闪灯）

使用场景：提示车辆出现紧急情况。主要在临时需要停车、车辆出现故障或事故、低能见度天气（能见度小于 100m）等情况下开启。

使用提示：在道路上发生故障或者发生交通事故停车后，应按照规定开启危险警示闪光灯，并在车后设置警告标志。

8. 注意事项

在夜间或光线不足的情况下行驶时，应确保所有灯光都处于良好的工作状态。在使用灯光时，应遵守交通规则和道路标志的指示。如遇恶劣天气或道路条件不佳时，应适当调整灯光的使用，以确保行车安全。

9. 灯光操作

拨杆式车灯开关使用说明及灯光指示符号如图 4-3-8 所示，转动式车灯开关使用说明如图 4-3-9 所示。

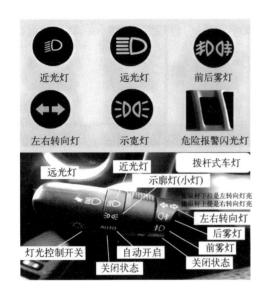

图 4-3-8　拨杆式车灯开关使用说明及灯光指示符号　　　　图 4-3-9　转动式车灯开关使用说明

三、防御性驾驶

（一）定义与起源

　　防御性驾驶是指驾驶员在行车过程中，全面观察并了解驾驶环境，随时针对路况、行人及环境等进行分析、判断，准确地预测不确定的、潜在的危险因素，并及时采取避让、减速或停车等预防措施，从而避免发生交通事故。这种驾驶方式起源于 20 世纪 50 年代的美国，最初是对货车司机的职业要求，后来在多个国家得到推广应用。

（二）核心要领

　　防御性驾驶的核心是"预防为先"，主要包括以下五大要领。

　　（1）预估风险：驾驶员需要时刻保持警觉，对潜在的危险因素进行预估，如其他驾驶员的驾驶行为、行人的行走路线、路况变化等，如图 4-3-10 所示。

　　（2）放眼远方：驾驶员的视线应尽可能放远，以便及时发现前方的交通状况，为紧急情况下的应对留出足够的时间和空间，如图 4-3-11 所示。

图 4-3-10　预估风险示意图　　　　　　　　图 4-3-11　放眼远方示意图

　　（3）顾全大局：驾驶员需要全面了解周围的交通环境，包括其他车辆、行人、交通信号等，确保自己的驾驶行为不会对他人造成威胁，如图 4-3-12 所示。

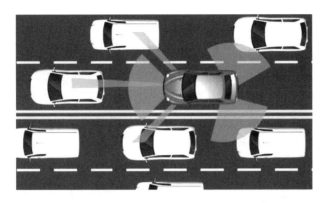

图 4-3-12 顾全大局示意图

（4）留有余地：在驾驶过程中，驾驶员应与前车保持足够的安全距离，以便在紧急情况下有足够的时间和空间采取制动措施。同时，也要注意避免与其他车辆并排行驶或紧跟其后，以免发生追尾事故，如图 4-3-13 所示。

图 4-3-13 留有余地示意图

（5）引人注意：驾驶员在行驶过程中，应合理使用灯光、喇叭等装置，以提醒其他交通参与者注意自己的存在，降低事故风险，如图 4-3-14 所示。

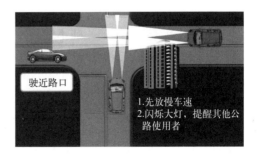

图 4-3-14 引人注意示意图

（三）具体技巧

（1）起步前绕车一周检查：在起步前，驾驶员应绕车一周检查，确保车辆周围没有障碍物、小孩子等潜在危险。同时，也要检查轮胎是否泄气、车辆是否有漏油漏液现象等。

（2）系好安全带：只要挪动车子，驾驶员和乘客都应系好安全带。这是为了防止在高速行驶中突然撞上障碍物或发生翻车等事故时，人员因惯性而受伤。

（3）下长坡前轻踩刹车：在下长坡前，驾驶员应轻踩两下刹车，检查刹车系统是否正常。如果刹车出现变软变硬或刹车行程变远等异常情况，可能是刹车失灵的前兆，此时应尽量避免下长坡或采取其他安全措施。

（4）踩刹车前观察后视镜：在踩刹车前，驾驶员应快速扫一眼车内后视镜，了解后车跟车距离。如果后车跟得太近，应适当控制刹车力度，避免被后车追尾。

（5）保持安全车距：与前车保持足够的安全距离是防御性驾驶的重要一环。这样可以在紧急情况下有足够的时间和空间采取制动措施，避免追尾事故的发生。

（6）控制车速：根据路况和天气条件合理控制车速也是防御性驾驶的重要技巧之一。过快或过慢的车速都可能导致交通事故的发生。因此，驾驶员应根据实际情况灵活调整车速，确保行车安全，行驶速度与停车距离关系如图 4-3-15 所示。

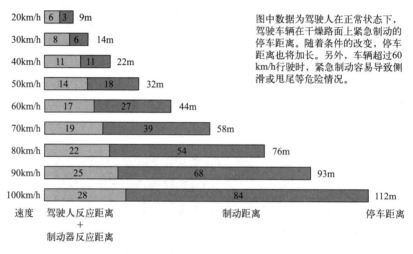

图 4-3-15　行驶速度与停车距离关系图

（四）意义与价值

（1）提高行车安全性：通过全面观察和分析交通环境，预估潜在的危险因素并采取预防措施，防御性驾驶可以显著提高行车安全性。

（2）降低事故风险：防御性驾驶要求驾驶员时刻保持警觉并预测潜在的危险，采取适当的措施来避免事故的发生。这可以大大降低交通事故的风险和损失。

（3）提升驾驶水平：学习和实践防御性驾驶技巧和方法可以帮助驾驶员提升自己的驾驶水平，更好地应对各种复杂的交通环境。

（4）促进交通和谐：防御性驾驶强调驾驶员的主动性和责任感，要求驾驶员在行驶过程中尊重其他交通参与者的权利和安全。这有助于促进交通和谐和减少交通事故的发生。

防御性驾驶是一种重要的驾驶技巧和方法，它要求驾驶员时刻保持警觉并预测潜在的危险，并采取适当的措施来避免事故的发生。通过学习和实践防御性驾驶技巧和方法，驾驶员可以提高自己的驾驶水平并确保自己和他人的安全。

案例讨论

1. 具体案例：以比亚迪秦 Pro DM-i 为例的驾驶与功能操作指南。

2. 案例描述：比亚迪秦 Pro DM-i 作为一款集燃油经济性与电动驾驶乐趣于一身的插电式混合动力车型，凭借其先进的技术、丰富的配置和舒适的驾乘体验，在市场上受到了广泛关注。本案例将围绕比亚迪秦 Pro DM-i，详细介绍其驾驶操作、特色功能及日常使用技巧，帮助车主更好地熟悉并驾驭爱车。

3. 讨论点：

（1）讨论比亚迪秦 Pro DM-i 的混合动力系统如何平衡燃油经济性与动力性能，以及在实际使用中可能遇到的挑战（如充电便利性、续航焦虑等）。

（2）分析智能驾驶辅助系统在提升驾驶便利性的同时，如何确保行车安全；探讨驾驶员在依赖这些系统时需要注意的问题。

（3）分享车主在日常使用中对能源管理的经验和充电策略，讨论如何根据出行需求合理规划充电时间和充电方式，以达到最佳的燃油经济性和使用效率。

（4）强调车辆安全配置的重要性，分享应对突发情况的应急处理技巧，提高车主的行车安全意识。

任务实施

1. 任务要求：自主品牌车型深度探索与功能优化研究报告。

2. 任务描述：随着自主汽车品牌的不断崛起，其车型在智能化、网联化、电动化等方面取得了显著进步。本拓展任务要求您选择一款具有代表性的自主车型（如蔚来 ES6、小鹏

P7 等），深入探索其各项功能，结合日常使用场景，提出功能优化建议，并撰写研究报告。

3. 设计报告

作品名称		评分	
		小组评分	教师评分
车型概述	（详细介绍研究对象的品牌背景、车型特点、技术亮点等。列出车辆的主要配置和参数，为后续的功能探索提供基础。）		
功能深度探索	（驾驶与安全系统、智能互联与娱乐系统、能源管理与充电、其他特色功能。）		
功能优化建议	（基于深度探索的结果，针对车辆在实际使用过程中存在的问题或不足，提出功能优化建议。）		
案例分析与用户反馈	（选取一两个典型的使用场景或用户案例，分析车辆功能在实际应用中的表现和用户反馈。）		
结论与展望	（总结研究成果、对自主汽车品牌及车型的未来发展趋势进行展望。）		
总结反思			

指南4　保养秘籍：延长爱车的使用寿命

 **教学引入**

　　汽车，作为我们日常生活中的重要伙伴，其状况直接关系到我们的出行安全与舒适。然而，随着时间的推移与里程的累积，车辆各部件的磨损与老化在所难免。如何科学合理地保养爱车，延长其使用寿命，成为了每位车主必须面对的问题。不同品牌与车型，因其设计理念与材质工艺的差异，对保养的需求也各不相同。为此，我们特别制订了这份保养秘籍，旨在根据品牌与车型特性，为您量身打造科学合理的保养计划。从日常清洁到定期维护，从零部件更换到性能检测，我们将一一传授汽车维护与保养的秘诀，助您轻松应对各种挑战，让爱车始终保持最佳状态，陪伴您走过更长的旅程。

教学目标

素质目标	知识目标	技能目标
1. 培养车主对汽车保养的责任感与重视程度，提升安全意识。 　2. 形成良好的汽车使用习惯，延长汽车使用寿命，减少资源浪费。 　3. 提高车主在汽车保养方面的自主学习与解决问题的能力，增强实践操作能力。	1. 理解汽车保养的基本概念与重要性，掌握不同品牌与车型保养需求的差异性。 　2. 熟悉汽车日常清洁、定期维护、零部件更换及性能检测的具体内容。	1. 能够根据车型特性，制订科学合理的汽车保养计划。 　2. 掌握汽车清洁、检查、更换零部件及性能检测的基本操作方法。 　3. 学会识别汽车常见故障，并能进行初步的诊断与处理。

知识链接

一、传统汽车保养

　　传统汽车保养是确保汽车良好运行状态、延长使用寿命和保障行车安全的重要环节。它主要包括日常保养、常规保养和大保养三个方面。

指南4　保养秘籍：
延长爱车的使用寿命

（一）日常保养

　　日常保养是车主对汽车进行的日常性维护，主要包括对汽车的外观、内饰、底盘以及油水的清理和检查，如图 4-4-1 所示。

　　（1）外观检查：定期检查车身漆面，及时清理污渍、鸟粪、树胶等附着物，防止腐蚀漆面。使用柔软的洗车工具和专用洗车液进行清洗，避免产生划痕和洗涤剂腐蚀。

　　（2）内饰清洁：定期清洁座椅、仪表盘、中控台等部位，特别是座椅缝隙和空调出风口等易堆积灰尘的地方。根据座椅材质选择合适的清洁剂进行保养，防止污渍渗透和皮革干裂褪色。

　　（3）底盘检查：开车前检查底盘是否有刮痕、油污或异物附着，确保底盘部件完好无损。

图 4-4-1　汽车清洁

（4）油水检查：定期检查冷却液（图 4-4-2）、机油（图 4-4-3）、制动液（图 4-4-4）、玻璃水等液位是否在正常范围内，及时添加或更换。同时，观察机油的颜色和质地，如有异常及时更换。

（二）常规保养

常规保养是按照一定周期对汽车进行的例行维护，主要包括更换机油机滤、空气滤清器、空调滤清器、底盘螺丝紧固、灯光轮胎检查等。

图 4-4-2   冷却液检查

图 4-4-3   机油检查

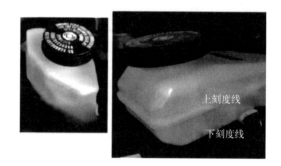

图 4-4-4   制动液检查

（1）机油机滤更换：根据汽车使用手册规定的周期或行驶里程（一般为 5000km 或 6 个月），定期更换机油和机油滤清器。选择适合发动机的机油型号，如表 4-4-1、表 4-4-2 所示，确保发动机润滑良好。

表 4-4-1   机油分类

特点	全合成机油	半合成机油	矿物质机油
基础油来源	化学合成	混合全合成和矿物质	从原油提取
粘度指数	高	中等	低
抗磨损性能	出色	良好	相对较低
润滑性能	在高温和低温条件下都稳定	在高温条件下稳定	在极端温度条件下性能可能较差
清净分散性	出色	良好	相对较差
成本	较高	适中	相对较低
适用性	高性能车辆和极端驾驶条件	一般城市驾驶和常规使用	预算较低，一般使用条件下的车辆
更换频率	相对较长	一般	需要更频繁

表 4-4-2　机油型号

机油型号	冷启动黏度等级	高温黏度等级	适用气温和发动机类型
0W-20	0W	20	寒冷气候，通用型发动机
5W-30	5W	30	通用型，各种气温条件
10W-40	10W	40	温暖气候，老款发动机
15W-50	15W	50	高温气候，高性能发动机

（2）空气滤清器更换：空气滤清器用于过滤进入发动机的空气中的杂质，防止灰尘和颗粒物进入发动机。定期更换空气滤清器，保持发动机进气畅通，如图 4-4-5 所示。

（3）空调滤清器更换：空调滤清器用于过滤进入车内的空气中的灰尘、花粉等杂质，保持车内空气清新。定期更换空调滤清器，提高乘车舒适度。

（4）底盘螺栓紧固：检查底盘螺栓是否松动，特别是悬挂系统、转向系统和传动系统的螺栓，确保车辆行驶稳定，如图 4-4-6 所示。

图 4-4-5　机油滤清、空气滤清和空调滤清　　　　图 4-4-6　底盘螺栓紧固

（5）灯光轮胎检查：定期检查汽车大灯、尾灯、转向灯等是否正常工作，确保行车安全。同时，检查轮胎气压、花纹深度和磨损情况，及时更换磨损严重的轮胎，如图 4-4-7 所示。

 中间磨损
轮胎气压过高，需降低胎压。

 边缘两侧磨损
轮胎气压过低，需加大胎压。

 单侧磨损
轮胎倾角问题，做四轮定位。

 羽边磨损
前束或后束问题，做四轮定位。

 胎趾和胎踵磨损
正常磨损，定期调换轮胎位置。

图 4-4-7　汽车轮胎磨损情况说明

（三）大保养

大保养是在常规保养的基础上，对汽车进行更深入的维护和保养，主要包括更换制动液、转向助力油、变速箱油、燃油滤清器等，以及检查发动机皮带、四轮定位等，如表 4-4-3 所示。

表 4-4-3 汽车保养周期表

类别	保养项目	建议间隔里程	类别	保养项目	建议间隔里程
机油	普通矿物机油	5000km	油液	助力油更换	2 年/4 万 km
	合成机油	7500km		刹车油更换	2 年/4 万 km
	全合成机油	1 万 km		变速箱油（手动）更换	2 年/4 万 km
滤芯	机油滤清器	5000km		变速箱油（自动）更换	4～6 万 km
	空气滤清器	5000km		离合器油更换	2 年/4 万 km
	空调滤清器	每 1 万 km/每年 2 次		防冻液更换	2 年/4 万 km
	汽油滤清器	1 万 km/内置滤芯 每 2 年或 4 万 km		制冷剂添加/更换	2 年/4 万 km
深度养护	发动机内部清洗养护	5000km		玻璃水添加	随季节更换夏季/冬季玻璃水
	节气门体清洗	2 万 km	配件	火花塞更换	3～5 万 km
	进气道清洗	2 万 km		刹车片更换	3～5 万 km
	喷油嘴清洗	2 万 km		轮胎更换	5～8 万 km
	燃烧室清洗	2 万 km		电瓶更换	2～3 年
	三元催化器清洗	2 万 km		正时皮带组件更换	6～8 万 km
	冷却系统清洗养护	2 年/4 万 km		雨刷片更换	随需
	空调系统清洗养护	每年 2 次		喇叭更换	随需
	燃油系统养护	1000km		灯泡更换	随需

（1）制动液更换：制动液是制动系统动力传递介质，受热易变质起泡，影响制动效果。定期更换制动液，确保制动系统灵敏可靠。

（2）转向助力油更换：转向助力油为方向盘转向系统提供助力，不足会让转向沉重。定期更换转向助力油，保持转向系统顺畅。

（3）变速箱油更换：变速箱油用于润滑变速箱内部部件和传递动力。频繁换挡易导致变速箱油变质，影响冷却润滑效果。定期更换变速箱油，延长变速箱使用寿命。

（4）燃油滤清器更换：燃油滤清器用于过滤燃油中的杂质和水分，防止杂质进入发动机。定期更换燃油滤清器，保持燃油系统清洁。

（5）发动机皮带检查：检查发动机皮带是否老化、松弛或磨损严重，及时更换以确保发动机正常运转。

（6）四轮定位：定期进行四轮定位检查，确保车轮定位参数准确，提高行车稳定性和安全性。

（四）注意事项

（1）选择正规汽修店：进行汽车保养时，应选择正规的汽修店或 4S 店，确保保养质量和配件品质。

（2）遵循使用手册：按照汽车使用手册规定的保养周期和项目进行保养，避免过度保养或保养不足。

（3）注意保养细节：在进行汽车保养时，注意细节处理，如更换机油时清洗机油滤清器座、更换空气滤清器时检查进气管道等。

（4）保持良好驾驶习惯：良好的驾驶习惯可以延长汽车使用寿命和降低保养成本。避免急加速、急刹车和长时间连续行驶等不良驾驶行为。

传统汽车保养是确保汽车良好运行状态和行车安全的重要环节。车主应定期进行日常保养、常规保养和大保养，并注意保养细节和选择正规汽修店进行保养。同时，保持良好的驾驶习惯也是降低保养成本和延长汽车使用寿命的有效途径。

二、新能源汽车保养

新能源汽车保养是确保车辆性能、延长使用寿命和保障行车安全的关键环节。

（一）电池保养

1. 温度管理

新能源汽车的电池对温度较为敏感，因此应尽量避免将车辆长时间停放在高温或低温环境中。

夏季高温时，可选择阴凉处停车，避免长时间暴晒；冬季寒冷时，尽量将车辆存放在室内，以保持电池性能。

2. 充电管理

正确掌握充电时间，避免过充或过放。保护好充电器，避免充电器受损或进水。养成良好充电习惯，电池温度超过 65℃ 或充电超过 8 小时要暂停。

3. 电池检查

定期检查电池组的外观、线束等，确保无破损、松动或腐蚀现象。检查电池的电压、电量、温度以及 CAN 总线通信状态等，确保电池系统正常运行。检查底盘处的动力电池组有无磕碰、油液渗漏。

动力电池的使用如图 4-4-8 所示。

（二）电机与电控系统保养

1. 电机保养

定期清洁电机外部，确保通风口畅通无阻，避免因灰尘积聚导致的散热不良。

检查电机和电控系统的连接线和插头，确保无松动或损坏，避免因接触不良导致的故障。

2. 电控系统保养

定期检查并更新电控系统软件，以确保系统的稳定性和安全性。

使用专业设备读取电控系统信息，及时发现并处理潜在故障。

磷酸锂电池

1 日常用电范围建议：20%~100%

2 优先慢充，快充为辅，建议晚上或者不用车时随时插着充电枪

3 每周至少满充满放一次(满充：电量达到100%，满放：续航至50km以下)

图 4-4-8 动力电池的使用

（三）车身与底盘保养

1. 车身保养

定期对车身进行清洗和打蜡，保持车身光洁度。

检查车身是否有刮擦、凹陷或锈蚀现象，并及时修复。

2. 底盘保养

由于新能源汽车的电池通常安装在底盘上,因此底盘的保养尤为重要。

定期检查底盘是否有磕碰、变形或锈蚀现象,以及传动部件、悬挂以及底盘连接件是否松动老化,并及时处理。

(四) 齿轮油更换

对于经常高速行驶的新能源汽车,其电机转速普遍较高,要求减速结构必须得到良好的润滑与散热。

齿轮油在此扮演着至关重要的角色,一般建议每行驶 2 万 km 更换一次,但具体更换周期需参照各自车辆的保养手册。

(五) 轮胎保养

定期检查轮胎的气压、磨损情况和花纹深度,确保轮胎处于良好状态。

如发现轮胎磨损不均匀或花纹深度不足,应及时进行轮胎换位或更换。

(六) 空调系统与内饰保养

1. 空调系统保养

定期清洁和更换空调滤芯,确保空气质量和空调系统的正常运行。

检查空调系统的制冷效果和制热效果,如有异常应及时维修。

2. 内饰保养

定期清洁内饰,包括座椅、地毯、方向盘等部件。

检查内饰是否有破损或老化现象,并及时修复或更换。

(七) 电路系统检查

定期检查高压线束、控制器等电路系统的连接和绝缘情况。

如发现电路系统有老化、破损或接触不良现象,应及时维修或更换。

(八) 油液检查与更换

虽然新能源汽车没有传统意义上的机油,但制动液、冷却液等油液仍需定期检查。

按照车辆说明书的要求定期更换制动液、冷却液等油液,确保车辆的正常运行。

(九) 外观与机舱保养

1. 外观保养

定期检查车漆有无剐蹭损坏、车灯功能是否正常、雨刮器是否老化等。

2. 机舱保养

关注机舱内的线路连接和老化程度,由于新能源汽车的特殊性,机舱内切不可用水清洗。

定期检查机舱内的线路是否有松动、破损等情况,如有问题应及时处理,避免发生短路等危险。

(十) 其他注意事项

避免大电流放电、急加速等,不能长时间亏电行驶或停放。突然失速、大幅掉电等要及时检查。

新能源汽车保养涉及多个方面,包括电池、电机与电控系统、车身与底盘、齿轮油、轮胎、空调系统、内饰、电路系统、油液以及外观与机舱等,如表 4-4-4 所示。车主应定期进行保养,并遵循车辆说明书和保养手册的要求,确保车辆性能良好、延长使用寿命和保障行车安全。

表 4-4-4 新能源汽车保养内容

项目	新能源车保养周期
一般保养周期	5000km（6个月）左右进行首保
后续保养周期	每10000km（1年）保养一次
保养内容核心	三电保养（电池、电机、电控系统）
与燃油车保养的区别	新能源车保养核心是三电保养，燃油车保养核心是动力系统
电机及减速器保养	定期更换齿轮油，对齿轮、轴承、减速零件进行润滑，检查维护高压、低压的线束及插头
电池保养	检查外观是否有磕碰破损，检查气密性，检查维护高压、低压的线束及插头
电控系统保养	检查零件外观插头及线束是否完好，读取系统信息，检查系统是否有故障，升级优化系统

三、汽车常见故障

汽车故障是指汽车不能完成其功能的现象，如发动机启动困难、不着车，汽车漏油、漏水，照明系统失灵等。

（一）发动机故障

（1）启动困难或无法启动。原因：点火系统失灵、燃油供应受阻、气缸运行异常、主喷油器或冷启动喷油器堵塞卡死、点火器或脉冲发生器损坏、蓄电池亏电等。

（2）怠速不稳。原因：喷油器、氧传感器、空气流量传感器、废气再循环阀等器件故障或工作不良，控制电路、真空管路连接不良等。

（3）异响。原因：可能是"回火""放炮""喘振""爆震"和机械异响等，与点火正时、喷油器密封、排气门密封、气缸压力、温度传感器等有关。

（4）冒黑烟、白烟或青烟。原因：冒黑烟与混合气过浓有关，冒白烟可能是燃油中水分过高，冒青烟说明有烧机油现象。

（5）机油、燃油消耗过高。原因：可能与发动机内部磨损、密封不良、燃油系统泄漏等有关。

发动机喷油、点火控制如图4-4-9所示。

（二）刹车系统故障

（1）制动失效或效果不佳。原因：制动盘与制动片磨损严重、刹车液泄漏、制动系统内有空气等。

（2）制动拖滞。原因：制动回位不良、制动蹄片与制动鼓间隙过小等。

（3）ABS故障灯亮。原因：ABS系统传感器故障、控制单元故障等。

（三）变速器故障

（1）换挡困难或跳挡。原因：变速器操纵机构磨损、变形，润滑不良，或运动件过度磨损、变形失效等。

（2）异响。原因：连接处松动、装配或润滑不良等。

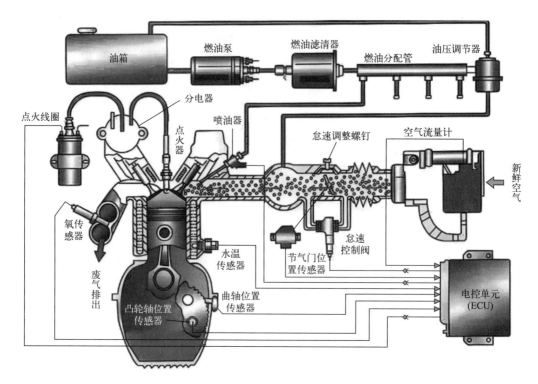

图 4-4-9 发动机喷油、点火控制图

（四）电气系统故障

（1）蓄电池自行放电或电解液消耗过快。原因：蓄电池老化、线路漏电等。

（2）充电系统不充电或充电电流过小。原因：发电机故障、调节器故障等。

（3）发动机异响、启动机转动无力或无动作。原因：点火线圈故障、启动机故障等。

（4）仪表盘上各仪表工作不良。原因：传感器故障、线路故障等。

（五）悬挂系统故障

（1）减振器漏油。原因：减振器密封不良、油封老化等。

（2）弹簧断裂。原因：长期承受过大冲击力、弹簧质量不良等。

（六）轮胎故障

（1）胎压过低或过高。原因：轮胎漏气、充气过多等。

（2）胎面磨损不均匀。原因：轮胎定位不良、四轮不平衡等。

（3）轮胎破裂。原因：路况恶劣、轮胎老化等。

（七）冷却系统故障

（1）水泵故障。原因：水泵轴承磨损、密封不良等。

（2）散热器堵塞。原因：散热器内部结垢、外部堵塞等。

（3）冷却液泄漏。原因：冷却系统密封不良、管路老化等。

（八）其他常见故障

（1）离合器打滑或异响。原因：离合器压紧力降低、摩擦面摩擦系数降低、调整不当等。

（2）车身损坏或漆膜脱落。原因：碰撞、刮擦、长期日晒雨淋等。

（3）车门、车窗玻璃升降器失灵。原因：升降器电机故障、线路故障等。

（4）雨刷失灵。原因：雨刷电机故障、雨刷片老化等。

（5）空调制冷效果减弱或停止运行。原因：制冷剂泄漏、压缩机故障等。

面对这些故障，车主应及时寻求专业技师的帮助，进行全面的检修，以确保车辆的稳定运行和驾驶安全。此外，定期对车辆进行保养与检查也是预防故障、延长车辆使用寿命的重要措施。常见仪表指示灯如图 4-4-10 所示。

手刹指示灯	驻车制动器制动	刹车盘指示灯	电瓶指示灯	气囊指示灯	ABS指示灯
发动机指示灯	机油指示灯	水温指示灯	油量指示灯	车门指示灯	安全带指示灯
近光指示灯	远光指示灯	雾灯指示灯	示宽指示灯	转向灯指示灯	危险报警闪光灯
玻璃水指示灯	EPC指示灯	O/D挡指示灯	TCS指示灯	VSC指示灯	冷却液不足

图 4-4-10　常见仪表指示灯

案例讨论

1. 具体案例：以吉利博越为例的汽车保养秘籍。

2. 案例描述：吉利博越作为自主汽车品牌中的佼佼者，以其出色的性能、舒适的驾乘体验和较高的性价比赢得了市场的广泛认可。为了确保吉利博越能够长期保持良好的运行状态，延长其使用寿命，本案例将结合该车型的特性，制订一套科学合理的保养计划，并分享一些汽车维护与保养的秘诀。

3. 讨论点：

（1）探讨自主车在保养方面与合资车、进口车相比有哪些异同点，以及这些差异对保养计划和成本的影响。

（2）讨论如何根据车辆的实际使用情况（如行驶里程、路况、驾驶习惯等）来灵活调整保养周期，以达到最佳的保养效果和经济性。

（3）分析车主自行进行简单保养（如更换空气滤清器、检查轮胎气压等）的可行性和潜在风险，以及如何确保 DIY 保养的安全性和有效性。

（4）随着汽车技术的不断发展，一些新技术（如远程故障诊断、智能保养提醒等）正在逐渐应用于汽车保养领域。讨论这些新技术如何改变传统的保养方式和流程，以及它们对车主和维修站的影响。

任务实施

1. 任务要求：三级保养深度分析与实施报告。

2. 任务描述：三级保养是汽车维护中较为全面且深入的一次保养，旨在彻底检查车辆各系统状况，修复潜在问题，确保车辆性能和安全。本拓展任务要求您以某款具体车型为例，深入研究其三级保养的具体内容、流程、注意事项及实施效果，并撰写一份详细的实施报告。

3. 设计报告

作品名称		评分	
		小组评分	教师评分
三级保养概述	（列出三级保养的主要项目。）		
××车型三级保养详细分析	（发动机系统、传动系统、制动系统、悬挂系统、电气系统、车身及附件。）		
三级保养流程与注意事项	（制订详细的三级保养实施流程，包括准备工作、检查项目、维修或更换步骤、清洁整理等。列出实施过程中需要注意的安全事项、技术要点及可能遇到的特殊情况处理办法。）		
实施效果评估	（描述三级保养实施前后的车辆性能对比，如动力性、燃油经济性、制动性能、操控稳定性等方面的变化。）		
结论与建议	（总结三级保养的重要性及其对车辆性能和使用寿命的影响。）		
总结反思			

参考文献

［1］陈家瑞．汽车构造与原理［M］.6版．北京：机械工业出版社，2009.1

［2］中国汽车工业协会．汽车工程手册（设计与制造篇）［M］.北京：机械工业出版社，2025.8

［3］熊树生．新能源汽车技术［M］.3版．北京：清华大学出版社，2024.4

［4］中国汽车工业协会．智能网联汽车技术导论［M］.北京：高等教育出版社，2024.4

［5］方晓汾，罗方赞．汽车文化与科技［M］.北京：中国水利水电出版社，2015.3

［6］黄关山．汽车文化［M］.3版．北京：人民交通出版社，2020.6